Sinal e Contrato-Promessa

Sinal e Contrato-Promessa

2020 · 15ª Edição · Revista e Aumentada

João Calvão da Silva
Professor Catedrático da Faculdade de Direito de Coimbra

ALMEDINA

SINAL E CONTRATO-PROMESSA

AUTOR
João Calvão da Silva

EDITOR
EDIÇÕES ALMEDINA, S.A.
Rua Fernandes Tomás, n.ºs 76, 78 e 80
3000-167 Coimbra
Tel.: 239 851 904 · Fax: 239 851 901
www.almedina.net · editora@almedina.net

DESIGN DE CAPA
FBA.

EDITOR
EDIÇÕES ALMEDINA, S.A.

IMPRESSÃO E ACABAMENTO
PENTAEDRO, LDA.
Outubro, 2020

DEPÓSITO LEGAL
475722/20

Os dados e as opiniões inseridos na presente publicação são da exclusiva responsabilidade do(s) seu(s) autor(es).

ALMEDINA | GRUPOALMEDINA

BIBLIOTECA NACIONAL DE PORTUGAL – CATALOGAÇÃO NA PUBLICAÇÃO

SILVA, João Calvão da, 1952-2018

Sinal e contrato promessa. – 15ª ed. rev.
e aum. – (Manuais universitários)
ISBN 978-972-40-8907-2

CDU 347

A meus saudosos Pais

BREVE PREFÁCIO

Volvidos mais de dois anos sobre a data em que o Senhor Doutor J. Calvão da Silva se apartou do mundo dos vivos, a 14.ª Edição de uma das obras de referência da sua brilhante e marcante carreia académica – Sinal e Contrato-Promessa – deixou de se encontrar disponível nos balcões das livrarias jurídicas. A enorme procura deste trabalho atesta, sem sombra de dúvidas, a sua enorme importância e actualidade, relevância essa projectada quer na leccionação das aulas de Direito das Obrigações I, quer em múltiplas decisões judiciais e no trabalho dos práticos forenses, bem como ainda nos trabalhos de investigação que enriquecem a dogmática jurídica hodiernamente desenvolvida nas nossas Universidades.

Revelando-se o universo temático sobre que versa a obra um domínio continuamente revisitado pelos tribunais e mantendo-se as linhas de força do pensamento do nosso saudoso civilista na vanguarda da boa doutrina sobre a matéria, entendeu-se ser necessário manter vivo e actual o diálogo do Sinal e Contrato-Promessa com os arestos judiciais que entretanto os tribunais superiores lavraram sobre os mais variados temas neste estudo abordados.

Em face do rol das breves considerações atrás expendidas, não admira que a família do insigne Civilista tenha considerado preferível dar à estampa uma edição revista e aumentada, em vez de proceder apenas a uma simples reimpressão do livro. Tendo-nos sido lançado o repto para procedermos à actualização da obra, abraçámos esta empreitada com particular dedicação, pretendendo com o modesto trabalho nela desenvolvido prestar uma sentida e justa homenagem ao insigne civilista e humanista que foi autor desta obra.

Respeitando a estrutura da obra e não tendo sido minimamente atingido o texto da 14.ª Edição do Sinal e Contrato-Promessa, as breves actualizações ora introduzidas, quer nas notas, quer no texto, representam o resultado da colaboração entre um académico que acompanhou de perto o Cursus Honorum do Senhor Doutor Calvão da Silva e um Conselheiro Jubilado que teve o privilégio de privar pessoal e cientificamente com este vulto da Civilística Portuguesa prematuramente desaparecido. Para além de tudo, este singelo trabalho de actualização do Sinal e Contrato-Promessa pretende ser um preito de Homenagem a um grande Jurista e Amigo, que jamais estes aprendizes do Direito querem ver esquecido.

Coimbra, Setembro de 2020.

FILIPE MIGUEL CRUZ DE ALBUQUERQUE MATOS
Professor da Faculdade de Direito da Universidade de Coimbra

URBANO AQUILES LOPES DIAS
Juiz Conselheiro Jubilado do Supremo Tribunal de Justiça

I

FORMA DO CONTRATO-PROMESSA

I

Forma do Contrato-Promessa[1]

§1

HISTÓRIA LEGISLATIVA

1. O contrato-promessa de compra e venda no Código de Seabra

O Código de Seabra dedicava apenas um preceito ao contrato-promessa, referente à promessa sinalagmática de compra e venda. Era o artigo 1548.º, que rezava assim:

> «A simples promessa recíproca de compra e venda, sendo acompanhada de determinação de preço e especificação de coisa, constitui uma mera convenção de prestação de facto, que será regulada nos termos gerais dos contratos; com a diferença, porém, de que, se houver sinal passado, a perda dele ou a sua restituição em dobro valerá como compensação de perdas e danos».

Não admiram, por isso, as dificuldades e dúvidas suscitadas acerca do seu regime. Algumas delas foram resolvidas pelo legislador, através do Decreto n.º 19126, de 16 de Dezembro de 1930, diploma legal que altera e interpreta vários artigos do Código Civil de 1867.

[1] Conferência na Ordem dos Advogados, Conselho Distrital de Coimbra, em Abril de 1987, e publicada com algumas notas.

Entre eles, justamente o artigo 1548.º, que passou a ter a seguinte redacção:

> «A simples promessa recíproca de compra e venda, sendo acompanhada de determinação de preço e especificação de coisa, constitui uma mera convenção de prestação de facto, que será regulada nos termos gerais dos contratos; com a diferença, porém, de que, se houver sinal passado, *considerando-se como tal qualquer quantia recebida pelo promitente-vendedor*, a perda dele ou a sua restituição em dobro valerá como compensação de perdas e danos.
>
> § Único. *Tratando-se de bens imobiliários, o contrato deve ser reduzido a escrito, e, sendo feito sem outorga da mulher do promitente-vendedor, este responde por perdas e danos para com o promitente-comprador*».

De acordo com a justificação sumária, oficial, das alterações, assinaladas em itálico, o novo artigo 1548.º «tem em vista resolver a questão de saber se deve ou não considerar-se como sinal o dinheiro dado por conta, resolvendo-se no sentido afirmativo. Também se resolve a dúvida resultante de o marido se obrigar sem outorga da mulher, não podendo deixar de ser considerado nulo o contrato por se tratar de bens imobiliários»[2].

Cumpre salientar, relativamente *à forma* do contrato-promessa de compra e venda de bens imobiliários, a suficiência de simples documento escrito (§ único do citado artigo 1548.º), *ainda que assinado apenas pelo promitente--vendedor, se este nele declara ter recebido determinada importância como sinal*, com designação do promitente-comprador, especificação da coisa e determinação do preço (*assento* do Supremo Tribunal de justiça, de 15 de Novembro de 1963).

Finalmente, importa referir mais duas notas.

A primeira é a da expressa previsão do contrato-promessa como mera convenção de prestação de facto, afastando-se o Código daquela outra orientação defendida por certa doutrina e consagrada no Código Civil francês (art. 1589.º), nos termos do qual «*la promesse de vente vaut vente, lorsqu'il y a consentement reciproque des deux parties sur la chose et sur le prix*». Nota importante pela nítida distinção que proporciona entre contrato-promessa e contrato prometido: aquele é fonte de obrigação de *facere*, a celebração de um contrato futuro, o contrato prometido.

[2] Nota Oficiosa do Min. da Justiça, relativa ao Decreto n.º 19126. Não nos parece que a nulidade do contrato-promessa feito sem outorga da mulher resulte do § único do preceito.

A segunda nota é a da admissibilidade pela doutrina, não obstante o Código se ocupar apenas da promessa sinalagmática de compra e venda, de contratos-promessa relativos a outros contratos (contrato-promessa de arrendamento, contrato-promessa de sociedade, contrato-promessa de mútuo, contrato-promessa de comodato, etc.), em nome da liberdade contratual.

2. O contrato-promessa no Código Civil de 1966

A utilização frequente do contrato-promessa, desempenhando papel autónomo da maior relevância, de um lado, e as dificuldades e dúvidas suscitadas pelo seu regime jurídico, do outro, levam o legislador a consagrar a esta espécie de contratos uma regulação de carácter geral no Código Civil de 1966, nos artigos 410.º a 413.º, 441.º, 442.º e 830.º.

Macroscopicamente, três traços marcantes são de sublinhar no novo regime:

Primeiro, a regulamentação do contrato-promessa em geral, atinente a qualquer contrato prometido – ou mesmo negócio jurídico unilateral, como a confirmação de negócio anulável [3] – e não apenas à compra e venda, quer se trate de contrato-promessa bilateral, quer se trate de contrato-promessa unilateral (art. 411.º);

Segundo, a possibilidade de as partes atribuírem à promessa *eficácia absoluta,* nos termos do art. 413.º;

Terceiro, a possibilidade de *execução específica* do contrato-promessa, mediante sentença que produza os efeitos da declaração negocial do faltoso, nos termos do artigo 830.º.

3. Do Decreto-Lei n.º 236/80, de 18 de Julho, ao Decreto-Lei n.º 379/86, de 11 de Novembro

A nova lei civil manter-se-ia intacta até 1980, ano em que o legislador, pelo Decreto-Lei n.º 236/80, de 18 de Julho, veio introduzir algumas alterações no regime do contrato-promessa. Foi seu propósito proteger o promitente-comprador, por um lado, contra o risco derivado da inflação – inflação que, por ser galopante, induzia frequentemente ao incumprimento

[3] Rui de Alarcão, *A confirmação dos negócios anuláveis,* Coimbra, 1971, pp. 101 a 103.

o promitente-vendedor, a quem compensava quebrar o contrato, pagar o dobro do sinal e alienar o edifício a outrem por preço lucrativo – e, por outro, contra os inconvenientes resultantes da aquisição de edifícios clandestinos, face a uma sentida proliferação de construções sem licença camarária. Dai a alteração do regime do sinal, o reforço do direito ao cumprimento e execução específica, bem como o aditamento de novo n.º 3 ao artigo 410.º.

Sendo boa a intenção, imaculada não foi a formulação dos preceitos, a criar enormes dúvidas, com a doutrina e a jurisprudência a divergirem no entendimento a dar às soluções introduzidas.

E porque eram muitas as sombras existentes nas soluções consagradas pela reforma de 1980, a reclamar luzes novas, o legislador revê o disposto pelo referido diploma, através do Decreto-Lei n.º 379/86, de 11 de Novembro. Decreto-Lei este que suscitou vivas críticas do Professor Doutor ANTUNES VARELA, na «Revista de Legislação e de Jurisprudência»[4], sob a epígrafe *Emendas ao Regime do Contrato-Promessa*. Eu mesmo, no estudo *Cumprimento e Sanção Pecuniária Compulsória*, recentemente publicado[5], tive ocasião de, relativamente ao regime do sinal, manifestar discrepância.

É sobretudo a analise deste novo diploma legislativo que vamos passar a expor, sem ter a preocupação de desenvolver a teoria geral do contrato-promessa, constante dos manuais de Direito das obrigações e de todos conhecida, nem de explanar as divergências de entendimento provocadas na doutrina e na jurisprudência pelo Decreto-Lei n.º 236/80, também sobejamente conhecidas.

[4] Ano 119, pp. 226 e segs.

[5] Coimbra 1987 (Separata do Volume XXX do Suplemento do Boletim da Faculdade de Direito da Universidade de Coimbra).

§ 2

DO REGIME JURÍDICO EM GERAL

4. Noção

O n.º 1 do art. 410.º define contrato-promessa como a "convenção pela qual alguém se obriga a celebrar certo contrato". Melhor se dirá «convenção pela qual alguém se obriga a celebrar certo negócio jurídico», por forma a abranger tanto negócios bilaterais ou contratos como negócios unilaterais.

Frequentemente, o contrato-promessa precede um contrato, seja contrato de eficácia real (compra e venda, trespasse, expropriação amigável, partilha de bens do casal, doação, mútuo, permuta, cessão de quotas, hipoteca, penhor) ou contrato de eficácia meramente obrigacional (locação, cessão de exploração, sociedade, mandato, empreitada, transporte, seguro, comodato, depósito, fiança, trabalho, etc.).

Nada obsta, porém, à celebração de contrato-promessa de negócio unilateral (confirmação, resolução, renúncia, declaração de voto). Por que razão não haveria de poder prometer um negócio unilateral receptício ao seu destinatário alguém que, em alternativa, se encontra em condições de concluir o mesmo imediata e definitivamente?

Do contrato-promessa nasce uma *obrigação de prestação de facto positivo*, consistente na emissão de uma declaração negocial, a declaração de vontade correspondente a um outro negócio cuja futura realização se pretende assegurar, chamado *negócio prometido* ou *negócio definitivo*. Se ambos os contraentes assumem a *obrigação de contratar* – por exemplo, A promete vender e B promete comprar uma casa –, o *contrato-promessa diz-se bilateral;* se apenas um deles se vincula a firmar o negócio definitivo – por exemplo, só A promete vender ou só B promete comprar a casa –, o *contrato-promessa diz-se unilateral* (art. 411.º).

Normalmente, as partes do contrato-promessa assumem a obrigação de concluir entre si, no futuro, o contrato prometido. Mas nada impede que da promessa nasça a *obrigação de contratar com terceiro (pactum de contrahendo cum tertio):* uma das partes não assume a obrigação de contratar, mas indica expressamente o terceiro titular do direito à celebração do contrato definitivo directamente com a outra parte, promitente vinculado (art. 443.º e segs). Pense-se na promessa de venda a favor de terceiro: *A* assume perante *B* a obrigação de vender um imóvel a *C*; pense-se na promessa de garantia a favor de terceiro: *A* assume perante *B* a obrigação de estipular com o credor deste uma fiança, uma hipoteca, um penhor, uma garantia autónoma.

Nada impede, ainda, a conclusão de um *contrato-promessa para pessoa a nomear* (art. 452.º e segs), *quer relativamente à própria promessa, quer com referência à obrigação de celebrar o contrato prometido ou definitivo.*

Na primeira hipótese, por exemplo, promessa de compra e venda, o promitente-comprador reserva o direito de nomear um terceiro que adquira os direitos e assuma as obrigações provenientes desse contrato. Se houver designação, a pessoa nomeada adquire esses direitos e assume essas obrigações a partir da celebração do contrato-promessa, ocupando o lugar de promitente-comprador; não sendo feita a declaração de nomeação nos termos legais, o contrato-promessa produz os seus efeitos relativamente ao contraente originário, o promitente-comprador que não se fez substituir, salvo estipulação em contrário (art. 455.º). Não raro, a *cláusula traduz um prévio consentimento à cessão da posição contratual* (art. 424.º e segs.), valendo esta *ex nunc.*

No segundo caso, frequente, verifica-se a inserção no contrato-promessa, sobretudo da promessa de compra e venda, de *cláusula que prevê a conclusão do contrato definitivo por pessoa a nomear:* o promitente-comprador reserva a nomeação de terceiro, que assumirá a obrigação de comprar, ou reserva a nomeação de terceiro para o momento da conclusão do contrato definitivo – caso de venda feita ao terceiro, que assim substitui o nomeante como comprador efectivo mas não como promitente-comprador.

5. Função preparatória e de segurança

O contrato-promessa é de grande frequência, porque serve múltiplos interesses e exigências práticas dos operadores económicos. Através dele os contraentes fixam o conteúdo do futuro contrato e obrigam-se a celebrá-lo, sem, contudo, procederem à sua imediata conclusão.

Destarte, mediante contrato-promessa, os contraentes *preparam e garantem o contrato definitivo, o contrato final,* que *não podem ou não querem firmar de momento,* por exemplo, por falta de dinheiro ou de documentos cuja obtenção requer tempo, por carência de consentimento ou de autorização de terceiro, por inexistência da coisa – coisa absolutamente futura ou coisa relativamente futura – ou inacabamento do objecto, ainda em construção, etc.

Conquanto em princípio de aplicação geral na *praxis* negocial, a cisão em duas fases – a fase preliminar, instrumental ou preparatória, e a fase definitiva – do procedimento de formação do contrato desejado, mas não ainda "maduro", tem na alienação de bens imóveis campo privilegiado de utilização. Não por acaso, o contrato-promessa mais difundido na prática respeita a andares em prédios em construção ou a construir, pela produção de efeitos obrigacionais (separados da ainda não possível eficácia real translativa), o qual, porém, *assegura* aos contraentes desde já a compra e venda e correspondente transmissão da propriedade.

Em suma: o *contrato-promessa é um verdadeiro contrato, distinto do negócio subsequente, em qualquer caso um contrato preliminar ou preparatório do negócio definitivo, um contrato de segurança ou de garantia do negócio prometido.*

6. Eficácia real da promessa

Em princípio, o contrato-promessa goza apenas de eficácia obrigacional, *inter partes,* de acordo com o princípio da relatividade dos contratos (art. 406.º, n.º 2).

Porém, a lei faculta às partes a atribuição de *eficácia real* à promessa de transmissão ou constituição de direitos reais sobre *bens imóveis, ou bens móveis sujeitos a registo* (art. 413.º).

Para que nestes casos o contrato-promessa produza efeitos em relação a terceiros – casos excepcionais, portanto (art. 406.º, n.º 2) –, é preciso que se verifiquem três requisitos:

1) *Declaração expressa;* 2) *forma;* 3) *registo.*

Em primeiro lugar, *a declaração da atribuição da eficácia real* não pode ser tácita: *tem de ser expressa*, por meio *directo* de manifestação da correspondente vontade (art. 217.º) de tornar a promessa *oponível a terceiros*, com *eficácia absoluta, erga omnes*.

Em segundo lugar, a promessa tem de ser *solenizada:* por *escritura pública, ou documento particular autenticado*, se o contrato prometido exigir igual forma (cfr. art. 875.º do Código Civil); por *documento particular* (com indicação do número, data e entidade emitente do respectivo bilhete de identidade ou documento equivalente emitido pela autoridade competente de um dos países da União Europeia ou do passaporte [6] da parte que se vincula ou de ambas, consoante se trate de contrato-promessa unilateral ou bilateral), em todos os negócios *prometidos não sujeitos a forma* (cfr. art. 219.º) – caso da compra e venda de veículos automóveis, Decretos n.ºs 54/75 e 55/75, de 12 de Fevereiro[7] – ou não *sujeitos a escritura pública* – caso dos bens móveis sujeitos a registo (veículos, navios, aeronaves e outros que lei especial determine), para cuja transmissão e oneração, segundo a nova lei,

[6] O art. 413.º do Código Civil exige "reconhecimento da assinatura da parte que se vincula ou de ambas..." Reconhecimento por semelhança, devia entender-se, em face do disposto no n.º 4 do art. 153.º do Código do Notariado. Porém, o Decreto-Lei n.º 250/96, de 24 de Dezembro, veio *abolir os reconhecimentos notariais feitos por semelhança e sem menções especiais relativas aos signatários* (art. 1.º) e estatuir o seguinte (art. 2.º): "A exigência em disposição legal de reconhecimento por semelhança ou sem determinação de espécie con-sidera-se substituída pela indicação, feita pelo signatário, do número, data e entidade emitente do respectivo bilhete de identidade ou documento equivalente emitido pela autoridade competente de um dos países da União Europeia ou do passaporte".

[7] "O registo posterior de propriedade (de automóvel) adquirida por *contrato verbal* de compra e venda pode ser efectuado em face de (art. 25º, n.º1, do Decreto-lei 55/75, na redacção dada pelo Decreto-lei 201/2015, de 17 de Setembro):

a) Requerimento subscrito pelo comprador e confirmado pelo vendedor, através de declaração de venda apresentada com o pedido de registo.

b) Requerimento subscrito conjuntamente pelo vendedor e pelo comprador;

c) Requerimento subscrito pelo vendedor, nos casos em que este seja entidade comercial que tenha por actividade principal a compra de veículos para revenda e proceda ao pedido de registo da propriedade adquirida em virtude de alienação de veículo no exercício dessa actividade, nos termos e com as limitações fixadas por portaria do membro do Governo responsável pela área da justiça."

Veja-se o Decreto-Lei n.º 178-A/2005, de 28 de Outubro: aprova o documento único automóvel, mediante a criação do certificado de matrícula, transpondo para a ordem jurídica nacional a Directiva n.º 1999/37/CE do Conselho, de 29 de Abril.

apenas é exigida a forma escrita, com indicação do número, data e entidade emitente do respectivo bilhete de identidade ou documento equivalente emitido pela autoridade competente de um dos países da União Europeia ou do passaporte dos outorgantes (art. 20.º, n.º 2, do Código do Registo de Bens Móveis, aprovado pelo Decreto-Lei n.º 277/95, de 25 de Outubro)[8].

Em terceiro lugar, *a promessa deve ser inscrita no registo respectivo* – para a promessa de bens imóveis ou móveis sujeitos a registo, cfr. art. 2.º, n.º 1, al. *f*), do Código do Registo Predial (redacção dada pelo Decreto-lei n.º 201/2015, de 17 de Setembro). Na falta de algum dos requisitos assinalados, o contrato-promessa terá eficácia meramente obrigacional, se valer puder.

Verificados os três requisitos assinalados, os *direitos de crédito nascidos do contrato-promessa vêem a sua eficácia ampliada perante terceiros, oponíveis erga omnes, graças ao registo efectuado* (cfr., por ex., art. 5.º do Código de Registo Predial), com primado, portanto, sobre todos os direitos (pessoais ou reais) relativos ao mesmo objecto, não registados anteriormente. Direitos esses, os do promissário, que são *direitos de crédito*, como os que derivam do contrato-promessa meramente obrigacional, mas com a particularidade de valerem em relação a terceiros (art. 406.º, n.º 2), por efeito da inscrição no registo e correspondente publicidade. Do contrato-promessa decorrem sempre apenas direitos de crédito, os quais, porém, por efeito da inscrição da promessa no registo, são oponíveis a terceiros. Por isso mesmo a *aquisição feita por terceiro será ineficaz* – ineficácia relativa – em relação ao promissário, que pode exigir o cumprimento (leia-se, execução) específico do seu direito

[8] *Pelo novo regime, portanto, a compra e venda de automóveis passaria a ser negócio formal*, como já o era e é a compra e venda de embarcações de comércio, rebocadores ou navios auxiliares, nomeadamente a declaração de venda (*bill of sale*), sujeita a forma escrita e ao reconhecimento presencial da assinatura do vendedor. (art. 3.º do Decreto-Lei n.º 150/88, de 28 de Abril, na redacção dada pelo Decreto-lei n.º 119/95, de 30 de Maio). De acordo com o Decreto-Lei n.º 277/95, de 25 de Outubro, o registo da propriedade e dos demais direitos sobre bens móveis seria lavrado em conservatórias próprias, denominadas *"conservatórias de registo de bens móveis"* (art. 2.º, n.º 1), passando as conservatórias do registo de automóveis a designar-se conservatórias de registo de bens móveis (art. 2.º, n.º 2). Diga-se que *o Código do Registo de Bens Móveis estava dependente de aprovação*, por portaria do Ministro da justiça, do *Regulamento do Registo de Bens Móveis* (art. 4.º), só entrando em vigor simultaneamente com este (art. 7.º, na redacção dada pelo Decreto-Lei n.º 311-A/95, de 21 de Novembro). Regulamento esse que até hoje nunca foi dado à luz... A referência feita no art. 20.º, n.º 2, do mesmo Código, a reconhecimento das assinaturas dos outorgantes devia ser substituída pela indicação do bilhete de identidade, em conformidade com o art. 2.º do Decreto-Lei n.º 250/96, de 24 de Dezembro, transcrito *supra*, nota 6.

à celebração do contrato prometido, nos termos do art. 830.º[9], *devendo a respectiva acção ser proposta contra o promitente ou contra o promitente e o terceiro adquirente* (*coligação de réus* – art. 36.º n.º 1, do Código de Processo Civil): na primeira hipótese, a sentença constitutiva regula definitivamente a situação concreta das partes relativamente ao pedido formulado da execução específica, produzindo o seu efeito útil normal, a evidenciar não se tratar de litisconsórcio necessário (art. 33.º, n.º 2, do Código de Processo Civil); na segunda hipótese, sendo a causa de pedir a mesma e única, o autor demanda também o terceiro adquirente por um outro e diferente pedido – o pedido de restituição ou entrega da coisa –, e assim evita o ónus de propor nova acção cujos efeitos e fins seriam os mesmos, numa clara economia processual. Numa como outra das hipóteses o terceiro está obrigado a entregar o imóvel ao promitente-comprador que obtenha ganho de causa, o qual poderá executar a sentença contra aquele nos termos do art. 55.º do Código de Processo Civil (*infra*, n.º 55).

7. Transmissibilidade dos direitos e obrigações das partes

Os direitos e obrigações resultantes do contrato-promessa bilateral para os promitentes e do contrato-promessa unilateral para promissário e promitente são, em princípio, *transmissíveis por morte e por negócio entre vivos.*

Exceptuam-se da regra da transmissibilidade os direitos e obrigações exclusivamente pessoais (art. 412.º, n.º 1) que, segundo vontade dos contraentes e circunstâncias da promessa, foram constituídos *intuitu personae,* em especial atenção às qualidades pessoais das partes e natureza do negócio prometido, como acontece, por norma, na promessa de mandato (cfr. art. 1174.º, al. *a*)), nas promessas de contrato de trabalho (art. 1152.º) e de prestação de serviços em geral (art. 1154.º), e pode acontecer na promessa de empreitada (art. 1230.º, n.º 1). Na mesma linha, e em conformidade, pode ver-se o disposto no art. 577.º e no art. 2025.º, de que se retira o carácter exclusivamente pessoal de direitos e obrigações, por *convenção das partes,* por *natureza ou* por *disposição da lei.*

[9] Cfr. JOÃO CALVÃO DA SILVA, *Contrato-promessa. Análise para reformulação do Decreto-Lei n.º 236/80, in* "B.M.J. n.º 349, nota 82; no mesmo sentido, MANUEL HENRIQUE MESQUITA, *Obrigações reais e ónus reais,* Coimbra, 1990, p. 231 e segs., 252 e segs.

A *transmissão por morte* realiza-se de acordo com as regras da sucessão. Assim, se morre **A**, promitente-vendedor de bem imóvel próprio, sem a intervenção do outro cônjuge, os herdeiros têm de cumprir o contrato-promessa, sem que o cônjuge sucessor do promitente possa recusar-se: em vida de **A**, o cônjuge podia, na qualidade de terceiro, recusar-se a celebrar o contrato prometido, porque o contrato-promessa era para si *res inter alios acta* e a venda carecia do seu consentimento (art. 1682.º-A); como sucessor já não pode, porque ocupa o lugar do *de cujus*, com os bens próprios do falecido a transmitirem-se aos herdeiros logo após a morte (arts. 1688.º e 1689.º) – diferentemente, se o imóvel for bem comum do casal já será necessário o consentimento do cônjuge sobrevivo para a realização da venda (art. 1408.º, *ex vi* do art. 1404.º), dada a constância da comunhão até à partilha dos bens[10].

8. (cont.): Cessão da posição contratual e cessão de créditos. A questão da forma

A transmissão por acto entre vivos dos direitos e obrigações decorrentes do contrato-promessa está sujeita às regras gerais (art. 412.º, n.º 2), sejam as relativas à transmissão das posições de credor e de devedor (arts. 577.º e segs) – cessão dos créditos e assunção das dívidas –, sejam as da cessão da posição contratual (arts. 424.º e segs).

Na cessão da posição contratual ou cessão do contrato, a forma da transmissão, a capacidade de dispor e de receber, a falta e vícios da vontade e as relações entre as três partes definem-se *em função do tipo de negócio que serve de base à cessão* (art. 425.º). Também na cessão de créditos os requisitos e efeitos (da cessão) entre as partes se definem *em função do tipo de negócio que lhe serve de base* (art. 578.º, n.º 1).

A cessão da relação contratual e a cessão de créditos podem ser realizadas a diversos títulos – a título de venda, de doação, de dação em cumprimento, de garantia, etc.: dizem-se, por isso, negócios de *causa variável,* sendo *variável o correspondente regime jurídico,* consoante as normas do negócio que têm por base: as da compra e venda, se cessão *vendendi causa;* as da doação, se cessão *donandi causa,* etc., etc.

[10] Cfr. Acórdão do S.T.J., de 7 de Outubro de *1993, in* Revista de Legislação e Jurisprudência, ano *126*, p. 296 e segs, com anotação concordante de Antunes Varela e Henrique Mesquita.

Ponderemos então, aqui e agora, a aplicação dos arts. 425.º e 578.º, n.º 1, no caso de o contrato donde emerge a relação cedida ser um contrato-promessa, sobretudo quanto ao problema da forma.

Pode constituir objecto de cessão o crédito (direito à celebração do contrato prometido) derivado da promessa unilateral, mesmo sem o consentimento do promitente (art. 577.º). De acordo com o n.º 1 do art. 578.º, se a cessão for onerosa, a título de venda, aplicam-se as disposições da forma prescritas para a venda – logo, porque o crédito é coisa móvel (art. 205.º), a cessão poderia ser verbal; se a cessão for gratuita, *donandi causa,* aplicam-se as prescrições da forma próprias da doação – logo, a cessão poderia igualmente ser verbal, se acompanhada da tradição da coisa a que se refere o contrato prometido; não o sendo, só poderia ser feita por escrito (art. 947.º, n.º 2).

O mesmo se diga, *mutatis mutandis,* para a transmissão da obrigação de celebrar o contrato prometido, derivada da promessa unilateral, ratificada pelo promissário (art. 595.º), a que deve aplicar-se a doutrina do art. 578.º.

Pode constituir objecto de cessão a totalidade da posição contratual, no seu conjunto de direitos e obrigações decorrente da promessa (bilateral ou unilateral), com o consentimento (prévio ou posterior) do outro contraente (art. 424.º). De acordo com a art. 425.º, se a cessão for onerosa, *vendendi causa,* aplicam-se as disposições da forma próprias da compra e venda – logo, a cessão poderia ser verbal, pois a posição contratual é coisa móvel (art. 205.º); se a cessão for gratuita, *donandi causa,* aplicam-se as disposições da forma prescritas para a doação – logo, a cessão poderia igualmente ser verbal, se acompanhada da tradição da coisa; não o sendo, a cessão só poderia ser feita por escrito (art. 947.º, n.º 2).

Os resultados alcançados revelar-se-iam frequentemente insatisfatórios, desrazoáveis até, porquanto o cessionário poderia assim ocupar *(ex nunc)* o lugar do cedente, sem a ponderação e a reflexão ínsitas à forma a este exigida na celebração do contrato-promessa (art. 410.º, n.ºs 2 e 3; art. 413.º).

Ora *as razões da forma do contrato-promessa verificam-se igualmente na cessão da posição contratual de promitente,* porquanto o cessionário, pelo subingresso no lugar do cedente, assume a qualidade de promitente, sucedendo ao substituído (anterior promitente) em todos os direitos e obrigações não extintos antes da cessão – fenómeno de extinção subjectiva e de aquisição derivada translativa da relação contratual.

Justifica-se, pois, *que o novo promitente (cessionário) seja protegido contra a precipitação e ligeireza do mesmo modo que o é o primitivo ou originário promitente (ora cedente). O que só se con-segue se a cessão revestir a forma exigida para o contrato--promessa cedido*: arts. 410.º, n.º 2 e 3, se a promessa cedida for meramente obrigacional; art. 413.º, se a promessa cedida tiver eficácia real: declaração expressa, escritura pública (ou documento particular) e registo da cessão – para o registo, vejam-se o art. 2.º, n.º 1, al. *f*), e o art. 101.º, n.º 1, al. *f*), do Código de Registo Predial. *Se não obedecer à forma do art. 410.º, n.os 2 e 3, a cessão ou transmissão será nula (art. 220.º) – nulidade sujeita ao mesmo regime jurídico, naturalmente* – nada impedindo, todavia, a sua renovação; no segundo caso, se não observar alguns dos requisitos consignados no art. 413.º, a cessão terá eficácia meramente obrigacional, se contiver os requisitos do art. 410.º.

Por isso, devemos concluir o seguinte: *a forma da transmissão da posição contratual é definida em função do tipo de negócio que serve de base à cessão (art. 425.º), sem prejuízo da (forma de maior) solenidade exigida para o contrato cedido que, por sua razão de ser, se deva considerar extensiva ao contrato de cessão*[11].

9. Distinção de outras figuras

Nem sempre é fácil, na prática, saber se estamos perante *negociações* ou *tratativas*, contrato-promessa ou contrato definitivo. Tratar-se-á, obviamente, de *questão de interpretação* das declarações de vontade das partes, a resolver segundo a conhecida doutrina da impressão do destinatário (art. 236.º e segs.).

As negociações são a actividade instrumental da conclusão de um contrato, também da conclusão de contrato-promessa. É a fase pré-contratual, na qual as partes devem proceder segundo as regras da boa fé (art. 227.º). Mas através das tratativas as partes não assumem a obrigação de celebrar o contrato *in itinere*, sendo a violação culposa da boa fé sancionada apenas pelo dever de indemnizar o interesse contratual negativo.

[11] Sobre a questão em geral, cfr. Ribeiro de Faria, *Direito das Obrigações*, vol. I, Coimbra, 1990, p. 262, nota 2; Acórdão do S.TJ., de 5 de Novembro de 1974, com anotação concordante de Vaz Serra, *in* Revista de Legislação e Jurisprudência, ano 108, p. 334 e segs; Acórdão da Relação de Coimbra, de 25 de Setembro de 1990, *in* «B.M J.» n.º 399, p. 586; Acórdão do S.TJ., de 23 de Maio de 1995, *in* "Colectânea de Jurisprudência – Acórdãos do S.T.J.", Ano III, T II, p. 100 e segs; Acórdão da Relação de Lisboa, de 4 de Maio de 1999, *in* "Colectânea de Jurisprudência", 1999, III, p. 82; Mota Pinto, *Cessão da posição contratual*, n.º 24, *f*), p. 154 e 155.

Frequentemente, na fase negociatória, as partes redigem *minutas ou punctações*, documentos em que vazam os pontos do futuro contrato sobre que já chegaram a acordo, sem, contudo, se vincularem à sua celebração. No fundo, a *minuta* constitui *documento provisório, cujo* conteúdo integrará o futuro contrato, se este vier a ser firmado. E o contrato não fica concluído se e enquanto as partes não houverem acordado em *todas* as cláusulas sobre as quais qualquer delas tenha julgado necessário o acordo (art. 232.º), hipótese em que a ruptura das negociações se apresenta legítima e justificada[12].

O contrato-promessa situa-se entre a fase pré-contratual e o contrato definitivo. Há contrato-promessa apenas quando os contraentes tenham querido *obrigar-se à conclusão de certo (futuro) contrato* – o contrato definitivo ou contrato prometido. Logo, a distinção teórica apresenta-se fácil: no contrato-promessa, as partes obrigam-se a contratar; no contrato definitivo, as partes querem que o mesmo produza os efeitos finais, por exemplo, a transferência da propriedade.

O *contrato-promessa pode ser bilateral ou unilateral:* no primeiro, a obrigação de celebrar o contrato futuro é das duas partes, ambas promitentes; no segundo, só um dos contraentes se vincula a contratar – promitente único, portanto, ficando o outro (promissário) livre de concluir ou não o contrato definitivo, a que tem direito. Ainda assim, a promessa unilateral é sempre um contrato, que se aperfeiçoa com a aceitação do promissário.

O *contrato-promessa unilateral não se confunde com figuras afins: proposta irrevogável, pacto de opção, pacto de preferência, venda a retro.*

A *proposta irrevogável* (art. 230.º) é uma declaração unilateral, cuja aceitação perfaz o contrato; a promessa unilateral constitui um contrato firmado entre promitente e promissário, de que emerge a obrigação de celebrar o contrato prometido apenas para o primeiro.

O *pacto de opção é um contrato* – e nisto se distingue da proposta irrevogável –, tal como a promessa unilateral, sendo, todavia, diverso o mecanismo de realização do direito ao contrato emergente de ambos: na segunda, fonte de uma obrigação de contratar, tem de haver nova declaração contratual

[12] Cfr. João Calvão da Silva, *Negociação e formação de contratos, in* "Estudos de direito civil e processo civil", Coimbra, 1996, p. 41 e segs; João Calvão da Silva, *Negociações preparatórias de contrato promessa e responsabilidade pré-contratual, in* "Estudos", cit., p. 79 e segs.

de ambas as partes para que o contrato definitivo se conclua – *direito de crédito,* portanto, o do promissário, já que exige a cooperação ou colaboração do promitente; no primeiro, para a conclusão do contrato *é suficiente a manifestação de vontade do beneficiário:* se este aceita, exercendo o seu direito potestativo, o contrato aperfeiçoa-se, inelutavelmente, sem necessidade de nova declaração da contraparte (v. g., **A** vende a **B** um objecto, com a faculdade de o devolver se não lhe agradar; **A** "empresta" e declara vender ao clube **B** um jogador de futebol, com opção de compra por certa quantia no fim da época). Segue-se daqui a *admissibilidade de opção de contrato-promessa,* assim como de *contrato-promessa unilateral de opção*[13].

O pacto de preferência faz nascer a obrigação de escolher outrem como contraente, no caso de o obrigado à preferência se *decidir livremente* a contratar (art. 414.º e segs); a pessoa não se obriga, portanto, a contratar, diferentemente do que sucede no contrato-promessa – apenas se obriga a dar preferência, em condições de igualdade.

A venda a retro (art. 927.º e segs.) dá ao vendedor a faculdade de resolver o contrato por meio de simples notificação judicial (art. 930.º), sem necessidade, portanto, de nova declaração do comprador – comprador que, assim, não promete concluir uma outra venda com o vendedor.

10. Princípio da correspondência

O art. 410.º, n.º 1, manda aplicar ao contrato-promessa as disposições legais relativas ao contrato prometido, com duas excepções: as relativas à forma e as que, por sua razão de ser, não devam considerar-se-lhe extensivas.

É a consagração do *princípio da equiparação ou princípio da correspondência,* segundo o qual o regime (requisitos e efeitos) do contrato-promessa será via de regra o do contrato prometido. *Pelo que se aplicam ao contrato-promessa, em princípio, as regras gerais dos contratos e as normas específicas do contrato prometido*[14].

Das regras dos contratos em geral aplicáveis ao contrato-promessa destacam-se as relativas à liberdade contratual (art. 405.º), à liberdade de forma (art. 219.º), à capacidade, aos vícios da vontade, aos requisitos do objecto – possibilidade, legalidade, licitude, determinabilidade (art. 280.º),

[13] Cfr. *infra*, n.º 13.

[14] Cfr. acórdão do S.T.J., de 29/10/2015 (Processo n.º 8968/09.5TBBRG.G1.S1), n.º I.

correspondência a um interesse sério do credor, digno de protecção legal (art. 398.º) –, à interpretação e à integração, ao cumprimento, à mora, ao incumprimento, etc.

Das normas específicas do contrato prometido aplicáveis, por exemplo, à promessa de venda, salientam-se as que na compra e venda se referem à venda da coisa ou direito litigioso (art. 876.º), à determinação do preço (art. 883.º), à redução do preço (884.º), à venda de coisas sujeitas a contagem, pesagem ou medição (arts. 887.º e segs.), à venda de coisas oneradas (arts. 905.º e segs.), à venda de coisas defeituosas (arts. 913.º e segs.)[15], à venda de coisas futuras (arts. 880.º e 893.º), à venda do direito de habitação (arts. 1484.º e 1488.º).

No *contrato-promessa* – convém precisá-lo – *devem estar presentes os requisitos (de substância) do contrato definitivo*, com um conteúdo preciso tal, *nos seus elementos essenciais, que não torne necessárias ulteriores negociações.*

Noutros termos: *o contrato-promessa deve definir ou fixar os pontos sem os quais o contrato definitivo, se imediatamente concluído, seria inválido por indeterminidade ou indeterminabilidade do objecto*, só podendo ficar em branco elementos susceptíveis de serem subsequentemente preenchidos por acordo das partes ou pelo tribunal, mediante recurso às regras da integração.

Desta sorte não será inválido o contrato-promessa de venda em que se não fixe o preço, pois, na falta de acordo ou renitência de uma das partes, pode sempre por decisão do tribunal colmatar-se a lacuna através da utilização do disposto no art. 883.º. Mas já será nulo o contrato-promessa de sociedade que não especifique o tipo de sociedade constituenda – sociedade em nome colectivo, sociedade em comandita, sociedade anónima, sociedade por quotas – ou outros elementos essenciais enumerados e exigidos no art. 9.º do Código das Sociedades Comerciais [16], se a determinação ou determinabilidade do(s) mesmo(s) não for possível pelos critérios de interpretação

[15] Cfr. João Calvão da Silva, *Vício de quantidade: defeito da coisa, erro autónomo e não cumprimento, in* "Estudos Jurídicos", Coimbra, 2001, p. 333 e segs, especial. p. 347 e segs; Acórdão do STJ, de 29/6/2010 (Proc. n.º 258/2002. G1. S1: "Se o promitente-comprador passou a residir no prédio urbano prometido vender, vindo a constatar que o mesmo apresentava defeitos (existência de humidades e infiltrações), devem aplicar-se à situação as regras atinentes à venda de coisa defeituosa".

[16] Cfr. João Calvão da Silva, *Nulidade da promessa de sociedade comercial por falta de elementos essenciais exigidos pelo art. 9.º do CSC*, in "Estudos Jurídicos", Coimbra, 2001, p. 255 e segs; Acórdão da Relação de Lisboa, de 13/12/2007 (Proc. n.º 10340/2007-6).

das declarações de vontade (cfr. arts. 280.º e 294.º do Código Civil; arts. 42.º a 44.º do Código das Sociedades Comerciais).

Excepção ao princípio da correspondência constituem as normas do contrato prometido que, pela sua razão de ser, não devam considerar-se extensivas ao contrato-promessa (art. 410.º, n.º 1, *in fine*). É dizer que só depois de analisar uma determinada norma do regime do contrato prometido e apurar a sua *ratio*, o seu fundamento, estaremos em condições de afastar ou não a sua aplicação ao contrato-promessa.

Exemplificativamente, são *inaplicáveis* à promessa de venda, porque não transmite a propriedade, as *normas da compra* e *venda relativas à eficácia real translativa* (art. 879.º, al. *a*) e subsequente distribuição do risco (art. 796.º) ou afastamento do direito de resolução do contrato por falta de pagamento do preço (art. 886.º).

De igual sorte, e pela mesma razão de o contrato-promessa não produzir efeitos translativos, *não lhe são aplicáveis as proibições da alienação de coisa alheia* (arts. 892.º e 939.º) ou parcialmente alheia (arts. 902.º e 939.º) e *da venda de coisa comum* (indivisa) *por um só dos comproprietários* (arts. 1405.º e 1408.º).

Do mesmo modo, e por análoga razão, *não se aplica à promessa de venda de bens imóveis, feita por um dos cônjuges sem o consentimento do outro, o disposto no art. 1682.º-A.*

De igual modo, e pela mesma ordem de ideias, *não se aplica à promessa de venda a filhos ou netos,* feita sem o consentimento dos outros filhos ou netos, o *disposto no art. 877.º.*

Pela mesma ordem de razões, também se pode considerar válida a promessa de venda de um bem imóvel ainda que pertencente ao domínio público.[17]

Afinal, em todos estes casos e outros análogos, do contrato-promessa não nascem efeitos translativos, mas apenas a obrigação de celebrar o contrato definitivo (prestação de facto jurídico), cujo cumprimento pode vir a ser possível no tempo devido, se entretanto o promitente obtiver a

[17] Cfr. Acórdão do S.T. J de 21/02/2019 (processo n.º 7590/15.1T8LSB.L1.S1): "Não estando em causa nesta ação a titularidade do imóvel prometido comprar/vender, mesmo que integrasse o domínio público marítimo, e ainda que, por isso, o Estado pudesse beneficiar da presunção da sua dominialidade pública, tal circunstância não afetaria sem mais, a sua validade, por impossibilidade física ou legal do seu objeto".

coisa ou o consentimento (ou seu suprimento judicial) necessário à realização do negócio dispositivo ou translativo. Caso assim não suceda, *caso o promitente não adquira a coisa ou não consiga o consentimento necessário, haverá incumprimento do contrato-promessa validamente celebrado, por impossibilidade (jurídica) subjectiva, culposa ou não consoante o exacto conteúdo ou alcance da promessa de facto de terceiro,* apurado segundo as regras da interpretação: se o promitente tiver assumido uma *obrigação de meios,* obrigando-se apenas a fazer o que estivesse ao seu alcance no sentido de adquirir a coisa alheia ou de obter o consentimento necessário para a alienação, e se provar que procedeu às diligências adequadas para o efeito, não haverá responsabilidade civil pelos danos sobrevindos (arts. 798.º e 801.º) – logo, tendo havido sinal, restituirá este em singelo – nem execução específica (art. 830.º); se o promitente tiver assumido uma *obrigação de resultado,* assegurando ao promissário a celebração do contrato prometido, haverá responsabilidade civil – logo, tendo havido sinal, restituirá o dobro (art. 442.º, n.º 2) – mas não execução específica, em virtude de o contrato não vincular o terceiro (art. 406.º, n.º 2; *infra*, n.º 53).

A doutrina que acaba de explanar-se acerca da prestação de facto de terceiro, assumida através de contrato-promessa – contrato válido, e não nulo, à luz da liberdade contratual e porque, em última instância, a promessa de facto de terceiro se reconduz a verdadeira promessa de facto próprio: conseguir o promitente a prestação do facto de terceiro –, encontra afloramento na *locação de coisa alheia. Também a locação de coisa alheia é válida,* e não nula, considerando-se *não cumprido o contrato se o locador não tiver a faculdade de proporcionar a outrem o gozo da coisa locada* (arts. 1032.º e 1034.º, n.º 1, al. *a*). Do mesmo modo, é *válida a promessa de locação de coisa alheia*[18].

[18] Cfr. HENRIQUE MESQUITA, na «Revista de Legislação e Jurisprudência», ano 125, p. 382 e segs., em anotação ao Acórdão da Relação de Coimbra, de 25 de Fevereiro de 1993; Acórdão do S.T.J. de 13/2/2007 (Processo n.º 06A4655); Acórdão do S.T.J. de 22/3/2007 (Processo n.º 07A543).

§ 3

DA FORMA EM ESPECIAL: O N.º 2 DO ARTIGO 410.º

11. Validade do contrato-promessa unilateral ou bilateral constante de documento assinado pelo promitente ou pelos promitentes

Excepção ao princípio da equiparação é a da forma (art. 410.º, n.º 1). Logo, a regra do contrato-promessa é a da consensualidade ou liberdade da forma (art. 219.º).

Excepcionalmente, porém, nos termos do n.º 2 do art. 410.º, sempre que a lei exija documento, quer autêntico, quer particular, para o contrato prometido, é necessário que o contrato-promessa conste de documento assinado pelos promitentes ou pelo promitente, consoante a promessa seja bilateral ou unilateral, bastando documento particular ainda que aquele contrato dependa de documento autêntico.

Não obstante a originária redacção do art. 410.º, n.º 2, falar apenas de «documento assinado pelos *promitentes*» abrangendo expressamente a promessa bilateral, na jurisprudência e na doutrina era firme o entendimento de que, tratando-se de promessa unilateral (art. 411.º), bastava a assinatura da única parte que se vinculava a contratar, por só ela ser promitente e não haver razão para exigir a assinatura do outro contraente que restava livre de celebrar ou não o contrato definitivo; portanto, o preceito era lido, na parte em causa, como se a sua letra fosse «documento assinado pelo promitente ou promitentes».

Foi este entendimento firme que o Decreto-Lei n.º 379/86 veio expressamente verter na própria letra do n.º 2 do artigo 410.º pela fórmula «documento assinado pela parte que se vincula ou por ambas, consoante o contrato-promessa seja unilateral ou bilateral». Fórmula equivalente, por isso, à referida formulação, simples e linear, subentendida por aquela firme interpretação, formulação de resto utilizada na nova redacção do n.º 3 do artigo 410.º («reconhecimento presencial da assinatura do *promitente ou promitentes»)* e já anteriormente no artigo 8.º do Decreto-Lei n.º 49408, de 24 de Novembro de 1969 (contrato individual de trabalho), nos termos do qual «a promessa de contrato de trabalho só é válida se constar de *documento assinado pelo promitente ou promitentes,* no qual se exprima, em termos inequívocos, a vontade de se obrigar, a espécie de trabalho a prestar e a respectiva retribuição».

Destarte, vista a nova redacção dada ao n.º 2 do artigo 410.º, desaparece o já de si frágil argumento literal invocado pelo Professor Doutor GALVÃO TELLES que, isoladamente, via na primitiva fórmula «documento assinado pelos promitentes» a exigência legal de o contrato-promessa dever «ser sempre assinado por ambos os contraentes, trate-se de promessa sinalagmática ou não sinalagmática», considerando o termo «promitentes» não na acepção rigorosa e técnica – promitentes são as pessoas que prometem –, mas no sentido de «partes num contrato-promessa»[19].

Em suma: *o artigo 410.º, n.º 2, na sua nova redacção, não tem carácter inovador*, já que se cinge à explicitação na própria letra do firme e sedimentado entendimento, na doutrina e na jurisprudência, do primitivo texto.

12. Promessa unilateral com contraprestação: I) A chamada indemnização de imobilização ou preço de opção

Porém, nem sempre as promessas de contratar se apresentam na realidade com a simplicidade e linearidade referidas.

Nem sempre, com efeito, do contrato-promessa firmado emerge tão-só a vinculação de ambas as partes ou de apenas uma delas à celebração do contrato prometido, surgindo um contrato-promessa bilateral ou unilateral,

[19] *Direito das Obrigações*, 5.º ed., Coimbra, 1986, pp. 84 e segs.
Na 6.ª edição Galvão Telles reconhece que em face da nova redacção dada ao n.º 2 do artigo 410.º pelo Decreto-Lei n.º 379/86 "se pode – e deve – sustentar, com perfeita legitimidade, que à validade do contrato-promessa *unilateral* basta a existência de documento assinado apenas pela parte que se obriga a celebrar o contrato futuro" (Direito *das obrigações*, 6.ª ed., Coimbra 1989, p. 91, e na 7.ª ed., de 1997, p. 109).

respectivamente. Por vezes, no chamado contrato-promessa unilateral, em que só uma das partes se vincula à celebração do futuro contrato (o contrato prometido), também o promissário se constitui na obrigação de realizar uma prestação.

Por exemplo, na promessa unilateral de venda, em que só o promitente-vendedor se obriga a concluir o contrato definitivo, o beneficiário da promessa, que fica livre de firmar ou não o contrato prometido, assume, todavia, a obrigação de efectuar uma prestação no caso de não exercer o direito creditório à celebração do contrato. Prestação esta, a do promissário, que via de regra terá carácter pecuniário – uma percentagem do preço total de venda, sendo de 10% a prática generalizada em França –, podendo, todavia, revestir outras formas: estudos de mercado, estudos de viabilidade, sondagens de terrenos, *démarches* administrativas, etc., etc.

Na doutrina e na jurisprudência francesas[20], esta cláusula, de prática frequente, é apelidada de *indemnité d'immobilisation ou prix d'option.*

Que dizer destas expressões?

13. (Cont.): II) Rejeição da terminologia «preço de opção»

A terminologia «preço de opção» assenta na assimilação da promessa unilateral de venda ao pacto de opção, em que o promitente emite logo a declaração correspondente ao contrato que pretende firmar (no caso, a venda), ficando a outra parte (o promissário) com a faculdade de, dentro de certo prazo, aceitar ou não o contrato; a conclusão deste não depende senão da vontade do beneficiário da promessa, sem necessidade, portanto, de nova declaração da parte promitente, dada a natureza de direito potestativo exercido por aquele. Por isso, é corrente a terminologia *promesse unilatérale de vente ou pacte d'option,* como traduzindo a mesma realidade, e a substituição da expressão *promessa unilateral de venda* por *«pacte d'option»* chega mesmo a ser sugerida por alguma doutrina[21], dada a (alegada) equi-

[20] Cfr., por todos, BÉNAC-SCHMIDT, *Le contrat de promesse unilatérale de vente,* Paris, 1983. Referências, entre nós, podem ver-se em ANTUNES VARELA, *Emendas ao regime do contrato promessa,* na «R.L.J.», ano 119.º, pp. 292 e segs.; CALVÃO DA SILVA, *Cumprimento e sanção pecuniária compulsória,* Coimbra, 1987, pp. 303 e 304, nota 544; CALVÃO DA SILVA, *Sanção pecuniária compulsória (artigo 829.º-A do Código Civil),* Separata do «B.M.J.», n.º 359, Lisboa, 1987, n.º 18.

[21] Cfr., por exemplo, BOYER, *Promesse de vente,* in Enciclopedie Dalloz – Repertoire de Droit Civil, n.os 3, 5 e segs.

vocidade daquela, que não exprimiria nem o carácter contratual nem a originalidade da situação.

Não é de aceitar e adoptar entre nós a terminologia *preço de opção* para qualificar a contrapartida a que o beneficiário da promessa unilateral fica adstrito, pela decisiva razão de que este não é titular de um verdadeiro *direito potestativo de opção cujo* exercício, mediante conformadora declaração unilateral, conclua logo o contrato definitivo. Na verdade, do contrato-promessa unilateral com uma cláusula acessória estipuladora daquela contrapartida resulta o direito de crédito (direito de cooperação) do promissário à celebração do contrato prometido – exigindo do promitente o cumprimento da promessa, ainda que a sentença produza os efeitos da declaração negocial do faltoso, mos termos do artigo 830.º –, com a obrigação de pagar a contrapartida pecuniária fixada se não exercer esse direito no prazo estabelecido; a fim de concluir o contrato definitivo é, pois, necessário um novo e posterior acordo, com o promitente a emitir ainda uma ulterior declaração, a manifestar uma nova vontade, a que se havia precedentemente obrigado.

Naturalmente, nada obsta a que, em conformidade com a autonomia da vontade, as partes celebrem um autónomo contrato de opção atributivo de um direito potestativo de opção relativo à celebração de um (definitivo) contrato principal ou mesmo de um contrato-promessa. Por exemplo: **A**, interessado em adquirir um andar, encontra um de que gosta, pertencente a **B**. Não quer, todavia, celebrar já o contrato-promessa recíproco de compra e venda, pois deseja continuar a ver outros andares. Mas como receia que **B** se vincule a vendê-lo a outrem, convenciona com ele a *reserva de opção*, por prazo determinado, relativa à conclusão de um contrato-promessa bilateral, contra o pagamento de uma certa quantia pecuniária. Pelo exercício do direito de opção, de que é titular **A**, celebra-se o contrato-promessa de compra e venda, se as declarações de **A** e **B** estiverem devidamente formalizadas. Isto porque o contraente vinculado (**B**) se encontra em estado de sujeição, com o optante (**A**) a ser titular de um direito potestativo cujo exercício, mediante declaração unilateral de aceitação, aperfeiçoa sem mais o contrato-promessa bilateral, de que o contrato de opção contém já um elemento constitutivo (a declaração de **B**), inserindo-se no seu *iter* formativo. Destarte, do exercício do direito potestativo de opção resulta, *ex vi* do contrato-promessa concluído, a constituição de um direito creditório, o direito à celebração do contrato definitivo, o qual, diferentemente do direito potestativo, é susceptível de violação[22].

E qual o tratamento jurídico a dar à contrapartida pecuniária da reserva de opção? Há que distinguir:

1) Se a contrapartida tiver sido entregue a **B** no momento da conclusão do contrato de opção e **A** exercer o seu direito, deverá valer como sinal se o dever de restituição não resultar da interpretação contratual;
2) Se a contrapartida foi entregue e **A** não exerce a opção de que é beneficiário, será retida por **B** como «preço» *da opção* concedida;
3) Se a contrapartida não foi entregue e **A** exerce a opção, não será devida;
4) Se a contrapartida não foi entregue e **A** não exerce a opção, será devida como «preço» (de pagamento) da opção concedida.

14. (Cont.): III) Preferência pela terminologia preço de imobilização ou preço da promessa

Relativamente à terminologia *«indemnité d'immobilisation»* para qualificar a obrigação do beneficiário da promessa unilateral, diga-se que traduz a ideia de reparação ou compensação do prejuízo que representa a imobilização do bem na esfera jurídica do promitente durante o prazo convencionado. Trata-se de uma expressão já mais aderente à realidade, pois ao aceitar firmar um contrato pelo qual concede ao promissário, durante certo período de tempo, o direito creditório à celebração do contrato definitivo, o promitente contrai ao mesmo tempo a obrigação de não alienar a outro o *«bem prometido»*, daí lhe podendo advir prejuízos (v.g. não vendendo, em condições mais vantajosas, lucrativamente, a terceiro), a que podemos chamar dano de imobilização ou dano de indisponibilidade do bem.

Não parece, todavia, ser ainda terminologia a mais verdadeira e a mais impressiva.

Com efeito, mais do que ressarcimento de (eventual) prejuízo – prejuízo eventual, mesmo inexistente se, por exemplo, o bem é vendido logo a seguir ao não exercício do direito de comprar por um preço nitidamente superior ao fixado na promessa – sofrido pelo promitente, a contrapartida

[22] Cfr. *supra*, n.º 9.

pecuniária a pagar é o preço ou compensação da vantagem por este proporcionada ao beneficiário da promessa.

Isto é, ao celebrar a promessa unilateral de venda, o promitente concede ao promissário *o direito de crédito à conclusão do contrato definitivo*, direito que, objectivando-se como valor próprio e autónomo, passa a fazer parte integrante do património do seu titular, susceptível de constituir *objecto de penhora e do comércio jurídico* (cfr. art. 412.º). É este valor patrimonial emergente de promessa unilateral que o promitente, imobilizando o seu bem por certo prazo, concede ao beneficiário, não gratuitamente, com *animus* de liberalidade, mas a título oneroso, contra o pagamento de quantia estipulada por ambos; quantia esta que é, em suma, a contrapartida daquele direito concedido ao promissário.

Por outro lado, sendo certo que não há sinalagmaticidade perfeita entre as duas prestações – sinalagmaticidade perfeita que existiria se à obrigação de vender correspondesse a obrigação de comprar –, não é menos certo que a contrapartida pecuniária fixada se apresenta como a *causa (hoc sensu)* da promessa unilateral de venda, sem a qual esta não teria sido celebrada. Bem pode, por conseguinte, dizer-se que, embora a dita *«indemnité d'immobilisation»* e a obrigação de vender não sejam prestações rigorosamente simétricas ou simetricamente recíprocas e correspectivas, há entre elas a conexidade e interdependência funcional bastante para caracterizar a sinalagmaticidade, que ousamos crismar de *sinalagmaticidade imperfeita e de segundo grau*, por ser meramente funcional e não estrutural. Estruturalmente, a obrigação de vender é a obrigação principal – cuja correspectividade perfeita seria a (inexistente) obrigação de comprar –, enquanto a chamada *indemnité d'immobilisation* constitui obrigação acessória, correspectiva da (obrigação de) imobilização ou inalienabilidade do bem que o promitente também contrai. Porém, não obstante a diferença de grau e de intensidade, a obrigação de vender não existiria sem a estipulação da indemnização de imobilização para a eventualidade de o promissário não comprar.

Pelo que não parece ser impróprio baptizar as duas prestações de (funcionalmente) sinalagmáticas, repousando o equilíbrio prestacional numa valoração complexiva da economia do contrato-promessa unilateral e do contrato prometido, globalmente considerados.

Mas porque a promessa unilateral de venda não teria sido celebrada pelo promitente gratuitamente e só o foi a título oneroso, com uma contrapartida, portanto, parece-nos mais expressivo e impressivo, e por isso preferível, referir essa contrapartida pecuniária por *preço da promessa (prix de la promesse)* – terminologia que inculca logo a ideia do valor *(quantum)* pecuniário (do direito creditório emergente) da promessa unilateral a pagar pelo promissário, se dentro do prazo convencionado não se decidir pela conclusão do contrato definitivo – ou *preço de imobilização (prix d'immobilisation)*[23], reportando a contrapartida da promessa ao *pagamento* da imobilização ou indisponibilidade do bem no património do promitente durante o período de tempo estabelecido, sem qualquer ligação ao elemento prejuízo (eventual, ver inexistente) que não tem por finalidade compensar.

15. (Cont.): IV) Distinção entre preço de imobilização, cláusula penal, multa penitencial e sinal

Na hipótese de o *preço de imobilização* ter sido convencionado mas não entregue no momento da conclusão da promessa, devendo, portanto, vir a ser pago se o promissário não exercer o direito creditório à celebração do contrato definitivo, não há confusão possível com a cláusula penal ou com a multa penitencial[24].

Não há confusão com a *cláusula penal*, porque esta pressupõe a existência de uma obrigação cujo não cumprimento imputável sanciona. Ora, na promessa unilateral acompanhada de preço de imobilização, o promissário não se obriga a contratar: fica livre de concluir ou não o contrato prometido.

[23] Adoptado pela Relação de Lisboa no acórdão 13 de Maio de 1999, in "Colectânea de Jurisprudência" 1999, III, p. 95: "I – Existe contrato-promessa unilateral, com *preço de imoblização ou preço de promessa*, quando, mediante acordo, alguém reserva uma garagem e um andar para que outrem possa decidir se, quanto a eles, virá a celebrar contra-promessa de compra e venda. II – *Não basta à forma escrita*, exigida por lei para tal contrato, *a existência de recibos provisórios de recebimento de determinado importância pela dita reserva*".

[24] Cfr., A. Benet, *Indemnité d'immobilisadon, dédit et clause pénale*, in «La Semaine Juridique», 1987, I, 3274. Segundo o autor, a assimilação da *indemnité d'immobilisation* à clausula penal, que começou por ser feita por alguma jurisprudência, tem a ver com a má denominação daquela, erguendo o aspecto compensatório de um prejuízo sofrido pelo promitente em elemento constitutivo do conceito. Ora a causa da *indemnité d'immobilisation* não é o prejuízo sofrido pelo promitente, mas a vantagem do beneficiário. Informa o autor que a cassação, em aresto de 84, distingue claramente as duas noções, recusando a aplicação do art. 1152.º do Código Civil (equivalente ao art. 812.º do Código Civil português) à *indemnité l'immobilisation.* No sentido da não revisão pelo juiz do preço de imobilização pronuncia-se Bénac-Schmidt, *ob. cit.*, pág. 58 e segs.

Não há confusão possível com a *multa penitencial*, porque esta também pressupõe a existência de uma obrigação, muito embora seja o correspectivo (preço) do direito de arrependimento ou de desistência do contrato, arredando ao credor a possibilidade de impor o cumprimento da prestação que está *in obligatione* – o que não acontece com a cláusula penal, que confere ao credor uma opção entre o cumprimento e a indemnização *à forfait* estipulada, podendo mesmo fazer uma exigência cumulativa, se se tratar de cláusula penal moratória. Ora, na promessa unilateral com preço de imobilização, não se obrigando o promissário a contratar, este preço estipulado não pode ser o correspectivo de uma retractação unilateral. Ao invés, o montante *d'immobilisation* é que fica in *obligatione*, podendo o beneficiário da promessa desonerar-se dele pelo exercício do direito creditório à celebração do contrato definitivo.

No caso de o *preço de imobilização* ter sido entregue ao promitente no momento da conclusão do contrato-promessa unilateral, não há confusão possível com o sinal. Este é clausulado: 1) ou para confirmar o contrato, dando para o exterior uma prova ou testemunho (*signum*) da sua celebração e existência, e garantir ou reforçar o vínculo negocial e o cumprimento das obrigações assumidas – hipótese em que se chamará *sinal confirmatório*; 2) ou para reservar a faculdade de retractação ou desistência do contrato e das obrigações dele emergentes – e chamar-se-á *sinal penitencial*. Ora, o beneficiário da promessa que entrega imediatamente o preço de imobilização não assume a obrigação de contratar, pelo que nem pretende *confirmar* um contrato... inexistente – o contrato-promessa bilateral – nem estipular um *dédit* (sinal penitencial) que implicaria a existência de uma sua obrigação de concluir o contrato prometido...

Nada impede, no plano dos princípios, que promissário e promitente acordem em que este reserve a faculdade de desistir do contrato, pagando uma soma igual ao preço de imobilização entregue por aquele – o que constituirá, não um sinal penitencial (cláusula real *quoad constitutionem*, e neste caso não houve entrega de soma pecuniária por parte do promitente), mas sim uma multa penitencial –, caso em que, se usar desse direito de recesso, o promitente deverá, naturalmente, restituir o preço de imobilização, pois passa a não ter qualquer título que legitime a sua retenção.

Por fim, se o promissário exercer o direito creditório, celebrando o contrato definitivo, a soma de imobilização entregue na conclusão do contrato-promessa unilateral será imputada no preço da alienação; se não foi entregue, não terá de ser paga[25].

16. (Cont.): V) O problema da sua validade formal, se subscrita apenas pela parte que promete contratar

Quanto precede é suficiente para mostrar como nem sempre o contrato-promessa se apresenta puro e simples. A presença no seu seio de cláusulas acessórias ou elementos acidentais pode suscitar questões complexas e embaraçosas. Uma delas é a de saber se, face ao n.º 2 do art. 410.º, o contrato-promessa unilateral acompanhado de «indemnização de imobilização» necessita, para ser válido, da assinatura de ambas as partes ou se basta a assinatura daquela que se vincula a contratar.

A questão é pertinentemente levantada por ANTUNES VARELA. Na tese de ANTUNES VARELA, apesar de só uma das partes se vincular a contratar, a outra também se obriga ao pagamento de uma contraprestação pecuniária (o preço de imobilização), sem a qual aquela parte não prometeria contratar. O contrato-promessa unilateral de venda com cláusula de preço de imobilização apresenta-se, assim, muito semelhante ao contrato-promessa bilateral, pelo que deve considerar-se sujeito aos mesmos requisitos formais. Tornar-se-á necessária, concretamente, a assinatura de ambas as partes e, se faltar a de uma delas, será aplicável ao caso, por analogia, a solução que da lei decorrer para a promessa bilateral ou recíproca de contratar que, devendo constar de documento (escrito) assinado por ambos os contraentes, esteja exarada em documento subscrito por um deles apenas[26].

[25] A vontade das partes no momento da conclusão do contrato nem sempre será inequívoca quanto ao regime do preço de imobilização. Em França certas fórmulas redigidas pelos notários são claras: *l'option ayant été levée «si M... ne pouvait pas ou ne voulait pas passer l'acte et en payer le prix et les frais... l'acompte ci-"dessus prévu serait acquis a X... Pour le prix de l'immobilisation pendant la durée de l'option, le bénéficiaire a versée une somme de... ainsi que le promettant le reconnait»* (BÉNAC-SCHMIDT, *ob. cit.* pag. 51). Depois de citar *la cour de Paris* a aceitar *o pagamento da promessa* devido em caso de não realização da promessa de venda no prazo estipulado – «si le *délai d'option est expire sans qu'elle ait realisé la promesse de vente»* (pag. 52) –, a autora refere que a contrapartida (prestação que recebe o promitente pela vantagem consentida ao beneficiário) é adquirida pelo promitente *«si le beneficiaire ne donne pas suite à son project»* (pag. 54).

[26] *Emendas ao regime do contrato promessa, na* «Rev. Leg. Jurisp.», cit., pp. 294/295.

Salvo o respeito devido ao insigne civilista, a argumentação não nos parece decisiva. Não se nos afigura, realmente, que entre as duas situações haja a analogia capaz de justificar o mesmo tratamento jurídico. Vejamos porquê (A, B, C, D).

A) Na verdade, uma grande e fundamental diferença existe entre a obrigação de comprar e a obrigação de pagar (ou «indemnizar») a imobilização do bem no património do promitente-vendedor. Esta não implica aquela e o beneficiário da promessa fica livre de comprar ou não, apenas devendo o preço de imobilização ou de indisponibilidade, se livremente optar pelo não exercício do seu direito creditório.

Não há, portanto, identidade jurídica na situação das duas partes: a promessa unilateral onerosa apenas obriga o promitente a contratar e não gera sequer na esfera do promissário a obrigação alternativa de pagar o preço de imobilização ou adquirir o bem. Os compromissos são muito diferentes: um obriga-se a alienar, ao passo que o outro reserva a liberdade de adquirir, embora com o dever de pagar uma certa quantia pecuniária em caso de não exercício do seu direito. Numa palavra: a chamada cláusula de indemnização de imobilização não metamorfoseia a promessa unilateral em contrato-promessa sinalagmático de compra e venda, já que o promissário permanece livre de adquirir ou não. E a querer qualificar-se o contrato-promessa unilateral acompanhado de contraprestação como contrato sinalagmático, fale-se de *contrato sinalagmático de promessa unilateral,* como o faz alguma civilística francesa[27], pois não é a promessa que é sinalagmática, mas o contrato de promessa.

B) Um segundo e principal argumento – de algum modo desenvolvimento do já expendido – a favor da ideia de que à validade da promessa unilateral acompanhada de contraprestação do beneficiário basta a assinatura da parte que se obriga a contratar resulta, no nosso ponto de vista, do próprio n.º 2 do artigo 410.º, em consonância com a noção e restante regime legal do contrato-promessa.

No n.º 2 do artigo 410.º, ao preceituar-se que «a promessa relativa à *celebração de contrato* para o qual a lei exija documento, quer autêntico, quer particular, só vale se constar de documento assinado pela parte que se

[27] Cfr. NAJJAR, *Note sous Cass. com.* 8 février 1982, *in* Dalloz, 1983, p. 59.

vincula ou por ambas (na primitiva redacção, «pelos promitentes», devendo ler-se, no entanto, pelo promitente ou pelos promitentes: *vide supra*, n.º 11), consoante o contrato-promessa seja unilateral ou bilateral», está a exigir-se a assinatura da *parte que promete ou das partes que prometem a celebração do contrato definitivo, a assinatura da parte que se vincula ou das partes que se vinculam à celebração do contrato prometido, consoante o contrato-promessa seja unilateral ou bilateral... de contratar.*

Que a lei, por promitente ou promitentes, quer significar a parte que se obriga ou as partes que se vinculam a contratar, deriva também do artigo 410.º, n.º 1, e do artigo 411.º:

Do artigo 410.º, n.º 1, quando se refere «à convenção pela qual alguém se obriga a *celebrar certo* contrato (...)»;

Do artigo 411.º, ao dizer que «se o contrato-promessa *vincular apenas uma das partes* (...) pode o tribunal, a requerimento do *promitente, fixar* à *outra parte* um prazo para o exercício do direito (...)»; não obstante a promessa unilateral ser um contrato (portanto, constituído por proposta e aceitação), que vincula ambos os contraentes, o artigo 411.º fala de o contrato-promessa «*vincular apenas uma das partes*» para significar a *única parte que se vincula ou obriga a celebrar certo contrato futuro, única a quem chama promitente, contrapondo-a «à outra parte»*.

O mesmo entendimento resulta ainda da primitiva redacção do artigo 412.º, ao referir-se à transmissão dos direitos e obrigações dos promitentes (ou do promitente, leia-se) para sublinhar bem – e assim afastar a doutrina contrária – que, não obstante a natureza específica do contrato-promessa, os direitos e obrigações das pessoas que se vinculam a contratar não estão via de regra adstritos à pessoa do credor e do devedor, nada obstando, por isso, a que em princípio haja transmissibilidade dos direitos e obrigações dos promitentes. Relativamente à posição contratual do contraente não promitente, a sua transmissibilidade (de acordo com o regime geral) não tinha doutrina contrária. Daí a redacção primitiva do artigo 412.º, como nota ANTUNES VARELA[28], diferente da proposta por VAZ SERRA, que falava de «herdeiros dos contraentes»[29], proposta de algum modo retomada pelo legislador de 1986 através da nova fórmula interpretativa «sucessores das partes» (promitente(s) ou não, leia-se).

[28] «Revista de Legislação e Jurisprudência», ano 120, p. 37 e segs.

[29] VAZ SERRA, *Contrato-promessa*, in «B.M.J.» n.º 76, p. 125.

Por fim, da própria noção de contrato-promessa – convenção pela qual ambas as partes, ou apenas uma delas, se vinculam a celebrar determinado contrato – brota a ideia de que o critério de distinção entre promessas bilaterais e unilaterais é o de saber se a obrigação de contratar é recíproca ou apenas de uma das partes: se há uma vontade inicial recíproca das duas partes, por exemplo, promessa recíproca de venda e de compra, o contrato-promessa é bilateral; se só uma das partes promete firmar contrato futuro, caso a outra parte o deseje, o contrato-promessa é unilateral.

C) Abona o critério exposto, o critério que para qualificar de bilateral ou unilateral o contrato-promessa atende apenas aos elementos essenciais da convenção, sem influência ou incidência de elementos acidentais ou cláusulas acessórias existentes – muito embora não seja de excluir que, v.g., um preço de imobilização exorbitante, numa criteriosa interpretação circunstanciada da convenção, possa levar o tribunal a entender que está em causa um contrato-promessa bilateral, apesar da terminologia empregada –, a *ratio* determinante da excepção prevista no n.º 2 do artigo 410.º ao *princípio da equiparação.*

Relativamente à forma do contrato-promessa, o legislador afastou-se do regime-regra do puro consensualismo ou liberdade de forma (art. 219.º, *ex vi* do art. 410.º, n.º 1) para exigir a sua redução a documento apenas no caso de a promessa respeitar à celebração de contrato para o qual a lei exija documento, quer autêntico, quer particular. Corresponde a dizer que as razões determinantes da forma do contrato definitivo são as que justificam a redução a escrito do contrato-promessa.

Sirva de exemplo, para aclarar o que vai dito, a compra e venda de imóvel. As razões de ponderação e reflexão das partes, por um lado, e de certeza e segurança do contrato e do comércio jurídico, por outro, que impõem a redução a escritura pública ou a documento particular autenticado da compra e venda de imóveis (art. 875.º do Código Civil), são no contrato-promessa satisfeitas pela exigência mínima de este constar de documento particular assinado pelos promitentes.

No juízo da lei, uma destas formalidades é bastante para defender as partes que se vinculam a alienar e a adquirir bens imóveis contra as suas ligeirezas e precipitações.

Vale isto por dizer que, considerando particularmente arriscado e perigoso para o património das pessoas o comércio jurídico imobiliário

– na concepção antiga de que as coisas imóveis é que têm grande valor e constituem a maior riqueza, concepção que a vida moderna frequentemente desmente, como o mostra a recente transacção de um quadro de pintor famoso por cerca de 50 milhões de euros –, a imposição de forma escrita para a declaração de vontade do promitente-vendedor e do promitente-comprador foi o *travão* que a lei considerou necessário e suficiente para combater a precipitação e garantir a ponderação dos declarantes, para evitar que levianamente se obriguem a vender e a comprar bens imobiliários.

Quer tudo isto significar que a necessidade de redução a escrito assinado da declaração de vontade, nos termos do n.º 2 do artigo 410.º, assenta na *obrigação de alienar e na obrigação de adquirir bens imobiliários* e, com isso, se preparar *em termos* vinculativos a celebração de contrato definitivo sujeito a documento. Pelo que, se uma das partes do contrato-promessa não se vincula a contratar, a sua declaração não tem de ser feita por escrito, subsistindo, portanto, o princípio-regra da liberdade de forma.

É o que sucede na promessa unilateral de venda de coisa imóvel acompanhada da chamada indemnização de imobilização ou preço de imobilização: *como o beneficiário da promessa não promete comprar e a forma é imposta por causa da obrigação de adquirir, a redução a escrito da sua declaração de vontade não é necessária*. Nela, os perigos, os riscos, a imponderação e a irreflexão que a lei quer precaver referem-se exclusivamente ao promitente-vendedor, pois só este fica vinculado a alienar, com isso praticando um acto que pode levá-lo a vender coisa imóvel.

A obrigação, a que o beneficiário da promessa fica adstrito, de pagar *o preço de imobilização,* se no prazo estabelecido ou judicialmente fixado a requerimento do promitente (art. 411.º) não exercer o seu direito creditório de comprar, nada tem que ver com os referidos objectivos legais da exigência de forma. Trata-se de uma obrigação pecuniária, capaz de existir tanto em contratos respeitantes a bens imóveis como a *móveis* (não sujeitos a forma, portanto), não abrangida pela razão do requisito legal de forma, destinado apenas e tão-só a obstar a que alguém se *obrigue ou vincule irreflectidamente a vender e a comprar bens imobiliários.*

D) A ser verdadeiro e exacto, como se nos afigura, tudo quanto acabámos de expor, duas conclusões são de tirar:

1) A validade formal da promessa unilateral com contraprestação constante de escrito assinado apenas pela parte que promete contratar, porquanto a natureza, o fundamento e a função da cláusula que fixa uma contrapartida pecuniária (preço de imobilização) não inscrevem esta nas razões determinantes da forma prescrita no n.º 2 do artigo 410.º[30];
2) A admissibilidade de recurso a testemunhas como meio probatório de estipulação verbal de preço de imobilização – anterior, contemporânea ou posterior ao documento assinado pelo promitente-alienante – a que o promissário fica adstrito, se não se decidir, no prazo estabelecido, pela compra do imóvel, uma vez que a declaração negocial deste contraente não tem de ser reduzida a escrito nem necessita de ser provada por escrito (art. 393.º, n.º 1).

É que a lei, no artigo 410.º, n.º 2, impõe um requisito de forma para o consentimento da única parte que no contrato-promessa se vincula a contratar – protegendo-a contra a formação irreflectida da vontade de obrigar-se a vender bens imobiliários –, subsistindo, por isso, a liberdade de forma no referente à declaração de vontade do beneficiário da promessa, que fica livre de contratar ou não. Pois sendo certo que a exigência de escritura pública para compra e venda de coisas imóveis tem a sua razão na natureza dos bens e da respectiva transmissão por efeito do contrato, e não na obrigação de pagar o preço (que pode até ser muito baixo) assumida pelo comprador – além de ser verdade que nenhum documento é requerido para a compra e venda de bens móveis, por mais elevado que seja o preço –, certo é também que a imposição legal de documento assinado para o contrato-promessa foi estabelecida em vista da natureza imobiliária dos bens e da respectiva promessa de transmissão e aquisição, para acautelar os promitentes contra decisões levianas e precipitadas na vinculação à celebração futura de contratos que envolvem, no critério da lei, maior risco patrimonial.

[30] No sentido da validade formal do contrato-promessa unilateral remunerado, constante de documento assinado apenas pelo *promitente*, vieram pronunciar-se, entretanto, GALVÃO TELLES, *Direito das Obrigações*, 6.ª ed., Coimbra, 1989, p. 99 a 102; na 7.ª ed., p. 118 e 119, altera o seu pensamento; ALMEIDA COSTA, *Direito das Obrigações*, 5.ª ed., Coimbra, 1991, p. 324 e 325, 8.ª ed., p. 361; PINTO MONTEIRO, *Cláusula penal, e indemnização*, Coimbra, 1990, p. 191, nota 415; Acórdão do S.T.J., de 10 de Abril de 2003, www.dgsi.pt/jstj.

Por conseguinte, tal como não se requer documento para a compra e venda de móveis, por muito elevado que seja o preço, nem a exigência de escritura pública para a alienação de imóveis é feita por causa do preço, assim também a chamada cláusula de «indemnização de imobilização» – cláusula que não é mais perigosa no caso em apreço do que se for inserta em contrato consensual – não é compreendida pela razão da redução a escrito assinado da promessa unilateral de venda. Logo, as dificuldades probatórias resultantes da conjugação do artigo 221.º com o artigo 394.º não se levantam na hipótese em apreciação, na promessa unilateral de venda com cláusula de preço de imobilização, cláusula que pode ser provada pelo recurso à prova testemunhal.

Dificuldades que já existirão, por exemplo, no caso de *contrato-promessa bilateral* (sujeito a forma, nos termos do n.º 2 do artigo 410.º) *com cláusula verbal de sinal*. Esta cláusula acessória, adicional, quando se prove que corresponde à vontade das partes, será *válida* em virtude de as já assinaladas razões determinantes da forma da promessa lhe não serem aplicáveis (art. 221.º). Apenas a sua prova não pode ser feita por testemunhas – dado o disposto no artigo 394.º, n.º 1, em conformidade com a máxima *«lettres passent témoins»* –, por confissão extrajudicial verbal (art. 358.º, n.º 3) ou por presunções judiciais (art. 351.º). A prova da cláusula verbal de sinal tem de ser feita por outros meios, por exemplo, documento, confissão escrita, embora, face ao disposto no artigo 441.º, baste a prova da entrega de uma quantia pelo promitente-comprador ao promitente-vendedor.

17. Contrato-promessa bilateral assinado só por uma das partes: I) Posição do problema em sede de redução do negócio jurídico (art. 292.º)

A *promessa bilateral*, contrato em que os dois contratantes se vinculam à celebração do contrato definitivo, *deve ser exarada em documento assinado por ambos – ou documentos*, v.g. *proposta assinada pelo promitente-vendedor e aceitação assinada pelo promitente-comprador recebida por aquele* (art. 224.º) –, nos casos abrangidos pelo n.º 2 do art. 410.º. Não raras vezes, porém, apenas uma das partes assina, normalmente o promitente-vendedor. Qual o valor do contrato nesta hipótese?

Doutrina e jurisprudência são unânimes em que o contrato é nulo por vício de forma (art. 220.º). Já há divergências quanto a saber se o caso é de nulidade parcial ou total. Dispensamo-nos de explanar as duas teses e sua argumentação. São conhecidas[31] e a questão coloca-se, hoje, em face da nova redacção do n.º 2 do artigo 410.º, nos mesmos termos em que se punha antes no primitivo texto.

No nosso entendimento, a questão deve ser resolvida em sede do artigo 292.º, vendo o caso como de nulidade parcial, por ser a solução que corresponde melhor à realidade e ao direito português. Efectivamente, se legalmente o contrato-promessa pode ser bilateral ou unilateral e à validade deste basta a assinatura da parte que se obriga a contratar, não é de excluir *a priori,* automática e sistematicamente, a possibilidade de o contrato querido como bilateral valer como promessa unilateral do promitente que assina, pois a não obediência à forma atinge só a declaração negocial do outro contraente – o que acarreta, como consequência directa, imediata e necessária, apenas a nulidade da vinculação deste a contratar. É que, teoricamente, no plano dos princípios, porque o vício de forma afecta somente uma das declarações, a parte restante do contrato (amputado da parte nula) é susceptível de uma existência jurídica autónoma, que pode ser por si só um contrato e valer como tal.

Corresponde a dizer que, em abstracto, o contrato-promessa bilateral assinado apenas por um dos promitentes é objectivamente divisível em partes. O que, por um lado, constitui argumento decisivo contra a tese da nulidade total de plano, necessária e sistemática, e contra a colocação da questão em sede de conversão do negócio jurídico, que tem como pressuposto justamente a nulidade total (art. 293.º); por outro, mostra como o *problema é de redução, instituto que tem no carácter unitário e na divisibilidade (material ou objectiva) do negócio jurídico os requisitos ou pressupostos para a sua aplicabilidade* (art. 292.º)[32].

18. (Cont.): II) A presunção legal de redução e a inversão do *«onus probandi»*

Mas o problema não tem só esta etapa. Há que perguntar ainda pela segunda parte da questão, a questão da *divisibilidade subjectiva:* no critério

[31] Consultar, por todos, a recente exposição sinóptica de ANTUNES VARELA, *Emendas ao regime do contrato-promessa, cit.,* pp. 323 e segs.

[32] *Cfr.* LARENZ, *Allgemeiner Teil des deutschen Bürgerlichen Rechts,* 7.ª ed., 1989, § 23, II; FLUME, *Allgemeiner Teil des Bürgerlichen Rechts,* II, *Das Rechtsgeschäft,* 2.ª ed., § 32.

intencional das partes, o contrato-promessa bilateral assinado por um só dos promitentes poderá valer como promessa unilateral? Não se oporá à divisibilidade, *in casu,* a sinalagmaticidade querida pelos contraentes?

A resposta não pode desprender-se da natureza preliminar e preparatória do contrato-promessa nem dos critérios legais vazados nos artigos 292.º e 239.º, artigo este a ter em conta já que o problema é de integração do negócio jurídico: da primeira, para não deixarmos de ligar a reciprocidade (instrumental) das prestações dos promitentes à sinalagmaticidade (final) do contrato definitivo que preparam e em última instância querem concluir – aspecto fundamental, porquanto este pode ser validamente firmado apesar da nulidade parcial daquele, sem desequilíbrio prestacional e, portanto, sem qualquer prejuízo para o interesse final do promitente unilateralmente vinculado, que pode obter a fixação judicial do prazo para o promissário exercer o seu direito creditório, sob pena de caducidade; dos segundos, a fim de não violarmos a lei, aplicando princípios que o legislador deliberadamente não consagrou.

Ora, nos termos do artigo 292.º, a nulidade parcial não determina a invalidade de todo o negócio, salvo quando se mostre que este não teria sido concluído sem a parte viciada. Corresponde isto a significar que *a solução de princípio contida no artigo 292.º é a da redução, a da presunção de divisibilidade subjectiva do negócio jurídico,* com a invalidade parcial a constituir a regra e a invalidade total a excepção. Facto que implica uma consequência extremamente importante, relativa ao *onus probandi,* visto que as presunções legais invertem este (art. 350.º, n.º 1): *a parte que pretende a nulidade de todo o negócio é que tem de alegar e mostrar que este não teria sido concluído sem a parte viciada.*

Assim, na hipótese de o promitente-vendedor – que, como ANTUNES VARELA justamente põe em relevo[33], é sistematicamente, em todos os casos deste tipo até hoje submetidos à apreciação do Supremo Tribunal de Justiça, a única parte que assina a promessa bilateral ou recíproca de compra e venda – querer invalidar todo o contrato-promessa, tem de alegar e mostrar que o não teria concluído sem que o outro contraente tivesse validamente assumido a obrigação de comprar. Se o não fizer, se não alegar e articular quaisquer factos que ilidam a presunção legal de redução, a outra parte conseguirá ganho de causa, pois quem, como ela, tem a seu favor a presunção legal escusa de alegar e provar o facto a que esta conduz

[33] *Emendas ao regime do contrato promessa, cit.,* p. 295, citando vários acórdãos do S.TJ., na nota 1.

(art. 350.º, n.º 1) – facto que é, na hipótese em análise, a validade da promessa unilateral de venda, com o beneficiário a ter o direito creditório à celebração do contrato prometido ou ao dobro do sinal no caso de não cumprimento definitivo da obrigação de vender.

Por isso não tem razão o Supremo Tribunal de Justiça, quando, em acórdão de 7 de Fevereiro de 1985, entende ser «nulo o contrato-promessa de compra e venda que esteja assinado apenas pelo promitente-vendedor (art. 410.º, n.º 2, do Código Civil), não *podendo colocar-se* o problema da eventual redução ou conversão numa promessa *unilateral válida se* não *se* alegarem os factos *exigidos pelos* artigos 292.º e 293.º do *Código Civil*»[34]. A partir do momento em que reconhece a possibilidade de redução[35] do contrato-promessa bilateral assinado por um só dos promitentes a promessa unilateral – afastando-se da tese da nulidade necessária e automática seguida pelo mesmo Tribunal Supremo desde o acórdão de 26 de Abril de 1977[36] –, o Supremo Tribunal não tem fundamento válido para argumentar que o problema da redução «não pode ser chamado aqui à colação, em virtude de não terem sido articulados quaisquer factos que autorizem o recurso ao instituto previsto no artigo 292.º», pois isso é violar a solução de princípio vertida neste preceito legal. Ao fazê-lo, o Supremo está involuntariamente a aplicar a solução oposta, contida, por exemplo, no § 139 do Código Civil alemão, nos termos do qual a nulidade total constitui a regra, e a nulidade parcial a excepção. Solução esta, a do B.G.B., que o legislador português não quis – e bem – deliberadamente receber e canonizar.

Com efeito, esta presunção de indivisibilidade na estrutura legal alemã leva a que recaia sobre a parte que pretende manter o contrato o ónus de mostrar que há lugar para admitir que ele teria sido concluído mesmo sem a parte nula. Sistema que vários autores alemães criticam, em virtude de a repartição do ónus da prova não corresponder à solução mais equitativa do conflito de interesses e ser motivado por um «excesso *de liberalismo*» não condizente com as concepções mais modernas. Basta ver

[34] «Revista de Legislação e Jurisprudência», ano 119, p. 16, com anotação de ALMEIDA COSTA.

[35] No mesmo sentido, no sentido da possibilidade de redução ou conversão, cfr. o Acórdão do S.T.J., de 29 de Abril de 1986, no «B.M.J.», n.º 356, pp. 358 e segs

[36] «B.M.J.», n.º 266, pp. 156 e segs. (anotado por VAZ SERRA, na «R.L.J.», ano 111, pp. 106 e segs.), na esteira do voto de vencido de ABEL DE CAMPOS, exarado no acórdão de 2 de Julho de 1974 («R.L.J.», ano 109, pp. 284 e segs., com anotação de VAZ SERRA).

que obriga o contratante interessado em manter o negócio jurídico a provar que o *outro contraente* o teria igualmente concluído mesmo sem aparte viciada.

Bem melhor é o sistema jurídico português – igual ao sistema jurídico suíço, onde se consagra a mesma solução no art. 20.º, n.º 2, do Código das Obrigações –, que obriga o contraente interessado na nulidade total a invocá-la e a mostrar e *fazer valer os seus próprios interesses*, provando que sem a parte inválida não teria concluído o contrato. O que não deixa de ser mais normal, mais simples e mais lógico, visto que os elementos a alegar e provar lhe dizem directamente respeito, sendo mais fácil cada um saber de si e de seus interesses e bem mais difícil e delicado saber da contraparte e seus interesses. Além disso, inspira ainda a lei portuguesa o *favor contractus*, o princípio da conservação do negócio jurídico, traduzido na máxima «*utile per inutile non vitiatur*», com a preferência legal pela validade, mesmo parcial, de um acto jurídico à sua invalidade. Preferência tanto mais justificada quanto mais consentânea com a exigência de estabilidade e segurança contratual requerida pelo requintado e complexo comércio jurídico em cadeia, próprio da coeva economia, exigência melhor servida – e, com ela, a protecção dos terceiros de boa fé – pela redução como solução de princípio do que pela nulidade total.

19. (Cont.): III) A sinalagmaticidade da promessa não afasta a presunção legal de redução, incumbindo à parte interessada a alegação da nulidade total

Quer tudo isto dizer que a natureza sinalagmática do contrato-promessa de compra e venda assinado apenas pelo promitente-vendedor não pode afastar a presunção legal de redução contida no artigo 292.º. Não é o outro contraente que tem a necessidade da alegação e da prova (dos factos constitutivos) da redução[37]. Presumida esta, o *onus probandi* inverte-se (art. 350.º, n.º 1), cabendo ao promitente-vendedor a alegação e a prova dos factos susceptíveis de ilidirem a presunção legal de divisibilidade subjectiva do contrato. A natureza sinalagmática da promessa de compra e venda exarada no documento assinado só pelo promitente-vendedor *facilita a este a*

[37] Em sentido diferente parece ser o mais recente pensamento de ANTUNES VARELA, *Emendas ao regime do contrato promessa, cit.*, p. 326.

prova de que não teria concluído o contrato sem a parte viciada, mas não o dispensa da respectiva alegação.

Noutros termos: o promitente-vendedor tem de alegar que não teria celebrado o contrato-promessa, se a outra parte não ficasse vinculada a contratar, o que é plausível dada a natureza bilateral do contrato-promessa querido pelas partes, em que a obrigação de comprar e a obrigação de vender são causa determinante uma da outra. Só neste caso é que o outro contraente, interessado na conservação do contrato, tem de *contra-alegar* elementos demonstrativos de que o promitente-vendedor teria igualmente concluído a promessa unilateral de venda. Aqui, sim, esta contraprova pode ser-lhe difícil: o carácter sinalagmático do contrato constante do documento torna *aceitável* a alegação de que este não teria sido celebrado, o que permite ao juiz declarar a nulidade total se o promitente-comprador não oferecer factos que tornem plausível a ideia de que, no caso concreto, os elementos presuntivos derivados em regra da sinalagmaticidade não devem funcionar – valoração em que o juiz deve ter presente a sequência promessa-contrato prometido como um processo em que a sinalagmaticidade daquela é instrumental e preparatória da sinalagmaticidade final.

20. (Cont.): A falta de interesses legítimos na arguição da nulidade

Mas se esta contraprova pode ser difícil, não raro será fácil ao «promitente-comprador» provar que o promitente-vendedor não tem interesses legítimos em arguir a nulidade total.

É o caso, por exemplo, de o «promitente-comprador» respeitar o estabelecido no contrato-promessa assinado só pela outra parte (v.g., entregando as várias prestações de sinal e princípio de pagamento) e querer celebrar o contrato definitivo. A invocação da nulidade total pelo promitente-vendedor não passaria de pretexto, manobra ou subterfúgio para se subtrair ao dever da contraprestação, assumindo apenas a obrigação de restituir o sinal em singelo como consequência da nulidade (art. 289.º). Solução injusta e inaceitável, que choca a consciência ético-jurídica, com os ditames da boa fé a exigirem o afastamento (do funcionamento do módulo) da vontade hipotética do promitente-vendedor favorável à nulidade total – vontade virtual ou conjectural facilmente extraída, *desde que alegada,* do carácter sinalagmático do contrato –, por um lado, e, por outro, a imporem obrigatoriamente a redução como forma de realizar a justiça contratual presente (art. 239.º)[38].

O exercício do direito à nulidade total seria de má fé, iria manifestamente além do fim visado pelo artigo 410.º, n.º 2, e, por conseguinte, constituiria um claro abuso do direito (art. 334.º), combatido pela redução imperativa.

Tanto mais quanto a sinalagmaticidade do contrato-promessa é apenas preliminar e preparatória do contrato definitivo bilateral: a redução imperativa daquele tem sentido *porque e na medida em que* o «promitente--comprador», beneficiário da promessa unilateral de venda, quer exercer o seu direito de comprar, desta sorte firmando o contrato prometido que *ambas as partes quiseram* preparar em termos vinculativos. O fim negocial último querido pelos promitentes é, pela redução imperativa, atingível e se o promitente-vendedor não quiser cumprir a sua obrigação tem o outro contraente a possibilidade de recorrer à execução específica, verificados os pressupostos do artigo 830.º[39], ou às regras do incumprimento definitivo, designadamente do artigo 442.º, com direito ao dobro do sinal (ou ao valor da coisa, se tiver havido *traditio*).

Por esta via, pela via da redução, evita-se que, a partir de uma premissa de mero conceitualismo jurídico, a natureza sinalagmática do contrato--promessa de compra e venda, se caia na nulidade total necessária – tese que vai além e contraria o escopo de protecção da norma legal (art. 410.º, n.º 2), ao acabar por permitir a invocação de nulidade que redundaria em prejuízo da pessoa a favor da qual é disposta (para evitar leviandades, precipitações e imponderações) – e realizam-se os legítimos interesses dos contraentes

[38] Cfr. Rui de Alarcão, *Interpretação e integração dos negócios jurídicos. Anteprojecto para o novo Código Civil*, no «B.M.J.», n.º 84, p. 340; Mota Pinto, *Teoria geral do direito civil*, 3.ª ed., 1986, p. 460; Antunes Varela, *Emendas, cit.*, p. 327.

[39] Para um caso próximo do exposto, cfr. o Acórdão do S.T.J., de 29 de Abril de 1986, no «B.M J.», n.º 356, pp. 358 e segs., em que o direito à execução específica é reconhecido por ser «considerado válido o contrato-promessa de compra e venda, assinado só pelo promitente-vendedor, se, paralelamente ao contrato, houver elementos mostrando que o promitente-comprador quis de facto obrigar-se, como seja a existência de correspondência na qual este mantém a vontade de comprar» – correspondência que, assinale-se, era de 1981, ao passo que o contrato--promessa havia sido celebrado em 1978. Não deixa de ser uma hipótese curiosa, pelo menos por expressar uma convalidação posterior da falta de forma – o que está correcto, pois sendo o escopo primordial da formalidade em causa a protecção do promitente-comprador contra uma decisão precipitada e imponderada, tal finalidade mostra-se realizada posteriormente pela correspondência escrita pelo próprio interessado.

de modo objectivamente justo e conforme ao *equilíbrio sinalagmático final que quiseram atingir e prepararam com o contrato-promessa*, o que evidencia o sentido e a utilidade da conservação da parte válida da promessa, sem cair no extremo oposto da redução automática e sistemática.

Finalmente, impõe-se enfocar o problema pelo outro lado, pelo lado do «promitente-comprador» – que não assinou a promessa bilateral – interessado na não celebração do contrato definitivo.

A regra é a da nulidade invocável por qualquer interessado, portanto também pelo próprio, e de declaração oficiosa (art. 286.º). Logo, o promitente-vendedor, interessado na conclusão do contrato prometido, não pode impor o contrato-promessa bilateral ao promitente-comprador que pede a nulidade do mesmo com base na falta da sua assinatura.

Substantivamente, temos a redução do contrato-promessa bilateral a promessa unilateral de venda, que o promitente-vendedor pode ter interesse, mesmo assim, em manter. Só que o «promitente-comprador» não tem o dever de comprar, embora possa decidir-se nesse sentido, facultando a lei ao promitente-vendedor a possibilidade de obter a fixação judicial do prazo para que aquele exerça o seu direito. Não o querendo exercer, o seu direito caduca, mas o promitente-vendedor não tem a possibilidade de opor a validade da sua promessa unilateral de venda ao beneficiário desta, como forma de afastar a nulidade do contrato.

Porém, o promitente-vendedor já poderá alegar e demonstrar uma situação de *abuso do direito* de arguir a nulidade do contrato-promessa por inobservância da assinatura, quando esta tenha sido *deliberadamente* preparada pelo promitente-comprador que agora a invoca, ou *quando todo o seu comportamento subsequente à conclusão do contrato-promessa tenha sido, apesar de conhecer o vício, de cumprimento das cláusulas nele inseridas – por exemplo, entregando as várias prestações escalonadas de sinal*[40] e princípio de pagamento do preço total da venda – *em termos de nunca pôr em questão a «validade» do negócio e criar fundadamente na contraparte a confiança na aparência eficaz de exteriori-*

[40] No sentido de que a entrega do sinal não supre a falta de assinatura, cfr. ANTUNES VARELA, *Emendas, cit.*, p. 260; VAZ SERRA, na «R.L.J.», ano 106, p. 127; sobre a insuficiência de *recibo* do sinal, cfr. *Galvão Telles, Contrato-promessa (parecer jurídico), in* "Colectânea de Jurisprudência", ano X, t. 5, p. 31 e segs, especial p. 35; acórdão da Relação do Porto, de 18 de Março de 2010 (Processo n.º 463/08.6TBPRG.P1); acórdão da Relação de Coimbra, de 5 de Fevereiro de 2002, in "Colectânea de Jurisprudência", 2002, t. I, p. 26.

zação e manutenção da vontade de comprar, vale dizer, confiança na estabilidade e cumprimento da promessa. Em casos desta natureza, o promitente-vendedor deve ter a possibilidade de afastar a invocação da nulidade pelo promitente--comprador que preordenadamente a originou, opondo a chamada *exceptio doli generalis,* se for caso disso, porquanto a ninguém deve ser lícito tirar vantagem e proveito de actuação própria dolosa[41], ou o *venire contra factum proprium*[42].

21. (Cont.): IV) O Assento de 29 de Novembro de 1989

A questão do contrato-promessa bilateral ou recíproco assinado apenas por uma das partes foi entretanto objecto do *assento* do Supremo Tribunal de justiça, de 29 de Novembro de 1989, que dispõe assim:

> "No domínio do texto primitivo do n.º 2 do artigo 410.º do Código Civil vigente, o contrato-promessa bilateral de compra e venda de imóvel exarado em documento assinado apenas por um dos contraentes é nulo, mas pode considerar-se válido como contrato-promessa unilateral, desde que essa tivesse sido a vontade das partes"[43].

[41] Neste sentido, cfr. MOTA PINTO, *Teoria geral, cit.,* pp. 437 e segs.; LARENZ, *Allgemeiner Teil, cit.,* § 21, I, b; LARENZ, *Lehrbuch des Schuldrechts,* I, 12.ª ed., § 10, III; implicitamente, o Acórdão do S.T.J., de 11 de Março de 1982, no «B.M.J.», n.º 315, p. 249 e segs. Em sentido diferente, PIRES DE LIMA e ANTUNES VARELA, *Código Civil anotado,* vol. I, 3.ª ed., com a colaboração de HENRIQUE MESQUITA, Coimbra, 1982, p. 215, autores que atenuam a injustiça pela aplicação do art. 227.º; MENEZES CORDEIRO, *Da boa fé no direito civil,* II, Coimbra 1984, p. 771 e segs.

[42] Cfr. *infra,* n.ºs 29 e 30; amplamente, JOÃO CALVÃO DA SILVA, *Vício de forma e abuso do direito,* in Revista de Legislação e Jurisprudência, ano 132, p.256 e segs.; acórdão do S.T.J., de 22/4/2004 (Processo n.º 04B507); acórdão do S.T.J., de 22/5/2004 (Processo n.º 04B987); acórdão do S.T.J., de 15/5/2007 (Processo n.º 07A1180); acórdão da Relação de Lisboa, de 4 de Fevereiro de 2010 (Processo n.º 3958/08.8TBSXL.4-6); acórdão da Relação de Lisboa, de 12 de Novembro de 2009 (Processo n.º 2797/07.8TVLSB.L1-8); acórdão da Relação de Lisboa, de 12 de Março de 2009 (Processo n.º 9788/2008-7).

[43] Publicado no Diário da República de 23 de Fevereiro de 1990 e no "B.M.J." n.º 391, p. 101 e ss. No seguimento do assento, cfr. acórdão do S.T.J., de 5 de Fevereiro de 1991, *in* "Actualidades jurídica", 1991, n.º 15/16, sob o n.º 3392; acórdão da Relação de Coimbra, de 17 de Março de 1992, *in* "Colectânea de Jurisprudência", 1992, 11, p. 46 ss.

A falta de clareza e a imprecisão do *assento* obrigam o intérprete a recorrer à respectiva fundamentação[44].

E nesta são dois os pontos que se apresentam firmes.

O primeiro é o de que «devemos aceitar a ideia da nulidade do contrato-promessa bilateral por falta de forma, *ex vi* do disposto no artigo 220.º do Código Civil, mas *nulidade apenas parcial,* por serem autónomos os negócios e o vício registado afectar apenas o suporte volitivo da declaração do contraente que não assinou o documento titulador do negócio jurídico viciado". *Corresponde isto a consagrar a tese da posição do problema em sede de redução do negócio jurídico* (*vide supra,* n.º 17), instituto que tem no carácter unitário e na cindibilidade objectiva do negócio os requisitos ou pressupostos da sua aplicação (art. 292.º). *Ficam assim afastadas ou prejudicadas, quer a tese da nulidade total sistemática ou necessária do contrato, quer a tese da conversão,* que pressupõe a nulidade total do negócio jurídico como ponto de partida para a sua transformação num outro concordante com a finalidade jurídico-económica tida em vista pelas partes (art. 293.º).

O segundo ponto firme da fundamentação do assento é o de que «*será a parte onerada com a prova tendente a ilidir a presunção de vontade hipotética* (demonstrando, por todos os meios, que, apesar da falta da parte viciada do contrato, este teria sido querido por ambos os contraentes, quanto à parte restante, como tal devendo ser mantido) *aquela interessada na validade parcial*». Deste modo, o assento afasta-se do regime geral da redução consagrado no artigo 292.º, em que se prescreve a presunção legal de redução com a consequente inversão do *onus probandi:* a parte interessada na nulidade total é que tem de alegar e provar que o contrato-promessa não teria sido concluído sem a parte viciada. *Inversamente, por força do assento, será a*

[44] Sublinhando a equivocidade do assento, cfr. ANTUNES VARELA, *Das Obrigações em geral,* I, 10.ª ed., Coimbra, 2000, p. 325 e 326, que vê nele a consagrado final «*da tese da nulidade total do contrato, sem prejuízo da sua conversão em promessa unilateral, nos termos gerais do artigo 293.º*»; GALVÃO TELES, *Direito das Obrigações,* 7.ª ed., p. 116, nota 1, para quem o assento acolhe a tese da conversão; ALMEIDA COSTA, na Revista de Legislação e Jurisprudência, ano 125, p. 222 a 224, que vê no assento «*novas razões favoráveis à tese da redução*» nos termos integrais do art. 292.º; *idem, Direito das Obrigações,* 8.ª ed., p. 352 a 354; CARVALHO FERNANDES, *Convertibilidade ou redutibilidade do contrato-promessa bilateral assinado apenas por um dos contraentes.* Comentário ao acórdão do S.T.J. de 28 de Novembro de 1989, *in* «Revista de Direito e Estudos Sociais», 1993, p. 185 e segs., que qualifica o caso como redução; MENEZES LEITÃO, *Direito das Obrigações,* vol. I, 2.ª ed., Coimbra, 2002, p. 211 e segs, decide-se pela redução.

pessoa interessada na validade parcial a ter de alegar e provar, "por todos os meios, que, apesar da falta da parte viciada do contrato, este teria sido querido por ambos os contraentes, quanto à parte restante, como tal devendo ser mantido".

Noutros termos: *a sinalagmaticidade da promessa assinada apenas pelo promitente-vendedor afasta, segundo o assento, a presunção legal da redução (art. 292.º), incumbindo ao promitente-comprador interessado a alegação e prova da validade parcial.*

O Supremo Tribunal, no fundo, extraiu do carácter bilateral do contrato-promessa exarado a presunção de vontade (hipotética) do promitente-vendedor no sentido de que este não teria querido celebrar o contrato-promessa, se tivesse previsto a não vinculação a comprar da outra parte. E neste aspecto a solução afasta-se do que defendemos *supra* (cfr. n.os 18 e 19) e do art. 292.º, caindo-se mais na tese consagrada no Código Civil alemão, que em sede de *redução* é favorável à invalidade total em caso de dúvida sobre a vontade conjectural das partes[45].

22. (Cont.): V) Inconstitucionalidade do Assento. Acórdão do Supremo Tribunal de justiça, de 25 de Março de 1993

A Reforma de 1995 do anterior Código de Processo Civil (decreto-lei 329-A/95, de 12 de Dezembro) revogou os arts. 763.º a 770.º, relativos aos assentos do Supremo Tribunal de justiça. Mas os assentos já emitidos têm o valor dos acórdãos proferidos nos termos dos novos artigos 732.º-A e 732.º-B (cfr. art. 17.º, n.º 2, do Cap. IV do Decreto-lei n.º 329-A/95, de 12 de Dezembro), com intervenção do plenário das secções cíveis, para assegurar a uniformidade da jurisprudência.

[45] No sentido da redução sem desvio algum ao disposto no artigo 292.º ia o parecer do Ministério Público, publicado no "B.M.J." n.º 391, p. 91 e ss, que propunha, em alternativa, a seguinte formulação para o assento:
"A – O contrato-promessa de compra e venda assinado apenas pelo promitente-vendedor vincula-o, por redução do negócio jurídico, nos termos do artigo 292.º do Código Civil, incumbindo-lhe o ónus da prova de factos impeditivos dessa redução do negócio jurídico.
B – O contrato-promessa de compra e venda assinado apenas pelo promitente-vendedor é válido como promessa unilateral de venda, por redução de negócio jurídico parcialmente nulo, sem prejuízo da prova, que ao mesmo incumbe, de circunstâncias que justifiquem a declaração da nulidade total».

Numa palavra: *o assento de 29 de Novembro de 1989*, ora analisado, *vale como acórdão de jurisprudência uniformizada*, com a inerente garantia de maior estabilidade e desejável unidade da jurisprudência decorrente da autoridade e força persuasiva da decisão do Supremo Tribunal de Justiça, obtida no julgamento ampliado de revista.

Nesta medida, do assento, ora acórdão uniformizador, em análise resulta a colocação do problema do contrato-promessa bilateral assinado só por uma das partes em sede de redução do negócio jurídico. Coerentemente, devia o Supremo Tribunal ter respeitado o disposto no art. 292.º. Não se vê com que fundamento válido o Supremo Tribunal pôde afastar-se do disposto no art. 292.º para adoptar solução contrária, a solução consagrada no Código Civil alemão (§139). Não tinha – nem tem – o Tribunal Supremo poder para derrogar aquela norma e fazer outra, já que está sujeito à lei (art. 203.º da Constituição). Pelo que, nesta parte, o referido assento – agora valendo apenas como acórdão uniformizador – terá de considerar-se inconstitucional e não deve ser seguido, impondo-se, naturalmente, a aplicação do art. 292.º do Código Civil, pura e simplesmente.

Na verdade, *julgado que o problema é de redução, não podem os tribunais deixar de estar subordinados à lei, in casu, ao art. 292.º*. Logo, porque nenhum acto jurisdicional pode deixar de estar subordinado à lei, sob pena de inconstitucionalidade, *há toda a razão para reduzir o alcance do assento de 29 de Novembro de 1989 à sua expressão mais simples – a uniformização da jurisprudência no sentido da redução do contrato-promessa bilateral de compra e venda, assinado apenas por uma das partes, a contrato-promessa unilateral. No mais deve aplicar-se o disposto no art. 292.º, porquanto está hoje declarada a inconstitucionalidade dos assentos enquanto acto normativo mediante o qual o Tribunal Supremo fixava doutrina com força obrigatória geral* (art. 2.º do Código Civil, entretanto revogado), por violação do disposto no n.º 6 do art. 112.º – anterior n.º 5 do art. 115.º – da Constituição[46].

[46] O art. 4.º, n.º 2, do Decreto-Lei n.º 329-A/95, de 12 de Dezembro, revogou o art. 2.º do Código Civil. Para a declaração da inconstitucionalidade do mesmo artigo, com força obrigatória geral, veja-se o acórdão do Tribunal Constitucional n.º 743/96, de 28 de Maio, publicado no Diário da República, de 18 de Julho de 1996. A inconstitucionalidade dos assentos foi defendida por Castanheira Neves, *O instituto dos assentos e a função jurídica dos Supremos Tribunais*, Coimbra, 1983; *Idem*, *O problema da constitucionalidade dos assentos (comentário ao acórdão n.º 810/93 do Tribunal Constitucional)*, Coimbra, 1994; Gomes Canotilho, *Direito Constitucional*, Coimbra, 1993, p. 996 e 997, e na Revista de Legislação e Jurisprudência, ano 124, p.318 e segs.; em sentido

Neste sentido, de forma lapidar, teve ocasião de orientar-se já o Supremo Tribunal de justiça, em acórdão de 25 de Março de 1993, cujo sumário reza assim:

> "I – O contrato-promessa bilateral de compra e venda, subscrito só por um dos promitentes, sofre de *invalidade parcial,* conduzindo, em princípio, à sua conservação quanto à declaração da parte que assinou o documento.
>
> II – *Será, porém, nulo, se o contraente que o subscreveu alegar e provar que o contrato não teria sido celebrado sem a parte viciada.*
>
> III – *O Assento de 29 de Novembro de 1989 tem de ser interpretado no sentido de consagrar a nulidade parcial do negócio e, portanto, a sua redução*"[47].

É esta a posição que nós defendíamos (cfr. *supra*, n.º 21).

diferente, *vide* ANTUNES VARELA, na Revista de Legislação e Jurisprudência, ano 124, p.373 e segs; OLIVEIRA ASCENSÃO, *Introdução ao direito,* 6.ª ed., p.142; BARBOSA DE MELO, *Sobre o problema da competência para assentar,* Coimbra, 1988.

[47] Colectânea de jurisprudência – Acórdãos do S.T.J. –, Ano I, T II, p. 39; no mesmo sentido, acórdão da Relação do Porto, de 18 de Dezembro de 1995, *in* "Colectânea de jurisprudência", Ano XX, T.V, p. 233; acórdão do S.T.J. de 12 de Março de 1998, *in* "Colectânea de Jurisprudência – acórdãos do S.T.J.", 1998, T.I, p. 124; acórdão do S.T.J., de 10 de Abril de 2003, www.dgsi.pt/jstj; acórdão da Relação de Lisboa, de 16 de Setembro de 2008 (Processo n.º 4701/2008-7).

§ 4

DA FORMA EM ESPECIAL: O N.º 3 DO ARTIGO 410.º

23. A substituição da expressão «prédio urbano» por «edifício»

Passemos à analise do n.º 3 do artigo 410.º, aditado ao texto originário pelo Decreto-Lei n.º 236/80, de 18 de Julho, por força do qual o documento (referido no n.º 2 do mesmo preceito) que titula os contratos-promessa nele previstos – de quais eles sejam se cuidará adiante – deve conter o reconhecimento presencial da(s) assinatura(s) e a *certificação*, pelo notário, *da existência da licença de utilização ou de construção do edifício.*

São várias as modificações introduzidas pelo Decreto-Lei n.º 379/86 na redacção originária do aditamento em apreciação. Uma delas é a substituição de «prédio urbano» por «edifício», na esteira da crítica formulada por Menezes Cordeiro[48]. Deve-se à circunstância de «prédio urbano» ter um sentido técnico-jurídico rigoroso, definido no artigo 204.º, n.º 2, como «qualquer edifício incorporado no solo, com os terrenos que lhe sirvam de logradouro». Logo, dir-se-ia que na definição técnica literal de prédio urbano não caberia seguramente o edifício a construir e dubitativamente o edifício em construção. Nada melhor, portanto, do que a troca de «prédio urbano» por «edifício», já que este pode estar construído, em construção ou apenas projectado.

Era, todavia, bem claro que a referência legal a *prédio urbano ou sua fracção autónoma, já construído, em construção ou a construir* exprimia o sentido *normal*

[48] O *novo regime do contrato-promessa*, no «B.M.J.», n.º 306, pp. 31 e 32.

e corrente nos usos do tráfico, que é como quem diz no sector da construção civil, em que a celebração de contratos-promessa tem, muitas vezes, por objecto mediato *imóveis a construir simplesmente projectados,* em terreno para construção já aprovada, concebidos *sub specie* de *res* futura, ou edifícios cuja construção se encontra ainda nos alicerces, de modo a permitir aos construtores civis a angariação de fundos monetários indispensáveis à construção ou edificação dos «prédios», na linguagem vulgar.

Este é o alcance prático-jurídico que, tanto na versão originária como na actual, deve ser dado à disposição legal em apreço, não nos parecendo sequer que, no cômputo global, haja ganhos com a modificação textual, porquanto o vocábulo *edifício* é menos amplo do que a expressão prédio urbano – esta contém aquele (art. 204.º, n.º 2) –, o que se presta a críticas como as formuladas por ANTUNES VARELA, designadamente a de que a substituição «parece (gramatical ou verbalmente, pelo menos) afastar a aplicação do preceito aos casos (e são inúmeros, se é que não constituem maioria) em que os contraentes têm em vista (e o contrato abrange), não apenas o edifício, mas também os terrenos que lhe servem de logradouro ou os pátios ou jardins que lhe servem de anexo». E ANTUNES VARELA remata a apreciação da troca da expressão prédio urbano por edifício nos seguintes termos: «tal como a disposição ficou redigida, eliminou-se uma deficiência do texto anterior, mas incorreu-se numa outra, não menos digna de reparo, *conquanto nenhuma delas, por si mesma, crie obstáculo insuperável à descoberta e à eficácia da real vontade do legislado*[49].

24. A substituição de «assinaturas dos outorgantes» por «assinatura do promitente ou promitentes»

Uma outra modificação legislativa diz respeito à substituição de «assinaturas dos outorgantes» por «assinatura do promitente ou promitentes». Harmoniza-se perfeitamente com a já analisada alteração redaccional do n.º 2 do artigo 410.º (*supra*, n.º 11).

Na versão originária do n.º 3 do artigo 410.º, a exigência de reconhecimento presencial das assinaturas dos outorgantes estava em sincronia com a restante redacção do mesmo número acrescentado, que referia apenas o caso da «promessa relativa à celebração de contrato de compra e venda».

[49] *Emendas, ob. e loc. cits,* p. 359.

Logo, o documento que titula esta espécie de contrato-promessa devia conter o reconhecimento presencial das assinaturas dos outorgantes ou partes, em virtude de o contrato ser bilateral e, por isso, vincular ambos os promitentes à celebração do contrato futuro.

Mas já quando o contrato-promessa fosse unilateral, em que apenas um dos contraentes se obrigasse à conclusão de contrato definitivo, o reconhecimento presencial exigido era só o do outorgante promitente. A interpretação a fazer era rigorosamente simétrica à do n.º 2 do mesmo artigo, em que, como vimos, se a promessa fosse unilateral bastava a assinatura do único promitente.

Neste sentido, pode aduzir-se a menção feita no n.º 3 aditado ao «*documento referido no número anterior deve conter o reconhecimento presencial das assinaturas dos outorgantes*» como querendo significar, por um lado, que é nos termos do n.º 2 do artigo 410.º que a obrigatoriedade de assinatura ou de assinaturas deve encontrar resposta; por outro, que, no preceito, «outorgantes» são os que outorgam no documento referido no número anterior (n.º 2 do art. 410.º). Consequentemente, se nos termos do n.º 2 do artigo 410.º basta a assinatura da única parte que se vincula a contratar, não se exigindo a do contraente que não promete celebrar o contrato futuro, impossível é o reconhecimento presencial da assinatura... de quem não assina nem compreensivelmente é obrigado a assinar. Para quê, com efeito, exigir a assinatura e a presença no reconhecimento notarial do beneficiário de promessa unilateral, se este fica com inteira liberdade de celebrar ou não o contrato definitivo?

Por isso, não se nos apresenta fundada a interpretação que Galvão Telles[50] – embora em coerência com o entendimento que fazia do n.º 2 do artigo 410.º – e Almeida Costa[51] fazem desta passagem do n.º 3 do artigo 410.º (versão originária), no sentido de o documento ter de ser assinado por ambas as partes, fosse bilateral ou unilateral o contrato-promessa.

Se as coisas se devem entender assim na versão originária do n.º 3 do artigo 410.º – e é nossa convicção que sim –, isso significa que a *nova versão é meramente interpretativa, sem carácter inovador*: o documento referido no

[50] *Direito das Obrigações, cit.*, p. 115. Há que ressalvar, porém, que o autor está a analisar apenas a promessa recíproca de compra e venda, não focando expressamente a hipótese de promessa unilateral.

[51] *Direito das Obrigações*, 4.ª ed., Coimbra, 1984, p. 267, nota 3; IDEM, na «Revista de Legislação e Jurisprudência», ano 119, p. 349.

n.º 2 do artigo 410.º deve conter o reconhecimento presencial da assinatura do promitente ou dos promitentes, consoante o contrato-promessa seja unilateral ou bilateral. Portanto, exactamente nos mesmos termos, já expostos, do n.º 2 do artigo 410.º: o documento que titula o contrato-promessa unilateral, mesmo que este seja acompanhado da chamada *indemnização de imobilização ou preço da promessa* como contrapartida, só tem de ser assinado pelo promitente – entendendo-se por promitente a parte que se vincula à celebração do contrato futuro –, com o n.º 3 do mesmo artigo a exigir *mais* o reconhecimento presencial da respectiva assinatura e a certificação, pelo notário, da existência da licença respectiva de utilização ou de construção[52].

25. A invalidade correspondente à omissão das formalidades

Uma terceira modificação introduzida é relativa à sanção da inobservância dos requisitos formais prescritos – reconhecimento presencial e certificação pelo notário da existência da licença de utilização ou de construção do edifício.

Na versão originária, a omissão destes requisitos só era invocável pelo promitente-vendedor no caso de ter sido o promitente-comprador que *directamente* lhe deu causa. Na versão actual o promitente da transmissão ou constituição do direito real pode invocar a omissão destes requisitos quando a mesma tenha sido culposamente causada pela outra parte.

Equivale isto a dizer que o propósito legislativo é o de ampliar e facilitar ao promitente-vendedor a invocação da sanção correspondente à omissão dos requisitos formais prescritos: antes, na versão de 1980, tinha que alegar e provar que a sua inobservância fora directamente, isto é, *intencional e deliberadamente* provocada pelo promitente-comprador, não bastando, por consequência, uma inércia meramente negligente; agora, na versão de 1986, basta-lhe alegar e provar que a omissão se deve a mera culpa da outra parte.

Embora a alteração seja significativa, o intérprete não pode deixar de ter presente que *impende sobre o promitente-vendedor o dever de promover o cumprimento e observância dos requisitos prescritos.* Dever que é o pressuposto de que parte a própria lei e que é importante.

[52] Para a natureza interpretativa do Decreto-lei n.º 379/86, de 11 de Novembro, cfr. acórdão do S.T.J., de 18 de Janeiro de 1996, *in* "B.M.J. n.º 453, p. 444 e segs.; acórdão do S.T.J., de 3 de Dezembro de 1991, *in* "B.M.J. n.º 412.º, p. 432 e segs.

Importante quanto à providência da licença de construção ou de utilização, porque dificilmente se concebe (se é que se concebe) alguma situação em que a sua omissão se deva a culpa (ou mesmo dolo?) do promitente-comprador.

Importante quanto à omissão do reconhecimento presencial, para sopesar, num prato da balança, o dever que o promitente-vendedor tem de promover a própria recolha da assinatura do promitente-comprador e o reconhecimento presencial respectivo, e, no outro prato, a mera culpa ou negligência deste na inobservância (que é como quem diz na não realização ou incumprimento do dever daquele) da formalidade em apreço, para ver quem cometeu falta mais grave. E isto relativamente à falta de reconhecimento presencial da assinatura do próprio promitente-comprador, pois, dentro da normalidade, o promitente-vendedor não terá ocasião de invocar a falta de reconhecimento presencial da sua própria assinatura por ter sido culposamente causada pela contraparte, considerando estar na sua própria esfera e poder de disposição o dever de assinatura e reconhecimento presencial respectivo – pense-se por exemplo, na promessa unilateral de venda de edifício.

26. Rejeição da tese da nulidade invocável por terceiros e de conhecimento oficioso

Neste momento da exposição é tempo de qualificar a sanção correspondente à inobservância dos requisitos formais prescritos.

A lei não o faz, quer na versão originária, quer na versão actual.

E nós, na explanação da matéria, temos vindo a falar de omissão ou de inobservância das formalidades, mas sem lhe dar um nome jurídico. Surge agora naturalmente a pergunta: em que consiste, afinal, juridicamente, a *omissão* dos requisitos de que a lei fala?

Tratando-se de requisitos formais, com toda a naturalidade começou a ser entendido na doutrina[53] e na jurisprudência[54] que o problema era de

[53] Cfr, MENEZES CORDEIRO, *O novo regime do contato promessa, cit.,* pp. 34 e segs.; ANTUNES VARELA, *Das obrigações em geral,* I, 5.ª ed., Coimbra 1986, p. 296, nota 3; GALVÃO TELLES, *Direito das obrigações, cit.,* p. 117; ALMEIDA COSTA, *Direito das obrigações, cit.,* p. 268.

[54] Cfr. o acórdão da Relação de Lisboa, de 7 de Outubro de 1986, na «Colectânea de Jurisprudência», XI, 4, pp. 141 e segs.; o acórdão da Relação do Porto, de 14 de Novembro de 1985, na «Colectânea de Jurisprudência», X, 5, pp. 170 e segs.

nulidade do contrato-promessa, em face do disposto no artigo 220.º. Com toda a naturalidade também começou a ser entendido na doutrina e na jurisprudência que o regime geral da nulidade se aplicava integralmente, salva a já vista excepção atinente à *legitimidade* do promitente-vendedor para a arguir, constante da própria letra do n.º 3 do artigo 410.º, parte final – excepção que motiva a qualificação da nulidade como nulidade mista.

Mas será ou deverá ser assim?

Vamos cingir-nos, o mais possível, ao cerne da questão.

Inquestionavelmente, estão em causa formalidades. Mas já é questionável se a invalidade resultante da sua omissão revestirá a figura de nulidade ou de anulabilidade, consabidamente englobadas naquela[55].

Em primeiro lugar, porque o art. 220.º prevê a possibilidade de outra (que não a nulidade) ser a sanção legal da inobservância da forma.

Em segundo lugar, porque o próprio artigo 285.º admite claramente um *regime especial de invalidade,* ao lado dos regimes gerais e típicos da nulidade e da anulabilidade, em perfeita sincronia com os múltiplos e complexos interesses da vida. E bem, pois, nas palavras de Rui de Alarcão, «seria absurdo que a lei se opusesse à instituição de um tal regime, por quaisquer pruridos de geometrismo ou de pura lógica formal», sendo mesmo detectável, como nota o autor, «uma tendência para o incremento de uma regulamentação desse tipo, com fundamento em que ela é mais dúctil e ágil, mais ajustada aos ditames da autonomia privada e da conservação da actividade negocial, e mais capaz, por isso, de servir as necessidades da prática»[56].

Se a boa regra, tendência em crescendo na dinâmica e requintada economia hodierna, é a de dar à teoria da invalidade negocial a maleabilidade e a leveza necessárias para melhor satisfazer a complexidade das relações sociais, evitar nulidades ou anulabilidades em cascata, proteger terceiros de boa fé e o comércio jurídico em geral, se esta é a boa regra, dizíamos,

[55] Para a questão de saber se a invalidade, coenvolvendo a nulidade e a anulabilidade e, para alguma doutrina, ainda as chamadas invalidades mistas, é uma autêntica categoria dogmática ou apenas um expediente expositivo e sistemático, negando a autonomia científica ou dogmática, cfr. Rui de Alarcão, *Sobre a invalidade do negócio jurídico* (separata do «Boletim da Faculdade de Direito de Coimbra – Estudos em Homenagem ao Prof. Doutor Teixeira Ribeiros), Coimbra, 1981, n.º 8.

[56] Rui de Alarcão, *Sobre a invalidade do negócio jurídico,* cit. pp. 11, *in fine,* e 12.

então a preocupação fundamental é a de que a invalidade, *rectius*, o regime da invalidade contida na parte final do n.º 3 do artigo 410.º se adapte ao *fim da norma* cujo respeito tende a assegurar ou santificar[57], ainda que com sacrifício do geometrismo da clássica teoria orgânica das invalidades.

Pelo que, sendo a invalidade uma sanção que deve adaptar-se ao fim da regra violada e devendo a sanção atingir mas não ir além deste fim, sob pena de ser desproporcionada e ultrapassar a razão da proibição, a pergunta natural e capital que surge neste momento é a de saber qual a *ratio legis*, qual o escopo das formalidades prescritas no n.º 3 do artigo 410.º.

27. (cont.): 1) O argumento da «*ratio legis*»

A resposta não pode deixar de ser a de que se trata de requisitos formais prescritos para tutela dos promitentes-adquirentes. É o que resulta do Decreto-lei n.º 236/80, ditado pela preocupação de proteger os interesses destes promitentes, sobretudo numa zona nevrálgica e socialmente muito sensível, a da aquisição de habitação própria. O legislador sentiu necessidade de vir em auxílio de elevado número de pessoas que, por tantas e tão variadas razões, se viam constrangidas a recorrer ao instrumento jurídico do contrato-promessa e que, por necessidade e por falta de preparação para zelar devidamente os seus interesses, estavam a ser vítimas de abusos, injustiças e imoralidades. No fundo, portanto, uma *intervenção em nome da protecção do consumidor*, do adquirente não profissional[58] de edifícios ou prédios urbanos perante promitentes-alienantes profissionais, atento o interesse social em jogo.

Daí que, nas palavras do preâmbulo do Decreto-lei n.º 236/80, «nesta conformidade, e como primeira medida destinada não só a dar mais solenidade ao contrato mas também a impedir que, *sem conhecimento do promitente--comprador*, possam ser objecto de promessa de venda prédios de construção clandestina, exige-se o reconhecimento *presencial* das assinaturas dos promitentes no respectivo documento e que neste o notário certifique a existência da licença de construção do prédio, sem que, todavia, o promitente-vendedor

[57] Para o significado etimológico de sancionar como querendo dizer santificar, do latim *sancire*, cfr. CASTANHEIRA NEVES, *Introdução ao estudo do direito* (s.d.), p. 18.

[58] Adquirente não profissional, porque não faz profissão da aquisição e transmissão de edifícios ou fracções autónomas destes. Obviamente, pode exercer ou não uma outra profissão.

possa tirar qualquer efeito da omissão desses requisitos na hipótese de o promitente-comprador para ela não ter contribuído».

28. (cont.): II) **O argumento da ordem pública de protecção ou ordem pública social**

Corresponde isto a dizer que não são formalidades integrantes da chamada *ordem pública de direcção* – pela qual os poderes públicos realizam certos objectivos de interesse geral e dirigem a economia nacional –, a interessar directamente a sociedade, terceiros em geral, e a justificar a supremacia dos interesses gerais, dos interesses dos terceiros, sobre os interesses das partes contratantes. Trata-se antes de *formalismo informativo*, constitutivo da dita *ordem pública de protecção ou ordem pública social* – modalidade de ordem pública que não cessa de aumentar, não raro a coberto *«d'une politique contractuelle pas nécessairement dépourvue de quelque esprit à la fois technocratique et démagogique»*[59], através do intervencionismo legislativo destinado a proteger os mais variados «consumidores», sinónimo de «contratantes não profissionais», que habitualmente não concluem um contrato como o que concretamente celebram com um profissional que dia a dia firma contratos desta espécie –, cujo fim é tutelar a parte considerada contratualmente mais débil, julgada leiga e profana no sector.

Isto significa, noutra formulação, que o legislador, em face dos abusos contratuais, das imoralidades e das injustiças de que eram vítimas na conjuntura económica (caracterizada pela inflação e construção clandestina) os promitentes-compradores de edifícios, veio em auxílio e defesa desta categoria de contratantes particularmente vulnerável, instituindo um controlo notarial – controlo exigente, a requerer reconhecimento presencial (e não por mera semelhança) das assinaturas e certificação no documento, que titula o contrato, da existência de licença de construção ou utilização do edifício –, por julgar os promitentes-adquirentes impreparados e (mais ou menos) incapazes de sozinhos defenderem satisfatória e convenientemente os seus interesses[60].

[59] ALEX WEIL et FRANÇOIS TERRÉ, *Droit civil, Les obligations,* 4.ª ed., p. 260.

[60] O legislador de 1986 aumentou a defesa dos interesses dos promitentes-adquirentes através da nulidade de cláusula que exclua a execução específica nas promessas a que se refere o n.º 3 do art. 410.º (cfr. art. 830.º, n.º 3) e do alargamento da concessão do direito de retenção no caso de *traditio* antecipada da coisa objecto do contrato definitivo (art. 755, n.º 1, al. *f*)).

29. Características da invalidade: ininvocabilidade por terceiros e não conhecimento oficioso pelo tribunal

Conhecidas a natureza e a finalidade dos requisitos formais prescritos no n.º 3 do artigo 410.º e que acabamos de expor – norma de protecção do promitente-comprador –, as características da invalidade correspondente à sua omissão devem ser as que melhor realizem o escopo do preceito em apreço.

Assim, não deve ser invocável por *terceiros nem oficiosamente conhecida pelo tribunal,* pois não estão em causa *interesses gerais* da sociedade e do comércio jurídico, mas tão-só interesses do promitente-comprador, a merecer, na óptica legislativa, protecção – protecção que, embora *sub specie* de «classe social» ou categoria contratual, não deixa de ser particular e individual[61].

Destarte, um Banco que goze de hipoteca sobre uma casa objecto de contrato prometido não deve poder invocar a invalidade contida no n.º 3 do artigo 410.º, para deste modo afastar a prevalência do direito de retenção (art. 759.º, n.º 2) que o legislador, desde 1980, concede ao promitente-comprador que obteve a tradição da casa (art. 755.º, n.º 1, al. *f*)); artigo 442.º, n.º 3, na redacção do Decreto-lei n.º 236/80). A facultar-se a sua arguição pela instituição de crédito, a sanção correspondente à omissão dos requisitos formais prescritos no n.º 3 do artigo 410.º não se harmonizaria com o escopo da norma nem se adaptaria à *ratio* geral da intervenção legislativa de 1980 (que levou à concessão de direito de retenção ao beneficiário da promessa) e de 1986, intervenção esta, a de 1986, em que o legislador não só não julgou oportuno retirar este direito real de garantia ou pelo menos

[61] Esta tese foi entretanto acolhida no acórdão do Supremo Tribunal de justiça de 29 de Novembro de 1989, in "B.M.J." n.º 391, p. 610 e ss: "a omissão dos requisitos referidos no citado artigo 410, n.º 3, não pode ser invocada nem pelo promitente-vendedor, nem por terceiros, nem conhecida oficiosamente". Cfr., ainda, o acórdão de Relação de Coimbra, de 8 de Janeiro de 1991, *in* "Colectânea de Jurisprudência", 1991, I, p. 44 e ss, segundo o qual a nulidade em causa no art. 410, n.º 3, é «invocável a todo o tempo pelo promitente-comprador, pode ser sanada e não é de conhecimento oficioso do tribunal».
Na doutrina, Galvão Telles, *Direito das Obrigações,* 6.ª ed., p.104 a 107, 7.ª ed., p.120 a 123, alterou a sua posição, passando a defender a tese explanada em texto; Almeida Costa abandonou igualmente a posição anterior da nulidade clássica, passando a defender a tese que preconizamos, mas apenas para a falta de reconhecimento presencial da assinatura (*Direito das Obrigações,* 5.ª ed., p. 322 a 324; 8.ª ed, p.359 e 360).

a sua prevalência sobre hipoteca anteriormente registada[62], como até alargou a sua órbita de aplicação, *expressamente em nome da defesa do consumidor*[63]. Pelo contrário, a arguição da invalidade por terceiros, como o exemplo elucida, subverteria a finalidade última dos Decretos-leis n.os 236/80 e 379/86 e das formalidades prescritas no n.º 3 do artigo 410.º para protecção do promitente-comprador.

Por outro lado, com a circunstância de estarem em causa formalidades constitutivas da chamada *ordem pública de protecção* quadra bem a invocação da sua omissão ser em princípio reservada ao destinatário da protecção, o promitente–"comprador. É o ensinamento da civilística francesa, segundo a qual no domínio da ordem pública de protecção o direito de arguir a invalidade deve, em diversas circunstâncias, ser denegado àquele contra quem a protecção tenha sido instituída pela lei de ordem pública (de protecção), mesmo fora dos casos em que a limitação do direito de agir resulte, implicitamente ou não, da lei[64]. Portanto, a lei, parte final do n. 3 do artigo 410.º, não concede ao promitente-vendedor o direito de invocar a invalidade correspondente à omissão das formalidades prescritas, porque o *presume culpado* da celebração do contrato nessas circunstâncias e entende que ele não deve poder prevalecer-se de uma disposição de protecção da outra parte.

Isto em princípio, pois a lei expressamente confere, como já tivemos ocasião de ver, ao promitente-vendedor a faculdade de invocar a omissão quando a mesma tenha sido culposamente causada pela outra parte – o que poderá ocorrer frequentemente na inobservância do reconhecimento presencial respectivo. Parece mesmo que, quando a falta do reconhecimento presencial respectivo se deva intencional e deliberadamente (v.g. obstrução ou impedimento doloso) ao promitente-comprador, a este deve ser recusada a arguição da omissão, em atenção à proibição do *venire contra factum proprium*[65] – o que é importante, por permitir ao promitente-vendedor manter

[62] Era a proposta que fazíamos no anteprojecto legislativo apresentado. Cfr. o nosso *Contrato promessa. Análise para reformulação do Decreto-lei n.º 236/80* (Separata. do «B.M.J.», n.º 349), Lisboa, 1985, n.º 25 e respectivo articulado.

[63] Cfr. n.º 4 do preâmbulo do Decreto-lei n.º 379/86, de 11 de Novembro.

[64] Cfr. Alex Weil et François Terré, ob. cit., p. 313.

[65] Doutrina sufragada no acórdão do S.T.J., de 23 de Janeiro de 1992, *in* "B.M.J." n.º 413, p. 535 e segs.: IV – "A expressão 'directamente lhe deu causa' do n.º 3 do art. 410.º do Código Civil pressupõe uma actuação intencional ou deliberada (v.g. obstrução ou impedimento doloso) do promitente-comprador"; no acórdão da Relação de Lisboa, de 20 de Maio de 1999,

o contrato, impondo-o ao promitente-comprador se nisso tiver interesse, em vez de arguir a invalidade resultante da omissão.

Conhecidas a natureza jurídica da norma, norma de ordem pública de protecção ou ordem pública social, e a finalidade das formalidades prescritas, a protecção do promitente-comprador concebido como categoria contratual débil, é bem de ver que a solução mais harmónica com os princípios caracterizadores da ordem pública de protecção era a de denegar ao promitente-vendedor o direito de invocar a invalidade. Pelo que, neste espírito, a redacção de 80 aproximava-se mais da pureza dos princípios.

30. Invalidade mista, nulidade atípica ou anulabilidade atípica? Propensão para a nulidade atípica, *irrenunciável* e *sanável*

Até este momento temos vindo a falar de invalidade, para qualificar a sanção correspondente à omissão das formalidades, movidos pelo desejo de descobrir o regime jurídico adequado ao escopo da norma e da lei e sem preocupação de saber se se trata de nulidade ou de anulabilidade, ambas englobadas no conceito de invalidade.

Percebemos já que se trata de uma *invalidade com regime especial*. Saber se é uma invalidade mista, *tertium genus* ao lado da nulidade e da anulabilidade que têm um regime geral próprio, ou se deve reconduzir-se a um destoutros dois conceitos, falando antes de *nulidade atípica* ou de *anulabilidade atípica*, é já uma *vexata quaestio* doutrinária que aqui não pode ser tratada com desenvolvimento[66].

in "Colectânea de Jurisprudência", 1999, III, p. 104; no acórdão do S.T.J., de 7 de Outubro de 2004 (Processo n.º 04B2910); no acórdão do S.T.J. de 15/5/2007 (Processo n.º 07A1180); no acórdão do S.T.J. de 8 de Junho de 2010 (Processo n.º 3161/04.6TMSNT.L1-S1); acórdão da Relação de Lisboa, de 12 de Março de 2009 (Processo n.º 9788/2008-7); Acórdão do S.T.J. de 29/11/2011 (Processo n.º 2632/08.OTVLLSB.L1); Acórdão da Relação de Guimarães de 17/12/2013 (Processo n.º 24/12.5TBAVV.G1). Mais desenvolvimentos, cfr. Calvão da Silva, *Vício de forma e abuso do direito*, in Revista de Legislação e Jurisprudência, ano 132, p. 256 e segs. Sobre o *venire contra factum proprium*, cfr., por todos, Baptista Machado, *Tutela da confiança e «venire contra factum proprium»*, na «R.L.J.», ano 117, pp. 229 e segs.; Menezes Cordeiro, *Da boa fé no direito civil*, II, Coimbra, 1984, p. 742 e segs; Acórdão Uniformizador de Jurisprudência do S.T.J. de 5/7/2016 (Processo n.º 752-F/1992.E1-A.S1-A).

[66] Cfr., por todos, Rui de Alarcão, *Sobe a invalidade do negócio jurídico, ob.* e *loc. cits.*

Em todo o caso, sempre diremos que na doutrina francesa, doutrina em que os conceitos e o regime da ordem pública de direcção e da ordem pública de protecção são amplamente tratados, *«l'orsque l'ordre public en cause est un ordre public de protection, il est logique* – refere o autorizado CARBONNIER – *de ramener la sanction à la nullité relative, dont seule la partie protégée pourra se prévaloir»*[67].

É sabido que «nulidade relativa» é uma expressão substituída entre nós pelo vocábulo anulabilidade, mormente por influência da sua consagração na terminologia do Código Civil. Pelo que, doutrinariamente, pareceria dever reconduzir-se a «invalidade mista» contida no n.º 3 do artigo 410.º ao conceito de anulabilidade, naturalmente de anulabilidade atípica[68] em virtude de ser invocável a *todo o tempo.*

Propendemos, todavia, mais para a sua qualificação como *nulidade atípica*[69] por pensarmos que a lei quis proteger o melhor possível o promitente-comprador, recusando automaticamente os efeitos a que o contrato-promessa tende *(quod nullum est, nullum producit effectum)*. Pense-se no contrato-promessa relativo a uma construção clandestina e nos inconvenientes que daí podem advir ao promitente-comprador. Este teria de *anular* o negócio com base em erro sobre as qualidades do objecto ou dolo (art. 905.º, ex art. 913.º), com o tribunal a ter de pronunciar uma sentença de *anulação,* visto que a não produção dos efeitos a que o contrato tende não opera *per se.* A partir do aditamento do n.º 3 do artigo 410.º, ditado em prol de promitente-comprador (enquanto categoria contratual) que seja merecedor de protecção, a não produção dos efeitos daquele contrato-promessa relativo a construção

[67] CARBONNIER, *Droit civil, Les obligations*, 12.ª ed., Paris, 1985, p. 140.

[68] MENEZES CORDEIRO, *O novo regime do contrato promessa, cit.*, p. 35 nota 13, que defende tratar-se de uma nulidade atípica, invocável por terceiros interessados, não exclui a «hipótese de interpretação correctiva, que permitiria contrapor à *nulidade sui generis* uma *anulabilidade atípica»*, por reconhecer que a posição do promitente-comprador fica muito enfraquecida.

[69] Neste sentido, entretanto, Acórdão do S.T.J. de 4/7/2013 (Processo n.º 176/03.5TBRSD.P1S1); Acórdão do S.T.J. de 29/11/2011 (Processo n.º 2632/08.OTVLSB.L1); Acórdão do S.T.J., de 14 de Setembro de 2010 (Processo n.º 1618/04.8TBLLE.E1-S1); acórdão do S.T.J., de 22 de Outubro de 2009 (Processo n.º 445/09.0YFLSB); acórdão do S.T.J., de 5 de Julho de 2007 (Processo n.º 07B2027); acórdão do S.T.J., de 15 de Maio de 2007 (Processo n.º 07A1180); acórdão do S.T.J. de 4 de Maio de 1993, *in* "Colectânea de jurisprudência – Acórdãos de S.T.J. –, Ano I, T II, p. 80; acórdãos da Relação de Lisboa, de 22 de Janeiro de 1991, *in* "B.M.J.", n.º 403, p. 467, e de 22/2/2007 (Processo n.º 858/2007-8); Acórdão da Relação de Guimarães de 17/12/2013 (Processo n.º 24/12.5TBAVV.G1).

clandestina tem lugar automaticamente, *ipsa vi legis*, para melhor tutela e defesa dos interesses do destinatário da norma protectora.

É este elemento da exclusão da produção de efeitos, *ipso iure*, sintónico com o escopo legal, que nos leva a dizer tratar-se de nulidade, já que, como ensina Rui de Alarcão, *o carácter automático é elemento essencial, indefectível, estrutural e diferenciador da nulidade*[70]. *Nulidade invocável a todo o tempo* – sem prejuízo, naturalmente, da sua preclusão por eventual abuso do direito –, porventura em sincronia com a experiência prática de que nestes casos de construção clandestina é normal o promitente-vendedor reiterar amiúde que obterá a legalização da situação, alimentando ao promitente-comprador a esperança de que a todo o momento a respectiva licença de construção ou de utilização será conseguida.

Só que tratar-se-á de nulidade atípica, por via de regra ser invocável, não por qualquer interessado, *mas apenas pelo promitente-comprador – sendo nula a cláusula pela qual o promitente-comprador renuncia antecipadamente ao direito de a invocar,* para salvaguarda da ordem pública de protecção ou ordem pública social que ditou a norma legal, ou seja, para o proteger da sua própria fraqueza e inexperiência, ligeireza e inadvertência, na tomada de decisão temporã, em branco[71]. A admitir-se a validade de cláusula pela qual o promitente-comprador renuncia antecipadamente ao direito de arguir a nulidade estaria aberta a porta para com a maior das facilidades os promitentes-vendedores incluírem nas promessas uma cláusula de estilo em que as partes declarariam prescindir das formalidades impostas pelo art. 410.º, n.º 3, renunciando à invocação da respectiva omissão, e assim sabotar o sentido e fim de uma norma de protecção da parte mais fraca, o consumidor. Tanto mais incoerente quanto o art. 830.º, n.º 3, veio também impor a irrenunciabilidade antecipada ao direito de exigir a execução específica (*infra*, n.º 52) e a *Lei de Defesa do Consumidor é imperativa nos direito conferidos.*

Nulidade atípica, ainda, por dever ser passível de sanação ou convalidação (cfr. art. 906.º, *ex* art. 913.º) *o contrato*, «o qual será juridicamente tratado como se tivesse sido concluído sem defeitos»[72] – *pense-se, por exemplo, na superveniente*

[70] Rui de Alarcao, *Sobre a invalidade, ob* e *loc. cits.*, n.º 7.

[71] Dissentimos, assim, do acórdão da Relação do Porto de 2 de Novembro de 1999 (Colectânea de Jurisprudência 1999, V, p. 175), que julgou em sentido diferente; no sentido defendido em texto, entretanto, o acórdão do S.T.J. de 5 de Julho de 2007 (Processo n.º 07B2027); acórdão do S.T.J. de 4 de Julho de 2013 (Processo n.º 176/03.5TBRSD.P1S1).

[72] Rui de Alarcão, *Sobre a invalidade, ob.* e loc. cits., p. 11.

legalização da construção ou na ulterior apresentação da licença e no posterior reconhecimento da(s) assinatura(s) do promitente(s)[73].

Tudo isto é concebível para garantir a melhor protecção ao promitente--comprador que não tenha causado culposamente a omissão dos requisitos. Já quando a omissão tenha sido culposamente causada pelo promitente--comprador, o legislador, afastando-se da pureza dos princípios que regem a ordem pública de protecção, entendeu que este não era merecedor de

[73] Neste sentido, entretanto, ALMEIDA COSTA, *Direito das Obrigações*, 8.ª ed., p. 361; GALVÃO TELLES, *Direito das Obrigações*, 7.ª ed., p.121 a 123; acórdão da Relação de Coimbra, de 8 de Janeiro de 1991, in "B.M.J." n.º 403.º, p.494; acórdão da Relação do Porto, de 2 de Novembro de 1999, *in* "Colectânea de Jurisprudência", 1999, V, p. 175: acórdão do S.T.J., de 16/10/2003 (Processo n.º 03B2766); acórdão do S.T.J., de 6/5/2004 (Processo n.º 04B1291); acórdão do S.T.J., de 7/10/2004 (Processo n.º 04B2910); acórdão do S.T.J., de 2/12/2004 (Processo 04B3822); acórdão do S.T.J. de 5/7/2007 (Processo n.º 07B2027); acórdão do S.T.J., de 8 de Junho de 2010 (Processo n.º 3161/04.6TMSNT-L1S1); acórdão do STJ, de 19 de Março de 2009 (Processo n.º 09A0273, no referente à nulidade atípica prevista no art. 46.º, n.º 10, do Decreto-lei n.º 167/97, de 4 de Julho, sanável pelo depósito do título constitutivo do aldeamento turístico na Direcção-Geral do Turismo; acórdão da Relação de Lisboa, de 12 de Março de 2009 (Processo n.º 9788/2008-7).
A nulidade atípica do contrato-promessa não tem influência no contrato definitivo que contenha todos os seus próprios elementos de validade. Dificilmente, sequer, o erro de direito – v.g. a conclusão do contrato prometido por um dos promitentes julgar erradamente estar obrigado a isso – procederá, face ao condicionalismo requerido no art. 252.º. Logo, cumprido o contrato--promessa, cessa o direito de arguição da nulidade atípica referida. Em geral, não sendo pedida e declarada a invalidade do contrato definitivo, é este que vigora e não o contrato-promessa, sem prejuízo, naturalmente, de cláusula deste *salvaguardada* pelas partes: em caso de dúvida, porém, essa salvaguarda não pode presumirse, porquanto a celebração do contrato prometido cumpre o contrato-promessa. Mas nada impede (mesmo) que o contrato prometido dê por integralmente aplicáveis todas as cláusulas do contrato-promessa, com excepção das que, pela sua própria natureza, deixaram de ser aplicáveis ou já foram plenamente executadas – neste sentido, cfr. acórdão do STJ de 19 de Maio de 2010: "pode ser incumprido o contrato-promessa e as partes terem interesse no seu cumprimento, mesmo se já tiver sido celebrado o contrato definitivo se com essa celebração não se esgotar o clausulado no pré-contrato" (Processo n.º 158/06.5TCFUN.L1.S1); acórdão da Relação de Coimbra, de 19 de Janeiro de 2010 (Processo n.º 3421/03.3TBAVR.C1): "a celebração do contrato prometido não faz necessariamente caducar uma cláusula penal moratória inscrita no antecedente contrato-promessa de compra e venda"; acórdão da Relação do Porto, de 10 de Março de 2009 (Processo n.º 7523/07.9TBVNG.P1): "A realização do contrato prometido não implica necessariamente a extinção do contrato--promessa que o antecedeu; se nada tiver sido estipulado em contrário, o contrato-promessa só se extingue quando todas as obrigações que as partes nele assumiram forem cumpridas".

protecção e passou a reconhecer expressamente à outra parte o direito de invocar a nulidade, se lhe aprouver. *Naturaliter*, o promitente-vendedor poderá opor ao promitente-comprador o *venire contra factum proprium* em que haja incorrido (*supra*, n.ºs 20 e 29).

Este o regime que, mesmo *de iure constituto*, nos parece estar em sincronia com a finalidade das formalidades e natureza do n.º 3 do artigo 410.º, diferentes da forma imposta no n.º 2 do mesmo artigo, *de modo algum se podendo assimilar à omissão do reconhecimento presencial das assinaturas a falta das próprias assinaturas*[74].

Antunes Varela critica a solução da nulidade invocável por terceiros ou oficiosamente conhecida pelo tribunal, por lhe parecer não ser «a solução mais justa, nem sequer a que melhor se coadunava com a finalidade dos requisitos cuja omissão determinava a nulidade»[75]. Parece, porém, fazê-lo *de iure constituendo*. «Tanto o reconhecimento *presencial* da assinatura dos promitentes (...), como a *menção* da existência da licença camarária, escreve Antunes Varela, são, no fundo, formalidades prescritas no restrito interesse do promitente-comprador do imóvel, que nenhum rasto controlável por terceiros deixam no cartório notarial, estando a sua observância (...) ou inobservância apenas retratada no documento que fica em poder das partes».

«Quer isto dizer, continua Antunes Varela, que nenhumas razões sérias justificam que a falta dos requisitos prescritos no manifesto interesse de uma das partes pudesse ser invocada por terceiros, nem que o contraente em cujo interesse as formalidades foram adoptadas pudesse invocar a sua omissão muito tempo depois de dela se ter apercebido»[76].

[74] Neste sentido, cfr. o acórdão do S.T.J., de 7 de Fevereiro de 1985, na «Revista de Legislação e Jurisprudência», ano 119. Ao rebater a tese da Relação que aplicava ao n.º 2 do art. 10.º o regime do novo aditamento – regime que no entender da Relação consagra uma invalidade mista não declarável oficiosamente pelo tribunal – refere o Supremo Tribunal: «de modo algum se pode assimilar à omissão do reconhecimento presencial das assinaturas a falta das próprias assinaturas» (p. 18). E mais adiante: «pode ser declarada oficiosamente pelo tribunal a nulidade proveniente da falta de assinatura do promitente-comprador em contrato-promessa bilateral, não lhe sendo aplicável o disposto no n.º 3 do art. 410.º do Código Civil» (p. 19), como que admitindo a tese defendida no acórdão recorrido da Relação, segundo a qual a invalidade prevista no n.º 3 do art. 410.º não pode ser declarada oficiosamente pelo tribunal.

[75] Antunes Varela, *Emendas, ob.* e *loc. cits.*, p. 360.

[76] Antunes Varela, *Emendas, ob.* e *loc. cits.*, p. 360 (cfr. *Das Obrigações em geral*, I vol., 9.ª ed., p. 330).

31. O interesse público de combate à construção clandestina no Decreto-Lei n.º 281/99, de 26 de Julho

31.1. *Negócio translativo da propriedade de imóvel sem licença de utilização: nulidade típica*

Finalmente, diremos que o decisivo interesse público de combate à construção clandestina leva a que (art. 1º do Decreto-lei n.º 281/99, de 26 de Julho, na redacção dada pelo art. 6º do Decreto-lei 116/2008, de 4 de Julho):

> 1 – Não podem ser realizados actos que envolvam a transmissão da propriedade de prédios urbanos ou de suas fracções autónomas sem que se faça prova da existência da correspondente autorização de utilização, perante a entidade que celebrar a escritura ou autenticar o documento particular.
> 2 – Nos actos de transmissão de imóveis é feita sempre menção do alvará da autorização de utilização, com a indicação do respectivo número e data de emissão, ou da sua isenção.
> 3 – Nos prédios submetidos ao regime da propriedade horizontal, a menção deve especificar se a autorização de utilização foi atribuída ao prédio na sua totalidade ou apenas à fracção autónoma a transmitir.
> 4 – A apresentação de autorização de utilização nos termos do n.º 1 é dispensada se a existência desta estiver anotada no registo predial e o prédio não tiver sofrido alterações.».

A apresentação do alvará de licença de utilização, no caso de já ter sido requerido e não emitido, *pode ser substituída pela exibição do alvará da licença de construção do imóvel*, independentemente do respectivo prazo de validade, desde que o *transmitente prove estar requerida a licença de utilização* (art. 2.º, n.º 1, al. *a*)) e declare que a construção se encontra concluída, que não está embargada, que não foi notificado de apreensão do alvará de licença de construção, que o pedido de licença de utilização não foi indeferido, que decorreram mais de 50 dias sobre a data do seu requerimento e que não foi notificado para o pagamento das taxas devidas (art. 2.º, n.º 1, al. *b*) – nesta hipótese, pela obtenção da licença de utilização, no caso da transmissão de fracções autónomas de prédio alienado a diferentes condóminos, são responsáveis solidariamente o titular do alvará de licença de construção e o primeiro transmitente (art. 2.º, n.º 3).

Nas subsequentes transmissões de fracções autónomas de prédios em propriedade horizontal basta a prova do requerimento da licença de utilização e a declaração do seu não indeferimento, da não emissão da licença em 50 dias e da não notificação para o pagamento das taxas devidas (art. 2.º, n.º 2). *Na transmissão de prédios urbanos que o alienante declare como não concluídos, com licença de construção em vigor* – ou na situação dos edifícios inacabados prevista no art. 73.º-A do Decreto-lei n.º 445/91, de 20 de Novembro, na redacção dada pelo Decreto-Lei n.º 250/94, de 15 de Outubro –, é *bastante a exibição do alvará de licença de construção,* independentemente do seu prazo de validade (art. 2.º, n.º 4), *desde que não se trate de fracções autónomas* de prédios constituídos em propriedade horizontal *nem de moradias unifamiliares* (art. 2.º, n.º 5). Se não verdadeiras, as declarações prestadas pelo transmitente, nos termos vistos da al. *b*) do n.º 1 e do n.º 2 do art. 2.º, constituem *contra-ordenações* puníveis com coima pela Câmara Municipal (art. 5.º) – e podem ainda determinar, quando a gravidade da situação o justifique, quer a sanção acessória da interdição do exercício no correspondente município, até dois anos, da profissão ou actividade cujo exercício dependa de título público ou de autorização ou homologação de autoridade pública, quer a privação do direito a subsídios concedidos por entidades ou serviços públicos (art. 6.º) – e fazem incorrer o seu autor em responsabilidade civil pelos danos que causem ao adquirente ou a terceiro (art. 3.º) O notário deve consignar na escritura o número e a data da emissão da licença de construção e respectivo prazo de validade, bem como a advertência aos outorgantes sobre o teor do art. 2.º, n.ºs 2 e 3, e do art. 3.º (art. 2.º, n.º 6).

Vale dizer, portanto, que, independentemente de qual seja o culpado, *os promitentes não podem celebrar o contrato definitivo – logo, também o artigo 830.º não pode funcionar – sem a apresentação da licença de construção ou de utilização, nos termos vistos do Decreto-lei n.º 281/99.*

Temos neste diploma legal normas de interesse e ordem pública, uma espécie de última instância no combate à construção clandestina, qual crivo definitivo onde, aqui sim, *os interesses gerais imperam – e se o notário lavrar a escritura pública de transmissão de prédio sem licença de utilização, o negócio enfermará de nulidade típica por violação da formalidade prescrita no Decreto-lei n.º 281/99.* Aspecto que não podemos deixar de ter em mente na própria interpretação do n.º 3 do artigo 410.º, em que começa por prevalecer a protecção do promitente--comprador[77].

31.2. *Negócio translativo da propriedade de imóvel sem ficha técnica de habitação: nulidade atípica, irrenunciável e sanável*

O Decreto-lei n.º 68/2004, de 25 de Março, estabelece um con-junto de mecanismos que visam reforçar os direitos dos consumidores à informação e à protecção dos seus interesses económicos no âmbito da aquisição de prédio urbano para habitação, bem como promover a transparência do mercado (art. 1.º).

Um desses mecanismos é a chamada *"ficha técnica da habitação": documento descritivo das principais características técnicas e funcionais do prédio urbano para fim habitacional*, reportadas à conclusão das obras (de construção, reconstrução, ampliação ou alteração), *a cargo do promotor imobiliário* (art. 4.º) – pessoa que decide, impulsiona, programa, dirige e financia as obras de prédios urbanos destinados à habitação, para si ou para aquisição sob qualquer título (art. 3.º, n.º 1, al. *a*)) ou, na sua falta, a cargo do vendedor profissional (art. 3.º, n.º 3).

As menções a constarem obrigatoriamente da ficha técnica estão indicadas no art. 7.º e respeitam aos profissionais envolvidos no projecto de construção ou reconstrução (art. 7.º, n.º 2), ao loteamento (art. 7.º, n.º 3), ao prédio urbano (art. 7, n.º 4) e à fracção autónoma ou habitação unifamiliar (art. 7.º, n.º 5), sem prejuízo de outras informações complementares (art. 8.º). E *compete ao técnico responsável pela obra e ao promotor imobiliário atestar a correspondência entre as informações constantes da ficha técnica e as características da habitação*, através de declaração devidamente assinada na referida ficha (art. 4.º, n.º 3), *sendo ambos solidariamente responsáveis pelos danos causados ao comprador ou a terceiros por informações que não correspondem à verdade* (art. 16.º, n.º 1).

Do mesmo modo, o diploma legal em análise estatui *regras da informação documentada obrigatoriamente disponível nos locais de atendimento e de venda ao público*, designadamente cópia da ficha técnica ou da sua versão provisória,

[77] Há, assim, um duplo grau de controlo notarial: o primeiro, logo no momento da conclusão do contrato-promessa, ditado em nome da protecção do promitente-adquirente; o segundo, no momento da celebração do contrato definitivo, agora em nome do interesse público.

caso aquela ainda não exista (art. 11.º), e *regras da publicidade* sobre venda de imóveis para a habitação, em que o princípio da verdade se impõe (art. 12.º).

Redigida em língua portuguesa, em termos claros e compreensíveis para o comprador, de modo a ser facilmente legível e sem remissões para textos técnicos cuja compreensão pressuponha conhecimentos específicos (art. 6.º), a *ficha técnica da habitação deve ser conservada em bom estado pelo proprietário do prédio ou fracção* (art. 10.º, n.º 1) que, em caso da sua perda ou destruição, terá de solicitar uma segunda via ao promotor imobiliário ou à Câmara Municipal (art. 10.º, n.º 2). Para o efeito, o promotor imobiliário deve, por um lado, manter, por um período mínimo de 10 anos, um arquivo organizado das fichas técnicas da habitação que tenha emitido relativas a cada prédio ou fracção (art. 5.º, n.º 1), e, por outro lado, depositar um exemplar da ficha técnica da habitação de cada prédio ou fracção na Câmara Municipal onde correr os seus termos o processo de licenciamento respectivo (art. 5.º, n.º 2).

Pois bem. *"Sem prejuízo de outras normas aplicáveis" – designadamente, do Decreto-lei n.º 281/99 –, "não pode ser celebrada a escritura pública que envolva a aquisição da propriedade do prédio ou fracção destinada à habitação sem que o notário se certifique da existência da ficha técnica da habitação e de que a mesma é entregue ao comprador" (art. 9.º, n.º 1), em suporte papel (art. 4.º da Portaria n.º 817/2004, de 16 de Julho).*

De igual modo, «não pode ser celebrado o contrato de compra e venda com mútuo, garantido ou não por hipoteca, nos termos do Decreto-lei n.º 253/93, de 15 de Junho, sem que a instituição de crédito assegure a entrega da ficha técnica da habitação ao comprador no momento em que é preenchido o modelo a que se refere a Portaria n.º 669-A/93, de 16 de Julho, alterada pela Portaria n.º 882/94, de 1 de Outubro» (art. 9.º, n.º 2).

A *inobservância desta formalidade* – não certificação da existência da ficha técnica da habitação e sua entrega ao comprador – *constituirá uma nulidade atípica*, invocável só pelo comprador, *irrenunciável ex ante* e *sanável*, aplicando--se, *mutatis mutandis*, o dito acima (n.os25 a 30): em causa a ordem pública de protecção ou ordem pública social de protecção do consumidor nos negócios com profissionais, aplicado também aos contratos celebrados entre consumidores (arts. 17.º e 18.º), em ordem a um consentimento esclarecido e análise comparada do mercado.

32. Assentos de 28 de Junho de 1994 e de 1 de Fevereiro de 1995

As teses defendidas acima (n.º 25 e segs.) acerca da invalidade correspondente à omissão das formalidades previstas no n.º 3 do artigo 410.º do Código Civil e suas características foram entretanto acolhidas nos Assentos do Supremo Tribunal de Justiça, de 28 de Junho de 1994 e de 1 de Fevereiro de 1995.

Reza como segue o Assento n.º 15/94, de 28 de Junho de 1994:

> *"No domínio do n.º 3 do artigo 410.º do Código Civil (redacção do Decreto-lei n.º 236/80, de 18 de Julho), a omissão das formalidades previstas nesse número não pode ser invocada por terceiros".*

Por sua vez, diz assim o Assento n.º 3/95, de 1 de Fevereiro de 1995:

> *"No domínio do n.º 3 do art. 410.º do Código Civil (redacção do Decreto-lei n.º 236/80, de 18 de Julho), a omissão das formalidades previstas nesse número não pode ser oficiosamente conhecida pelo tribunal".*

E pode ler-se na fundamentação do Assento de 28 de Junho de 1994:

> «Não está em causa o interesse geral na invalidade do negócio por carência nele das devidas formalidades, mas apenas o particular interesse do promitente-comprador, que a lei quis essencialmente proteger, como sobressai do já atrás deixado dito.
>
> Em moldes de qualificação jurídica está-se, pois, em face de *nulidade atípica,* com vista à protecção apenas do promitente-comprador, e que por *isso não poderá ser invocável por terceiros, nem oficiosamente conhecida*»[78].

[78] O Assento de 28 de Junho de 1994 publicado no *Diário da República,* de 12 de Outubro de 1994, é comentado criticamente por M. J. Almeida Costa na Revista de Legislação e Jurisprudência, ano 127, p.335 e segs. O Assento de 1 de Fevereiro de 1995 está publicado no *Diário da República,* de 22 de Abril de 1995, e no «B.M.J.», n.º 444, p. 109. Depois dos Assentos podem ver-se o acórdão do S.T.J., de 11 de Março de 1997, *in* «Colectânea de Jurisprudência»; o Acórdão do S.T.J. de 29/11/2011 (Processo n.º 2632/08.OTVLSB.L1).
– Acórdãos do S.T.J. –, ano V (1997), T I, p. 148 segs; o acórdão do S.T.J., de 18 de Janeiro de 1996, *in* «B.M.J.», n.º 453. p. 444 segs.; o acórdão do S.T.J. de 15/7/2007 (Processo n.º 07B2027). Antes do Assento podem ver-se, no mesmo sentido, os acórdãos do Supremo Tribunal de Justiça de 4 de Maio de 1993 e de 12 de Janeiro de 1993, publicados na «Colectânea de Jurisprudência»,

33. Promessas relativas à celebração de contrato oneroso de modificação ou extinção de direito real

Uma quarta e última modificação, que o Decreto-lei n.º 379/86 introduziu no n.º 3 aditado ao artigo 410.º pelo Decreto-lei n.º 236/80, respeita ao âmbito dos contratos-promessa sujeitos a este regime específico.

Na versão de 80, a letra refere só a «promessa relativa à celebração de contrato de compra e venda». Devendo entender-se que o Decreto-lei n.º 236/80 é de aplicação genérica[79], o disposto no n.º 3 do artigo 410.º não é aplicável exclusivamente à promessa de compra e venda de prédios destinados a habitação própria[80], mas a todos os contratos-promessa de compra e venda de prédio urbano – não já, obviamente, de prédio rústico, abrangido pelo n.º 2 do mesmo artigo – ou de sua fracção autónoma, já construído, em construção ou a construir, destinado a comércio, indústria, profissão liberal, habitação, etc.[81]. Neste ponto, nenhuma dúvida séria e fundada se pode levantar em face do Decreto-lei n.º 379/86, diploma legal de inequívoca aplicação genérica, ao vir regular a disciplina integral do contrato-promessa, retocando, por assim dizer, todos os artigos do Código Civil atinentes a esta espécie de contrato.

Na versão actual, fala-se de «promessa relativa à celebração de contrato oneroso de transmissão ou constituição de direito real». Há, portanto, uma ampliação literal do âmbito dos contratos-promessa sujeitos ao regime do artigo 410.º, n.º 3.

Dizemos ampliação meramente literal, porquanto já na versão originária se devia entender, por interpretação extensiva [82], ser este o âmbito das pro-

ano I (1993), p. 80 e p. 30, respectivamente; acórdão S.T.J., de 10 de Novembro de 1993, *in* «B.M.J.», n.º 431, p. 453.

[79] Cfr. Vasco Xavier, *Contrato-promessa, cit.*; Almeida Costa, na «R.L.J.», ano 116, p. 350 e segs.; Lebre de Freitas, *O contrato-promessa e a execução específica*, Estudos sobre o Direito Civil e o Processo Civil, pp. 808 e segs, em comentário a uma decisão judicial publicada no «B.M.J.», n.º 333, pp. 13 e segs.; Calvão Da Silva, *Contrato-promessa, cit.*.

[80] Neste sentido, cfr. o acórdão do S.T.J., de 11 de Abril de 1985, no «B.M.J.», n.º 346, pp. 221 e segs..

[81] No bom sentido, cfr. o acórdão do S.T.J., de 31 de Outubro de 1985, no «B.M.J.», n.º 350, pp. 336 e segs.; o acórdão do S.T.J., de 7 de Maio de 1985, no «B.M.J.», n.º 347.º, pp. 384 e segs.; o acórdão do S.T.J., de 2 de Julho de 1985, no «B.M J.», n.º 349, pp. 437 e segs..

[82] Cfr. Menezes Cordeiro, *O novo regime do contrato promessa, cit.* pp. 32 e 33; Antunes Varela, *Emendas, ob.* e *loc. cits.*, pp. 356 e segs. Em sentido diferente, Galvão Telles, *Direito*

messas sujeitas ao regime específico em causa. É que, tal como a compra e venda é o paradigma dos contratos onerosos de alienação ou oneração de bens (art. 939.º), assim também o contrato-promessa de compra e venda deve ser visto como arquétipo das promessas relativas à celebração de contrato oneroso – já não de contrato gratuito, ainda que com encargo modal, pois o *modo* não o transfigura em contrato oneroso, sendo mesmo, por definição, aponível apenas a negócios gratuitos –, típico ou atípico [83], de alienação ou constituição de direito real (de gozo ou de garantia), por ser a mesma a razão de ser[84]. Reveste, pois, natureza interpretativa a nova redacção, também neste ponto.

E quanto às promessas relativas à celebração de contrato oneroso de modificação ou extinção de direito real sobre edifícios?

A resposta parece ser, em face da nova letra do preceito, a mesma que se deveria dar na redacção de 80: se já então se devesse entender que a interpretação extensiva abrangia estes casos, o mesmo mecanismo jurídico permitirá alcançar hoje, em face da nova redacção, idêntico resultado; se, pelo contrário, fosse de entender na versão originária que as promessas de contrato oneroso modificativo ou extintivo não cabiam na previsão do preceito, então também hoje não devem considerar-se abrangidas no âmbito de aplicação da disposição. Apesar da intervenção legislativa, a dúvida continua, ainda agora levantada por ANTUNES VARELA[85].

A resposta, antes como agora, depende de saber se a *ratio legis* impõe a extensão do preceito a estes casos.

das obrigações, cit., p. 116 nota 1, que, partindo do carácter excepcional da norma, entende não poder ser ampliada pelo executor da lei a outros contratos, visto que as normas excepcionais não comportam aplicação analógica (art. 11.º). Mas o mesmo artigo admite a sua interpretação extensiva onde a identidade de razão a justifique.

[83] O princípio da tipicidade dos direitos reais não implica a tipicidade dos negócios reais *quoad effectum*.

[84] Neste sentido, cfr. o acórdão de 24 de Novembro de 1983, no «B.M.J.», n.º 331, pp. 538 e segs., segundo o qual a presunção estabelecida pelo art. 441.º do Código Civil é extensiva ao contrato-promessa de constituição do direito de habitação e aos actos de disposição de direitos reais menores, por ser a mesma a razão de ser do preceito; mais recentemente, acórdão do S.T.J., de 18 de Janeiro de 1996, *in* «B.M.J.», n.º 453, p.444 e segs; acórdão do S.TJ., de 13 de Novembro de 1990, *in* «B.M.J.», n.º 401, p.553.

[85] ANTUNES VARELA, *Emendas, ob.* e *loc. cits.*, p. 357.

A) *Relativamente às promessas de contrato oneroso de extinção de direito real, não há identidade de razão que justifique a extensão do n.º 3 do art. 410.º.*

Vimos que a *ratio legis* do n.º 3 do artigo 410.º, como do Decreto-lei n.º 236/80 e do Decreto-lei n.º 379/86, é a protecção do promitente-adquirente, julgado incapaz de, por si só, evitar os inconvenientes que lhe podem advir da aquisição de edifícios clandestinos. Construção clandestina que tem altos custos, com o interesse público a poder ditar a sua destruição. E o legislador não quis *vítimas inocentes*, não preparadas para acautelar os seus legítimos interesses. Por isso instituiu o exigente *controlo notarial, de modo a evitar a entrada no comércio jurídico de prédios clandestinos.*

Ora, no caso de promessas relativas a contratos onerosos de extinção, não parece que haja a mesma razão. Pelo contrário, há até
o *interesse público de pôr termo aos direitos reais limitados*, visível em várias disposições legais referentes à extinção desta espécie de direitos, como o evidência a extinção pelo não uso (cfr., por exemplo, art. 1416.º, n.º 1, al. *c*); art. 1536.º, n.º 1, als. *a*)e *b*); art. 1569.º, n.º 1, al. *b*), etc.).

Acresce que na promessa de extinção – pense-se, por exemplo, na promessa de extinção de usufruto, de servidão de vistas, *altius non tolendi*, etc. – o proprietário continua a ser o mesmo, recuperando a plenitude de poderes graças à elasticidade da excelência real que é o direito de propriedade. Não se está, portanto, a dar azo ao aparecimento de *vítimas inocentes* que, pela destruição da construção clandestina, fiquem sem nada; apenas, pela aquisição restitutiva, se repõem as coisas no estado anterior à constituição do direito real que se extingue, pondo termo ao fenómeno de concurso de direitos. Além de que quanto menor for o número de titulares de direitos reais, menos complicada é, humanamente, a destruição de construções clandestinas.

B) *No tocante às promessas de contrato oneroso de modificação de direito real, para saber se a interpretação extensiva do n.º 3 do artigo 410.º se impõe,* deve distinguir-se:

1) *Se a modificação prometida é de ampliação do direito real, afigura-se-nos que uma identidade de razão justifica a extensão do n.º 3 do artigo 410.º*, de modo a proteger o promitente-adquirente dos possíveis dissabores provenientes de construção clandestina. Pense-se, por exemplo, na promessa de prolongamento por mais 10 anos da duração de um usufruto que cessaria ao fim de um ano. Substantivamente, a situação é de promessa de constituição de usufruto, a requerer, portanto, o mesmo tratamento desta;

2) *Se a modificação prometida é de diminuição do direito real, já não descortinamos identidade de razão que justifique a aplicação extensiva do n.º 3 do artigo 410.º*. Sirva de exemplo a promessa de diminuição de 10 anos da duração de um usufruto constituído pelo prazo de 15 anos e ver-se-á como a situação se aproxima substantivamente da extinção de usufruto, a requerer o mesmo tratamento jurídico[86].

[86] No sentido que preconizamos veio entretanto pronunciar-se Almeida Costa, *Direito das Obrigações*, 8.ª ed., p. 356. Cfr., ainda, Galvão Telles, *Direito das Obrigações*, 7.ª ed., p. 119 a 121.

II

SINAL E EXECUÇÃO ESPECÍFICA DO CONTRATO-PROMESSA

II
Sinal e Execução Específica do Contrato-Promessa[87]

34. Antecipação do cumprimento e sinal: sinal confirmatório e sinal penitencial

Na *praxis* contratual surge muitas vezes o que se chama de sinal, isto é, uma coisa, normalmente uma quantia pecuniária, que um dos contraentes entrega ao outro, no momento da celebração do contrato ou em momento posterior; *no contrato-promessa de compra e venda – ou de outros contratos onerosos referidos no art. 939.º do Código Civil,* por exemplo troca, trespasse, cessão de quotas *causa vendendi – presume-se mesmo que tem carácter de sinal toda a quantia entregue* (no momento da celebração do contrato ou em momento posterior) pelo promitente-comprador ao promitente-vendedor, ainda que a título de antecipação ou princípio de pagamento do preço (art. 441.º). Normalmente, o promitente-comprador, ao entregar, na celebração do contrato-promessa, ao promitente-vendedor, uma quantia pecuniária, antecipa a entrega parcial ou total do preço – dívida futura, porquanto nascerá apenas com a celebração do contrato definitivo, na qual o sinal é imputado (art. 442.º, n.º 1) –, ao mesmo tempo que as partes qualificam a referida entrega como sinal. É mesmo frequente a fórmula «entrega como sinal e princípio de pagamento». Mas mesmo que os promitentes não

[87] Conferência na Ordem dos Advogados, Conselho Distrital de Coimbra, em Abril de 1987, publicada com algumas notas.

qualifiquem expressamente como sinal a quantia entregue, a existência de sinal é presumida nos contratos-promessa de compra e venda, embora tal presunção possa ser ilidida (art. 350.º, n.º 2).

Nos demais contratos, a existência de sinal não é presumida. Isto mesmo resulta do art. 440.º, segundo o qual a entrega por um dos contraentes ao outro de coisa que coincida, no todo ou em parte, com a prestação a que fica adstrito é havida como antecipação total ou parcial do cumprimento, salvo se as partes quiserem atribuir à coisa entregue o carácter de sinal. Constitui, portanto, um problema de interpretação da vontade das partes, e, na dúvida sobre a efectiva vontade dos contraentes, a entrega parcial deve ser havida como começo de cumprimento e a entrega total como antecipação do cumprimento.

Problema de interpretação da vontade das partes é também a questão da natureza (confirmatória ou penitencial) do sinal: se a intenção dos contratantes foi a de confirmar o contrato, dando para o exterior uma prova ou sinal (*signum*) da sua celebração e existência, e garantir ou reforçar o vínculo negocial e o cumprimento das obrigações assumidas, sendo inclusive princípio de cumprimento, haverá sinal confirmatório; se, inversamente, as partes quiseram reservar (para uma ou para ambas) a faculdade de retractação ou de recesso do contrato, haverá sinal penitencial. É a liberdade contratual quem molda o carácter do sinal, cabendo ao tribunal apurar se as partes quiseram um ou outro. Na interpretação da vontade para qualificar o sinal, os termos usados pelos contratantes são um elemento importante a que o juiz atenderá. Mas se aqueles não são claros e inequívocos ou ressaltam na economia geral do contrato como não traduzindo a vontade real, é a esta que o tribunal deve reportar-se, afastando mesmo a qualificação (imprópria) dada pelas partes.

Em caso de dúvida, o sinal deve ter-se como de natureza confirmatória. Primeiro, porque a regra é a de que as partes quando celebram um contrato se vinculam de modo irrevogável: «o contrato deve ser pontualmente cumprido, e só pode modificar-se ou extinguir-se por mútuo consentimento dos contraentes ou nos casos admitidos na lei» (art. 406.º, n.º 1). Logo, valendo o contrato como lei em relação aos contraentes (*pacta sunt servanda*) – só excepcionalmente se admitindo a modificação ou extinção da relação contratual por vontade unilateral –, na dúvida, o sinal não deve ter função penitencial, facultando uma retractação ou recesso unilateral; *deve ser confirmatório, porquanto, dirigido a reforçar o vínculo negocial e a garantir o cumprimento das obrigações, se integra na regra geral do respeito pela palavra dada e do pacta sunt servanda como uma coisa natural.* Em segundo lugar, *na dúvida o sinal deve ser confirmatório dado o carácter anormal que o sinal penitencial tem num sistema jurídico que consagra a irrenunciabilidade prévia ao direito de pedir o cumprimento* (art. 809.º). Pelo que o sinal penitencial, preço (*Reugeld*) do recesso unilateral, apenas deve ter lugar quando resulte da lei (v.g. art. 830.º, n.º 2) ou de uma inequívoca vontade das partes: onde a lei e a vontade inequívoca não existam, o carácter confirmatório deve ser reconhecido ao sinal[88-89].

[88] Cfr. o acórdão do S.T.J. de 7/6/2016 (Processo n.º 2303/08.7TVLSB.L1.S1), n.ºs VI e VII.

[89] Sobre a prova de cláusula verbal de sinal em contrato formal, cfr. *supra*, n.º 16, al. *D*), *in fine*.

§1

ARTIGO 442.º

35. O art. 442.º disciplina o sinal para todos os contratos e não apenas para o contrato-promessa

O Decreto-Lei n.º 379/86, de 11 de Novembro, veio dar nova redacção aos arts.442.º e 830.º do Código Civil, relativos ao regime do sinal e à chamada execução específica do contrato-promessa.

No que concerne à alteração do art. 442.º, a primeira nota a focar é de técnica legislativa.

Não se compreende bem por que razão o legislador, estando a disciplinar o sinal de um modo geral para *todos* os contratos, de repente muda de agulha no mesmo número, o n.º 2 do art. 442.º, e passa a confinar a sua regulamentação ao contrato-promessa.

A melhor técnica legislativa aconselhava a que se mantivesse o regime geral (para todos os contratos) do sinal nos n.os1 e 2 do art. 442.º, repristinando o primitivo n.º 2, e se introduzisse um n.º 3 cingido apenas ao contrato-promessa com as especificidades e desvios julgados convenientes[90].

Por isso, convém ter bem presente que o n.º 1, a primeira parte do n.º 2 (perda do sinal, restituição do sinal em dobro) e o n.º 4 do art. 442.º

[90] Era esta a proposta que fazíamos no anteprojecto legislativo elaborado a pedido do Ministro da Justiça. Cfr. Calvão da Silva, *Contrato promessa. Análise para reformulação do Decreto-lei n.º 236/80* (Separata do B.M.J., n.º 349), Lisboa, 1985, n.º 12 e respectivo articulado. O legislador manteve, porém, a técnica do Decreto-lei n.º 236/80.

se aplicam a todos os contratos, incluindo o contrato-promessa, ao passo que a segunda parte do n.º 2 (faculdade de exigir o valor da coisa, ou do direito a transmitir ou a constituir sobre ela, se houve *traditio)* e o n.º 3 do mesmo preceito se confinam ao contrato-promessa.

36. A) O sinal em caso de cumprimento (art. 442.º, n.º 1)

Quando haja sinal, presumido (art. 441.º) ou convencionado (art. 440.º), a coisa entregue deve ser imputada na prestação devida – prestação futura, emergente do contrato definitivo, se se trata de contrato-promessa –, ou restituída, quando a imputação não for possível (art. 442.º, n.º 1).

Isto significa que, em caso de cumprimento (tempestivo ou retardado) do contrato, a coisa entregue pelo *tradens,* a título de sinal, deve ser computada na sua prestação, tudo se reconduzindo, materialmente, à dedução automática da coisa entregue na prestação por ele devida, numa pura operação de cálculo, sem a intervenção activa do *accipiens.* É o que acontecerá quando a coisa entregue for, como sucede via de regra, uma soma de dinheiro, acabando o sinal por ser, na prática, *a posteriori,* uma antecipação parcial ou total do cumprimento.

Porém, se a coisa entregue a título de sinal não for uma quantia em dinheiro mas um bem de outra natureza[91], pode não ser possível a sua imputação na prestação devida, pelo que, efectuada esta, impõe-se a restituição da coisa entregue como sinal para evitar-se o enriquecimento injustificado do *accipiens,* porquanto, uma vez cumprido o contrato (*rectius,* as obrigações que dele emergem), deixa de haver motivo válido ou justa causa de retenção.

Naturalmente, no caso de cumprimento retardado aplicar-se-ão as regras da mora, se verificados os respectivos requisitos (arts. 804.º e segs.)

[91] O Código Civil não precisa nem delimita a coisa que pode ser entregue como sinal. Teoricamente, parece, portanto, hipotizável que possa ser qualquer coisa, fungível ou infungível. Na prática dos negócios, porém, será em regra dinheiro, eventualmente outra coisa fungível. À coisa fungível se adequa verdadeiramente o regime legal do sinal. Como pode, com efeito, a parte inadimplente, ainda que o queira, restituir o *duplum* do que houver recebido como sinal (art. 442.º, n.º 2), se este tiver por objecto uma coisa infungível? Restar-lhe-á a restituição do valor correspondente, se outro não for o resultado da interpretação negocial. Em Itália, o Código Civil actual, de 1942, refere *expressis verbis* uma soma de dinheiro ou uma quantidade de outra coisa fungível como objecto do sinal (art. 1385.º), pondo, assim, cobro à polémica existente no domínio do Código Civil anterior.

37. B) O sinal em caso de incumprimento imputável a um dos contraentes (art. 442.º, n.º 2)

No caso de não cumprimento imputável a qualquer dos contraentes, os efeitos do sinal são os regulados no art. 442.º, n.º 2.

Estatui este preceito: «Se quem constituiu o sinal (*tradens*) deixar de cumprir a obrigação por causa que lhe seja imputável, tem o outro contraente (*accipiens*) o direito de fazer sua a coisa entregue; se o não cumprimento do contrato for devido a este último, tem aquele o direito de exigir o dobro do que prestou, ou, se houve tradição da coisa a que se refere o contrato prometido, o seu valor, ou o do direito a transmitir ou a constituir sobre ela, determinado objectivamente, à data do não cumprimento da promessa, com dedução do preço convencionado, devendo ainda ser-lhe restituído o sinal e a parte do preço que tenha pago».

Quer isto dizer, por outras palavras, que em relação aos tradicionais efeitos do sinal – sua perda, se o não cumprimento é imputável ao *tradens;* sua restituição em dobro, se o não cumprimento é imputável ao *accipiens* –, o legislador (de 80 e 86) inovou dando ao promitente-comprador a possibilidade de, no caso de ter havido tradição da coisa objecto do contrato prometido, pedir «o valor que esta tiver ao tempo do incumprimento», em vez do *duplum* do sinal. A *traditio rei é*, todavia, *requisito indispensável* do *direito ao valor da coisa*, do *direito de o credor optar, no que à indemnização concerne e em vez do dobro do sinal, pelo valor que a coisa* – objecto do contrato prometido – *tiver ao tempo do incumprimento.* Portanto, nos casos em que, paralelamente à constituição do sinal, se não tiver verificado a tradição da coisa objecto do contrato de compra e venda prometido, o direito do promitente-comprador limita-se a poder exigir, como indemnização, o dobro do sinal.

38. A restituição do sinal (em singelo ou no dobro) como dívida pecuniária

A obrigação de restituição do sinal ou do seu pagamento em dobro constitui dívida pecuniária[92], *sujeita ao princípio nominalista (art. 550.º*

[92] Cfr. acórdão do S.T.J., de 9 de Dezembro de 1993, *in* «Colectânea da Jurisprudência», 1993, III, pp. 170 e segs.; acórdão da Relação de Lisboa, de 26 de Maio de 1994 (inédito); acórdão do S.T.J., de 20 de Fevereiro de 1997 (Processo n.º 309/96, 2.ª secção (internet); acórdão do S.T.J. de 30 de Junho de 1999, *in* "Colectânea de Jurisprudência", 1999, III, p. 145 e segs.; acórdão

do Código Civil) e à aplicação do regime do art. 806.º do Código Civil, no caso de mora[93].

Na verdade, o montante da prestação é uma soma de dinheiro fixada *ab origine* (leia-se, desde a resolução do contrato) e não em momento posterior (à constituição da obrigação) próximo do cumprimento. Pelo que não chega a verificar-se o fenómeno da substituição ou sub-rogação do primitivo objecto – uma utilidade diversa do dinheiro, como acontece na indemnização com a reparação do dano – por quantidade monetária que represente o equivalente no momento da liquidação. Logo, *se a prestação in solutione* e *in obligatione é (nominalmente) a mesma*, a *obrigação de restituição do sinal ou do seu pagamento em dobro não pode qualificar-se como dívida de valor.*

Diferentemente da comum obrigação de indemnização – dívida de valor convertida em obrigação pecuniária por ulterior fixação (convencional ou judicial) do seu montante em dinheiro –, a restituição do sinal ou seu pagamento em dobro tem por objecto directo e primitivo uma soma de dinheiro, determinada com base em critério certo, seguro e cómodo, o critério do *quantum* recebido a título de sinal e da sua multiplicação por dois[94].

Daí que se o autor não formula na petição inicial, nem em ulterior ampliação, pedido de juros de mora, o tribunal não pode condenar o réu no pagamento desses juros, em obediência ao princípio do pedido (art. 609º, n.º1, do Código de Processo Civil)[95].

do S.T.J., de 6 de Junho de 2004 (Processo n.º 03B4295); acórdão do S.T.J., de 31/5/2005 (Processo n.º 05B1494); acórdão do Tribunal da Relação de Lisboa, de 28/6/2007 (processo n.º 3607/2007-2).

[93] Cfr. acórdão do S.T.J., de 6 de Julho de 1989, «B.M.J.», n.º 389, p. 556; acórdão Relação de Coimbra, de 12 de Janeiro de 1993, *in* "Colectânea de Jurisprudência", 1993, I, p.13; acórdão do S.T.J., de 6 de Junho de 2004 (Processo n.º 03B4295); acórdão do S.T.J., de 31/5/2005 (Processo n.º 05B1494).

[94] Nos termos do Assento do S.T.J. n.º 4/94, de 26 de Janeiro de 1994, publicado no *Diário da República* de 23 de Março de 1994, «a dívida de restituição do sinal em dobro, por incumprimento de contrato-promessa de compra e venda de coisa imóvel, celebrado por um dos cônjuges, comerciante, no exercício da sua actividade comercial, como promitente-vendedor, é da responsabilidade de ambos os cônjuges, nos termos e com as ressalvas previstas no artigo 1691.º, n.º 1, alínea *d*), do Código Civil». O mesmo se dirá se o sinal entregue por não comerciante, inadimplente, tiver beneficiado o património do casal (art. 1691.º, n.º 1, al. *c*) – acórdão do S.T.J. de 3/11/05 (Processo n.º 05B2463).

[95] Cfr. Acórdão de Uniformização de Jurisprudência do S.T.J. de 14/5/2015 (Processo n.º 1520/04.3TBPBL.C1.S1-A).

39. Carácter geral da 2.ª parte do n.º 2 do art. 442.º

A segunda nota prende-se com a questão de saber qual o objecto do contrato prometido.

Nos termos do n.º 2 do art. 442.º, a parte que constitui o sinal, se o não cumprimento do contrato for devido ao *accipiens*, tem a *faculdade de exigir como indemnização, em vez do dobro do sinal, «se houve tradição da coisa a que se refere o contrato prometido, o seu valor*, ou o do direito a transmitir ou a constituir sobre ela...».

Aplicar-se-á esta parte do preceito a todos os contratos-promessa com tradição da coisa? Ou, ao invés, restringir-se-á a sua aplicação à promessa relativa à celebração de contrato oneroso de transmissão ou constituição de direito real sobre edifício, ou fracção autónoma dele, já construído, em construção ou a construir, prevista no n.º 3 do art. 410.º?[96].

Não descortinamos razões válidas para restringir o âmbito de aplicação da 2.ª parte do n.º 2 do art. 442.º à promessa prevista no n.º 3 do art. 410.º. Pensamos, sim, que é aplicável a todos os contratos-promessa com tradição da coisa a que se refere o contrato prometido, independentemente do objecto deste: coisa móvel ou coisa imóvel, prédio rústico ou prédio

[96] O ponto era controvertido na vigência do Decreto-lei n.º 236/80, dividindo-se a doutrina e a jurisprudência. Na doutrina, a favor da aplicação geral dos n.os2 (2.ª parte) e 3 do art. 442.º, na redacção dada pelo Decreto-lei n.º 236/80, cfr. VASCO XAVIER, *Contrato-promessa: Algumas notas sobre as alterações do Código Civil constantes do Decreto-lei n.º 236/80, de 18 de Julho* (Separata da "Revista Direito e Estudos Sociais"), Coimbra, 1983, p. 42; ALMEIDA COSTA, *Direito das obrigações, cit.*, p. 263 e 282; LEBRE DE FREITAS, *O contrato-promessa e a execução específica, in* «B.M.J.», n.º 333, p.16; CALVÃO DA SILVA, *Contrato-promessa, cit.*, n.º 13. A favor da aplicação restrita, cfr. RUI ALARCÃO, *Direito das Obrigações* (texto elaborado por J. SOUSA RIBEIRO, J. SINDE MONTEIRO, ALMENO DE SÁ e J. C. PROENÇA, com base nas Lições do Prof. Doutor RUI ALARCÃO), ed. policopiada Coimbra, 1983, p. 156 e 157; ANTUNES VARELA, na «Revista de Legislação e Jurisprudência», ano 117.º, p.192; *idem, Das obrigações em geral*, I, 4.ª ed., p. 294, *in fine*, e 295; PIRES DE LIMA e ANTUNES VARELA, *Código Civil anotado*, I, 3.ª ed., p. 396; GALVÃO TELLES, *Direito das obrigações*, 5.ª ed., p.117; MENEZES CORDEIRO, *O novo regime do contrato-promessa*, B.M.J., n.º 306, p. 36 e 37.
Na jurisprudência, a favor da aplicação genérica, cfr. os acórdãos do Supremo Tribunal de Justiça, de 10 de Novembro de 1983 («B.M.J.», n.º 331, p. 527), de 20 de Novembro de 1984 «B.M.J.», n.º 341, p. 437), de 7 de Maio de 1985 («B.M.J.», n.º 347, p. 384), de 2 de Julho de 1985 «B.M.J.», n.º 349, p. 437), de 31 de Outubro de 1985 («B.M.J.», n.º 350, p. 336 e ss.); a favor da aplicação restrita, cfr. os acórdãos de 6 de Janeiro de 1983 («B.M.J.», n.º 323, p. 359), de 7 de Julho de 1983 («B.M.J.», n.º 329, p. 532), de 11 de Abril de 1985 («B.M.J.», n.º 346, p. 221).

urbano, edifício (ou sua fracção autónoma) já construído, em construção ou a construir, destinado a habitação ou a fim não habitacional (comércio, indústria, profissão liberal, escritórios, garagem, etc.). A razão decisiva deste entendimento reside no facto de o Decreto-lei n.º 379/86 ter vindo alterar o Código Civil na parte relativa ao contrato-promessa, retocando o seu regime geral[97] e não se ter limitado a introduzir uma disciplina especial e de excepção para determinado ou determinados contratos-promessa.

Por outro lado, a querer circunscrever o art. 442.º, n.º 2, 2.ª parte, aos contratos-promessa previstos no n.º 3 do art. 410.º, o legislador tê-lo-ia feito expressamente[98], tal como o fez no novo n.º 3 do art. 830.º – e no n.º 4 do mesmo preceito. Assim não tendo procedido, e porque o regime jurídico introduzido pelo Decreto-lei n.º 379/86 é de aplicação genérica e não restrita, salvo se esta resulta do novo texto dos artigos, a 2.ª parte do n.º 2 do art. 442.º tem carácter geral, aplicável a todos os contratos-promessa com *traditio* da coisa, objecto do contrato prometido[99].

40. Determinação do valor da coisa ou do direito à data do incumprimento da promessa

A terceira nota respeita ao *valor da coisa* (ou do direito a transmitir ou a constituir sobre ela, v.g. usufruto, uso e habitação, superfície, habitação periódica, etc.), objecto do contrato prometido, à data do incumprimento,

[97] Repare-se que, salvo o art. 411.º, todos os demais preceitos foram alterados, pois se mostrava necessário rever o disposto pelo Decreto-Lei n.º 236/80 – reconhecendo-se «que resultou pouco feliz a redacção de alguns dos seus preceitos, designadamente enquanto se integraram no regime geral do contrato-promessa sem uma delimitação precisa do âmbito de aplicação – e foi aproveitada «a oportunidade para eliminar certas dúvidas que o primitivo texto do Código Civil já suscitava» (n.º 1 do preâmbulo do Decreto-lei n.º 379/80).

[98] Era essa a proposta contida no articulado que acompanhava o nosso estudo *Contrato-promessa, cit.*, art. 442.º, n.3.º, intencionalmente contrária à interpretação que entendíamos mais curial do texto positivo. De realçar que o legislador ampliou o âmbito de aplicação do n.º 3 do art. 410.º, abrangendo quaisquer contratos prometidos dirigidos à transmissão ou constituição onerosa de direitos reais.

[99] Cfr. Calvão da Silva, *Cumprimento e sanção pecuniária compulsória*, Coimbra, 1987, p. 310 e segs.. No mesmo sentido, Menezes Cordeiro, *A excepção do cumprimento do contrato promessa* (art. 442.º, n.º 3, 2.ª parte, do Código Civil, na redacção dada pelo Decreto-lei n.º 379/86, de 11 de Novembro), na Tribuna da Justiça, n.º 27, Março de 1987, p. 7.

que a parte (tradens do sinal) não faltosa pode exigir, como indemnização, em vez do sinal dobrado (art. 442.º, n.º 2, 2.ª parte) *e, portanto, só se houver sinal.*

Em primeiro lugar, manteve-se a *traditio rei* como requisito do direito ao valor da coisa ou do direito a constituir ou transmitir sobre ela[100].

Em segundo lugar, precisa-se a referência ao valor da coisa, tendo sido consagrada a tese defendida pelo saudoso Prof. VASCO XAVIER.

«A referência ao valor que a coisa tiver ao tempo do incumprimento, escreve VASCO XAVIER, não deve, em nossa opinião, ser tomada estritamente à letra. É que haverá que deduzir a este valor o montante do preço convencionado. Só à eventual diferença terá direito o promitente-comprador, na hipótese encarada pelo preceito»[101], «sem prejuízo de ter direito a reaver a quantia que entregara como sinal»[102-103].

Em terceiro lugar, no n.º 4 do art. 442.º – como no n.º 3, 2.ª parte – fala-se de «aumento do valor da coisa ou do direito à data do não cumprimento». É a opinião por nós defendida[104].

Em regra, o aumento do valor da coisa verificado entre a data da celebração e a do incumprimento será a diferença entre o valor actual (ao tempo do incumprimento) da coisa e o montante do preço convencionado. O que acontecerá quando este traduza (sensivelmente) o valor objectivo da coisa ao tempo da celebração do contrato-promessa. Quando assim não suceda, v.g. se o preço convencionado é bastante inferior (preço de favor ou preço afectivo, etc.) àquele que o promitente *accipiens* do sinal normalmente

100 No sentido de que o direito ao valor da coisa se justifica ainda no caso de contrato-promessa sem tradição da coisa, cfr. ANTUNES VARELA, *Das obrigações em geral*, I, cit., p. 283, nota 1; PIRES DE LIMA e ANTUNES VARELA, *Código Civil anotado*, I, cit., p.396; LEBRE DE FREITAS, *ob. cit.*, p. 20; CALVÃO DA SILVA, *Contrato-promessa*, cit., n.º 24.

101 *Contrato-promessa, cit.*, p. 34.

102 VASCO XAVIER, *Contrato-promessa, cit.*, p. 34, nota 30, desenvolvendo o ponto nas p. 36 e 37. Nesta parte o legislador preceitua a «restituição do sinal e da parte do preço» (art. 442.º, n.º 2, *in fine*), quando a *pars pretii* paga tem carácter de sinal presumido no contrato-promessa (art. 441.º).

103 A posição de VASCO XAVIER foi adoptada por ALMEIDA COSTA, *Direito das obrigações*, cit., 4.ª ed., p.283 e ss.. Cfr. GALVÃO TELLES, *Direito das obrigações*, 5.ª ed., Coimbra, 1986, p. 117, nota 1, transcrevendo um parecer inédito, de 29 de Junho de 1984.

104 Cfr. CALVÃO DA SILVA, *Cumprimentro*, cit., n.º 78, p. 288 e ss.; IDEM, *Contrato-promessa*, cit., n.º 23. No mesmo sentido, cfr. acórdão da Relação de Lisboa, de 23 de Junho de 1994 (inédito); acórdão do Supremo Tribunal de Justiça, de 12 de Janeiro de 2010 (Processo n.º 899/05.4TVLSB.L1.S1).

praticava à data da conclusão do contrato e ao preço corrente no mercado nesse momento, a indemnização a que o promitente *tradens* do sinal tem direito será apenas o *aumento do valor da coisa ou* do direito à datado não cumprimento (art. 442.º n.º 4, *in fine*), determinado objectivamente: diferença entre o valor objectivo actual e o valor objectivo ao tempo da celebração do contrato.

A formulação do n.º 4, «na ausência de estipulação em contrário, *não há lugar*, pelo não cumprimento do contrato, *a qualquer outra indemnização*, nos casos de perda do sinal ou de pagamento do dobro deste, ou *do aumento do valor da coisa ou do direito à data do não cumprimento*», é mais elástica do que a do n.º 2, *in fine*, pois além da realidade traduzida por esta abrange outras situações como a referida e aproxima-se mais do regime próprio da *dívida de valor* que, no fundo, motivou a alternativa (direito ao valor da coisa) concedida ao *tradens* do sinal como indemnização, em vez do sinal dobrado[105] – o que é importante, pois pode nem sequer haver propriamente um preço convencionado (pense-se na troca).

A interpretação que fazemos não passa da aplicação até ao fim da *ratio legis* da parte final do n.º 2 do art. 442.º, relativa à determinação do valor da coisa (ou do direito): evitar um «regime claramente desrazoável – e, mais do que isso, de insuportável iniquidade –, pois importaria um injustificável enriquecimento do contraente insatisfeito» (Vasco Xavier)[106]; «impõe a lei que se atenda sempre ao valor objectivo à data do incumprimento, pois, embora haja uma violação da promessa, não se justifica o locupletamento à custa do contraente faltoso» (Almeida Costa)[107].

Figuremos um exemplo: **A** e **B** celebram um contrato-promessa de compra e venda de um prédio com entrega imediata a **B**, promitente-comprador; estipularam um preço afectivo de 5.000 euros, recebendo **A**, a título de sinal, 1.500 euros, mas o valor objectivo (que **A** praticava normalmente ao tempo da celebração da promessa, preço corrente no mercado nessa data) do prédio nesse momento era de 25.000 euros. Se, à data do não cumprimento da promessa por **A**, o valor objectivo do prédio for de 35.000 euros, seria claramente desrazoável e iníquo que **B** pudesse exigir a indemnização de 30.000 euros – importância resultante da aplicação literal do critério

[105] Cfr. Calvão da Silva, *Cumprimento*, cit., p. 288, nota 524, e p. 312 e 313.

[106] *Contrato-promessa*, cit., p. 34.

[107] Na *Revista de Legislação e Jurisprudência*, ano 119, p. 351.

expresso na parte final do n.º 2 do art. 442.º: dedução do preço convencionado (5.000 euros) ao valor objectivo do prédio (35.000 euros) à data do não cumprimento da promessa – mais a restituição do sinal. Só a aplicação racional do critério legal, *eadem ratio ou* mesmo por maioria de razão (dado o maior locupletamento do promitente-comprador), evita resultado tão injusto, deduzindo o valor objectivo da coisa ao tempo da promessa (25.000 euros), pois, conquanto haja uma violação do contrato-promessa, não se justifica tamanho locupletamento à custa do contraente faltoso.

Não se argumente contra a interpretação expendida – favorecida pela formulação dos n.os3 e 4 na parte em que refere o «*aumento do valor*» (e não o aumento do preço) da coisa ou do direito à data do não cumprimento, já que, no exemplo dado, o aumento do valor real do prédio é apenas de 10.000 euros e não de 30.000 euros – com as incertezas e perplexidades que a fixação do valor objectivo da coisa, reportado à data da promessa, inevitavelmente suscitaria[108]. É que à parte interessada em afastar a presunção, derivada da experiência e regras da vida, de que o preço estipulado traduz o valor real da coisa, não será difícil demonstrar este com base nos próprios critérios contidos no art. 883.º, preceito que evidencia não ser o preço elemento essencial do negócio.

Não se argumente ainda, contra a tese explanada, que «o beneficiário da promessa não cumprida deve ser indemnizado do prejuízo que a violação do contrato lhe causou. Ora, esse prejuízo – o *dano* sofrido – mede-se pela diferença entre o preço convencionado e o valor da coisa à data do incumprimento»[109]. Não é exacto que assim seja e, precisamente por não ser exacto, é que o n.º 4 do mesmo art. 442.º estatui: «na ausência de estipulação em contrário, *não há lugar,* pelo não cumprimento do contrato, *a qualquer outra indemnização, nos casos de* perda do sinal ou de pagamento do dobro deste, ou *do aumento do valor da coisa ou do direito à data do não cumprimento*». A regra do *quantum respondeatur* não é, portanto, o princípio geral da obrigação de indemnização, já que o *aumento do valor* não contém outros prejuízos, danos emergentes e lucros cessantes, que o incumprimento tenha causado ao promitente-comprador[110]; só se houver estipulação em contrário

[108] ALMEIDA COSTA, na *Revista de Legislação e Jurisprudência*, ano 119, p. 351.

[109] ALMEIDA COSTA, na *Revista de Legislação e Jurisprudência*, ano 119, p. 351.

[110] Cfr. VASCO XAVIER, *Contrato-promessa, cit.*, p. 34 e ss.; CALVÃO DA SILVA, *Cumprimento, cit.*, n.º 77, p. 285 e ss..

é que o promitente-comprador poderá ir buscar indemnização de dano maior (se) *provado*, tendo em conta o disposto no art. 801.º, normalmente o art. 801.º, n.º 2, e a inerente tutela do interesse contratual negativo.

Do que não pode duvidar-se é da natureza indemnizatória do "aumento do valor da coisa", em alternativa ao dobro do sinal, como indemnização compensatória (e não moratória) *do incumprimento definitivo*. Neste sentido, entretanto: acórdão do Supremo Tribunal de Justiça de 23 de Setembro de 2004 (Processo 04B2296): "a indemnização prevista na 2.ª parte do n.º 2 do art. 442 do Código Civil – valor da coisa (...) – é devida desde que (...) houve tradição da coisa (...). Natureza diferente não pode extrair-se de todo o regime do art. 442.º, com o próprio n.º 4 a qualificar de indemnização o aumento do valor da coisa: «não há lugar a *qualquer outra indemnização*, no caso de (...) aumento do valor da coisa (...)»; acórdão do Supremo Tribunal de Justiça, de 12 de Janeiro de 2010 (Processo n.º 899/05.4TVLSB.L1.S1: "o valor da coisa, ao tempo do incumprimento, a que o promitente-comprador tem direito, como *indemnização compensatória*, significa que esta se fixa pelo valor intercalar da coisa, ou seja, subtraindo-se ao valor da coisa, no momento do incumprimento, o valor da coisa, na data da celebração do contrato-promessa, aditando-se, seguidamente, o montante do sinal".

Daí poder considerar-se implícito o pedido "subsidiário" do dobro do sinal no pedido do valor da coisa, como mostramos já de seguida.

41. O pedido do valor da coisa e a condenação no dobro do sinal (art. 609.º do C.P.C.) se não provada a tradição

Nos termos sobreditos, o n.º 2 do artigo 442.º faculta de indemnização: o dobro do sinal, se não tiver havido tradição da coisa objecto do contrato prometido; *o dobro do sinal ou o valor da coisa, se tiver havido "traditio rei"* – entrega ou transmissão da detenção material ou simbólica, v.g. entrega das chaves (art. 1263, al.*b*)), prática de actos materiais que estabeleçam uma relação de facto do promitente-comprador com a coisa (art. 1263, al. *a*)), numa palavra, "abandono" da coisa pelo promitente-vendedor e correspondente "*apprehensio*" ou tomada de poder sobre ela pelo promitente-comprador.

Onde for de concluir pela inexistência da alegada "traditio rei", deve o tribunal condenar na restituição do dobro do sinal recebido: quem como indemnização *pede o mais* – o valor da coisa – pede o menos – o dobro do sinal –, *pedido este a poder considerar-se implicitamente contido naquele*. Em causa está a indemnização segundo as regras do sinal, que afastam a teoria da diferença entre a actual situação real e a actual situação hipotética do lesado (cfr. art. 566, n.º 2). E as regras do sinal são clara e seguras, na hipótese de incumprimento imputável ao promitente-vendedor: *dobro do sinal, não havendo tradição da coisa; dobro do sinal ou valor da coisa, havendo "traditio rei".*

Existindo "*traditio rei*", o credor pode pedir o dobro do sinal, em vez do valor da coisa. A escolha é sua, mas, nesse caso, o tribunal não pode condenar no pagamento do valor da coisa (art. 609.º, n.º 1, do Código de Processo Civil). Igualmente, e pela mesma razão (art. 609.º do Código do Processo Civil), se o credor pede o valor da coisa, havendo *traditio*, o tribunal não pode condenar o devedor na restituição do sinal em dobro.

Mas a alegação, não provada, da existência de "traditio rei" – pressuposto da indemnização traduzida no valor da coisa – *não pode impedir o tribunal de condenar o devedor no pagamento do dobro do sinal, quantidade inferior da indemnização que se pede.*

De acordo com o n.º 1 do art. 609.º do Código do Processo Civil, a sentença, neste caso, *condenará em quantidade inferior e não em objecto diverso do pedido,* não se incorrendo, portanto, na nulidade prevista na al. *e*) do n.º 1 do art. 615.º do Código do Processo Civil: pedida a indemnização medida pelo valor da coisa, com fundamento na alegada mas não provada *traditio,* o tribunal condenará o promitente-vendedor a indemnizar em quantidade inferior, fixada *ex ante* pela própria lei no dobro do sinal quando não se verifique a tradição antecipada da coisa. Do mesmo modo, *o pedido de restituição do sinal em singelo ou em dobro contém em si, implicitamente, o pedido de resolução do contrato*[111].

42. A supérflua e inadequada referência à execução específica na 1.ª parte do n.º 3 do art. 442.º

A quarta nota tem a ver com a referência à execução específica do contrato feita no n.º 3 do art. 442.º.

[111] Cfr. João Calvão da Silva, *Tradição da coisa e indemnização alternativa por incumprimento de promessa sinalizada,* in Revista de Legislação e Jurisprudência, ano 133, p. 363; sufragando esta tese, cfr. acórdão do S.T.J., de 4 de Abril de 2002, "Colectânea de Jurisprudência", 2002, t. I, p. 151 e segs. (p. 154); acórdão do S.T.J. de 17 de Fevereiro de 2005 (Processo n.º 05/B089); acórdão do Supremo Tribunal de Justiça, de 2 de Dezembro de 2008 (Processo n.º 08A2653); acórdão da Relação de Lisboa, de 23 de Junho de 2009 (Processo n.º 10505/2008-7).

Diz assim: «Em qualquer dos casos previstos no número anterior, o contraente não faltoso pode, em alternativa, requerer a execução específica do contrato, nos termos do art. 830.º».

Não é exacto, em primeiro lugar, que o contraente não faltoso possa requerer a execução específica do contrato, nos termos do art. 830.º, em qualquer dos casos previstos no número anterior. O n.º 2 do art. 442.º, primeira parte, refere-se a todos os contratos, enquanto o art. 830.º trata da execução específica do contrato-promessa. Logo, o legislador disse mais do que queria, devendo proceder-se a uma interpretação restritiva do n.º 3, 1.ª parte, do art. 442.º: em qualquer dos casos atinentes ao contrato-promessa previstos no número anterior, o contraente não faltoso pode, em alternativa à indemnização (retenção do sinal, restituição do sinal em dobro, aumento do valor da coisa ou do direito), requerer a execução específica do contrato, nos termos do art. 830.º.

Corresponde isto a dizer que a *traditio rei não constitui requisito da execução específica,* já que a indemnização consistente na retenção do sinal ou na restituição do sinal em dobro não está subordinada à entrega antecipada do objecto do contrato prometido. Assim, a *traditio rei apenas condiciona a indemnização traduzida no aumento do valor da coisa, mas não já a execução específica*[112].

Em segundo lugar, os termos em que o contraente não faltoso pode requerer a execução específica são os do art. 830.º Quais são eles? Há que fazer uma distinção.

Nas promessas a que se refere o n.º 3 do art. 410.º, o direito à execução, específica não pode ser afastado pelas partes; logo, imperatividade da execução específica, com a consequente nulidade de cláusula contrária à lei, haja ou não sinal, haja ou não *traditio rei,* já que o n.º 3 do art. 830.º não distingue.

Na generalidade dos contratos-promessa, a execução específica pode ser afastada por convenção das partes, constituindo presunção ilidível dessa mesma convenção a existência de sinal ou de uma pena para o caso de incumprimento (art. 830.º, n.os 1 e 2).

[112] É esta hoje a solução consagrada pelo assento do Supremo Tribunal de Justiça, de 19 de Dezembro de 1989, que diz como segue:
"No domínio dos artigos 442.º, n.º 2, e 830, n.º 1, do Código Civil, com a redacção introduzida pelo Decreto-Lei n.º 236/80, de 18 de Julho, o direito à execução específica não depende de ter havido tradição da coisa, objecto do contrato-promessa, para o promitente-comprador" (Diário da República, de 23 de Fevereiro de 1990; "BMJ" n.º 392, p. 139 e ss.).

Nada se diz quanto à *traditio rei* como requisito da execução específica. Consequentemente, nos termos do art. 830.º, n.os 1 e 2, o direito à execução específica existe na falta de convenção em contrário, sempre que a isso se não oponha a natureza da obrigação assumida, sem mais requisitos ou condições. Designadamente, não é requisito da execução específica a tradição da coisa objecto do contrato prometido.

Assim sendo, a referência à execução especifica no n.º 3 do art. 442.º é meramente remissiva para o art. 830.º, *sedes materiae,* preceito onde se estabelece quem, quando e em que condições pode obter sentença que produza os efeitos da declaração negocial do faltoso.

Porém, no preâmbulo do Decreto-lei n.º 379/86, pode ler-se: «Não deve, por outro lado, considerar-se supérflua a remissão para o art. 830.º, a propósito da execução específica, pois *esta nem sempre é admitida*» (n.º 3)[113].

Terá querido o legislador, através do n.º 3, 1.ª parte, do art. 442.º, facultar sempre a execução específica do contrato-promessa acompanhado de sinal, haja ou não tradição da coisa, pois aquela nem sempre é admitida no art. 830.º?

Deve excluir-se esta interpretação. De outro modo, constituiria um *non-sense* a restauração do n.º 2 do art. 830.º, segundo o qual a existência de sinal vale presunção relativa de convenção contrária à execução específica. E se no Decreto-lei n.º 236/80 a *colisão normativa* (entre o art. 442.º, n.º 2, *in fine,* e o art. 830.º) não existia – dada a revogação do primitivo (agora repristinado) n.º 2 do art. 830.º, podendo ainda explicar-se a remissão feita para este preceito pelo art. 442.º, n.º 2, como forma de *redizer* e *reforçar*[114] o que estava claramente dito no art. 830.º, n.º 1, conjugado com a eliminação do primitivo n.º 2 do mesmo preceito –, hoje, a dar-se aquele entendimento (inculcado pelo preâmbulo) ao art. 442.º, n.º 3, a colisão normativa será inevitável. Só assim não acontecerá, se considerarmos a referência feita no art. 442.º, n.º 3, à execução específica do contrato, como uma menção remissiva para o art. 830.º, sede da matéria, cujo âmbito não alarga nem restringe – portanto, uma remissão perfeitamente supérflua e dispensável[115].

[113] No mesmo sentido, cfr. ALMEIDA COSTA, na *Revista de Legislação e Jurisprudência,* ano 119, p. 352.

[114] Cfr. o nosso *Contrato-promessa, cit.*, n.º 17.

[115] Cfr. CALVAO DA SILVA, *Contrato-promessa,* cit., n.os 17 e 18. No sentido do texto veja-se GALVÃO TELLES, *Direito das Obrigações,* 6.ª ed., p. 136 e 137; 7.ª ed., p. 152 e 153.

Mais: *o recurso à execução específica – que não passa do direito ao cumprimento* (realização da prestação pelo devedor), através dela se obtendo o mesmo resultado prático deste, com a sentença (constitutiva) a produzir os efeitos da declaração do faltoso – *por parte do credor só tem sentido quando perdure o interesse deste na execução (ainda) possível, embora retardada, do contrato-promessa.*

Isto é, o *recurso à execução específica pressupõe um atraso* no *cumprimento ou provisório incumprimento (simples mora, recusa de cumprimento da promessa), e o credor lança mão dele para evitar o incumprimento definitivo ou falta definitiva de cumprimento, justamente porque ainda é possível e útil para si o resultado prático do cumprimento (execução) retardado.*

Sempre que haja incumprimento definitivo ou falta definitiva de cumprimento, *não tem cabimento a execução específica*, recorrendo o credor à resolução (extinção) do contrato, com a indemnização compensatória determinada nos termos do art. 442.º.

Também por isto, porque o recurso à execução específica só tem real sentido no caso de mora e o direito a uma indemnização calculada com base no regime do sinal foi sempre concebido, e vertido no próprio texto da lei, para a hipótese de não cumprimento definitivo, não é correcto o legislador fazer qualquer referência à faculdade de execução específica no art. 442.º. Devia ter mantido a estrutura primitiva do Código Civil, regulando a execução específica do contrato-promessa no art. 830.º e o sinal no art. 442.º, enquanto sanção indemnizatória do imputável incumprimento definitivo ou falta definitiva de cumprimento. Pelo que afigura-se-nos ser de reputar não escrita a primeira parte do n.º 3 do art. 442.º[116].

43. Inaplicabilidade do regime do sinal à mora

O que acaba de dizer-se conduz-nos à quinta nota. Trata-se da 2.ª parte do n.º 3 do art. 442.º. Reza assim:

> «Se o contraente não faltoso optar pelo aumento do valor da coisa ou do direito, como se estabelece no número anterior, pode a outra parte opor-se ao exercício dessa faculdade, oferecendo-se para cumprir a promessa, salvo o disposto no art. 808.º».

[116] Cfr., sobre o ponto, Calvão da Silva, *Cumprimento*, cit., p.313 e ss.; Antunes Varela, na *Revista de Legislação e Jurisprudência*, ano 119, p. 219, nota 1; Menezes Cordeiro, A *excepção do cumprimento*, cit., p. 6, nota 32.

Inculca, a parte transcrita, a ideia de aplicabilidade na mora da faculdade reconhecida ao *tradens* do sinal, contraente não faltoso, de exigir o aumento do valor da coisa ou do direito. Mas será assim?

A resposta implica uma análise de todo o art. 442.º, de modo que haja harmonia e congruência no regime do sinal.

Assim, em *primeiro lugar*, importa ver o que é que o n.º 2 do art. 442.º preceitua, uma vez que a própria 2.ª parte do n.º 3 o refere, quando diz: «se o contraente não faltoso optar pelo aumento do valor da coisa ou do direito, *como se estabelece no número anterior...*».

Começando por estatuir «se quem constitui o sinal *deixar de cumprir* a obrigação...», a fórmula «*deixar de cumprir*» é equivalente a incumprimento definitivo, pressuposto a que anda associada a perda do sinal pelo *tradens*.

Em seguida, «se o *não cumprimento* do contrato for devido..., tem aquele a faculdade de exigir o *dobro do* que prestou», significa que o *tradens* tem o direito de exigir a *restituição do sinal* entregue, como efeito da *resolução por incumprimento* (se o sinal, for confirmatório) ou da desistência do contrato pelo exercício do direito de retractação ou arrependimento (se o sinal for penitencial), mais uma quantia de montante igual ao sinal como indemnização compensatória pré-fixada ou correspectivo (preço) do *droit de repentir (Reugeld)*.

Por fim, «ou, se houve tradição da coisa a que se reporta o contrato prometido, o *seu valor*, ou o do direito a transmitir ou a constituir sobre ela, determinado objectivamente, *à data do não cumprimento da promessa, com dedução do preço convencionado, devendo ainda ser-lhe restituído o sinal e a parte do preço que tenha pago*», equivale a dizer que esta faculdade anda inequivocamente ligada à resolução ou destruição do contrato-promessa. Ao passo que se associada à mora e execução específica, o promitente-comprador teria a obrigação de pagar o preço estipulado, no qual o sinal entregue seria imputado.

Em *segundo lugar*, dir-se-á que esta conclusão, a conclusão de que a faculdade de optar pelo valor da coisa anda ligada à resolução ou destruição do contrato-promessa acompanhado de *traditio rei*, é plenamente confirmada pelo preâmbulo do Decreto-lei n.º 236/80, que a introduziu. «Relativamente à *resolução do contrato*, lê-se aí, mantém-se, em princípio, a regra actual – havendo sinal passado – da perda deste ou da sua restituição em dobro, conforme o outorgante causador da resolução. Estabelece-se, porém, que, no caso de ter havido tradição da coisa para o promitente-comprador, em que se criou forte expectativa de estabilização do negócio e uma situação de facto socialmente atendível, a *indemnização devida por causa da resolução do contrato* pelo promitente-vendedor seja o valor que a coisa tiver ao tempo do incumprimento (...), conferindo-se ao promitente-comprador o direito de retenção da mesma coisa por tal crédito»[117].

Em *terceiro lugar,* a primeira parte do n.º 3 pode também confirmar a mesma conclusão. Ao estabelecer – embora em termos supérfluos e menos adequados – que «em qualquer dos casos previstos no número anterior, o contraente não faltoso pode, *em alternativa,* requerer a execução específica do contrato, nos termos do art. 830.º», esta faculdade é reconhecida em alternativa ao direito de resolução e respectiva indemnização compensatória disciplinado no número anterior. Só relativamente ao direito de resolução (e respectiva indemnização), que acarreta a destruição do contrato e a restituição do que as partes houverem recebido (arts. 433.º e 434.º), a execução específica é alternativa, pela qual o credor, no caso o promitente-comprador, opta se ainda for possível e útil para si o cumprimento ou o resultado prático do cumprimento (execução) retardado.

Isto equivale a dizer que o promitente-comprador só opta pela execução específica, se o art. 830.º lho permitir, no caso de mora ou provisório inadimplemento, a fim de evitar o incumprimento definitivo ou falta definitiva de cumprimento, precisamente porque mantém o interesse na prestação que lhe é devida, não obstante o atraso no adimplemento. E com ela, com a execução específica, pode cumular a indemnização moratória, a determinar segundo as regras gerais.

Logo que haja incumprimento definitivo, não tem cabimento a execução específica, recorrendo o credor à resolução (extinção) do contrato, com a indemnização determinada nos termos do art. 442.º.

Daí afirmarmos que a primeira parte do n.º 3 é supérflua e mesmo inadequada ou incorrecta: supérflua, porque não acrescenta nada ao art. 830.º, *sedes materiae* da execução específica, a que o credor recorre em caso de mora; incorrecta, porque inculca a ideia de a execução específica poder funcionar no caso de incumprimento definitivo, em alternativa ao direito de resolução e respectiva indemnização regulado no número anterior.

Em *quarto lugar,* do próprio n.º 4 do art. 442.º resulta claramente a ideia de que o aumento de valor da coisa ou do direito, a perda do sinal ou o

[117] N.º 2 do preâmbulo do Decreto-lei n.º 236/80.

pagamento do dobro deste são a indemnização devida pelo *não cumprimento* do contrato, não havendo lugar a qualquer outra indemnização na ausência de estipulação em contrário.

Em *quinto lugar,* dos termos do n.º 1 do art. 442.º resulta inequívoca e decisivamente que, no caso de cumprimento (tempestivo ou atrasado) do contrato, o sinal deve ser imputado na prestação devida, ou restituído quando a imputação não for possível. Isto é, o destino do sinal, no caso de adimplemento da obrigação, não é o do cúmulo com o cumprimento, mas o da sua computação na prestação devida ou o da sua restituição, se aquela não for possível. Pelo que, na fisionomia legal, não cabe um sinal moratório cumulável com o cumprimento, nem, portanto, a opção pelo valor da coisa, faculdade conferida ao promitente-comprador em vez do sinal dobrado, como actualização deste.

Em *sexto lugar, não é de crer na sobreposição da tutela moratória e da tutela compensatória nos mesmos termos e no mesmo artigo.* Seria estranho que o legislador – «um legislador razoável, quer na escolha da substância legal, quer na sua formulação técnica»[118], que o intérprete deve presumir na fixação do sentido e alcance da lei (art. 9.º, n.º 3) – previsse a mesma sanção indemnizatória para dois ilícitos tão distintos, a mora e o incumprimento definitivo, e de possíveis consequências tão diversas. Não se perceberia o «desaparecimento» desta *summa divisio* – mora e incumprimento definitivo – no contrato promessa acompanhado de sinal, com o promitente-comprador a poder ver na simples mora um incumprimento definitivo e resolver imediatamente o contrato, quando a regra – a boa regra – é a de só o inadimplemento significativo ou de não escassa importância, que justifique objectivamente o desaparecimento do interesse do credor na manutenção do contrato de modo directo ou pela conversão da mora em incumprimento definitivo (art. 808.º), conferir esse direito potestativo de resolução. *Nem seria razoável a lei substituir-se às partes e julgar sempre suficientemente grave qualquer mora no contrato-promessa sinalizado, a ponto de a ficcionar igual ou equiparada a incumprimento definitivo, como se a estipulação de sinal equivalesse a um termo essencial ou a uma cláusula resolutiva expressa* (cfr. *infra*, n.º 46) – entendimento adoptado, entretanto, no acórdão do S.T.J. de 29/11/2006 (Processo n.º 06A3723). Mais: não se perceberia nem seria razoável que concebido o valor da coisa como e

[118] Manuel de Andrade, *Ensaio sobre a teoria da interpretação das leis,* 3.ª ed., Coimbra, 1978, p. 103.

apenas em alternativa ao dobro do sinal, tivesse este por pressuposto uma situação de incumprimento definitivo, *sensu proprio* – logo, incumprimento significativo ou suficientemente grave –, e aquele pudesse ser fundado em simples mora... transformada automaticamente em inadimplemento definitivo por *fictio legis* – a ficção, sem verosimilhança, de o sinal equivaler no contrato-promessa a um termo essencial ou a uma cláusula resolutiva –, quando ambos (valor da coisa e sinal dobrado) materializam a mesma realidade, a indemnização *compensatória* devida em caso de resolução por incumprimento definitivo imputável ao promitente-vendedor. No fundo, *semelhante argumentação procura ir ao encontro da (correcta e exacta) tese da resolução do contrato só por incumprimento definitivo*, deixando cair a resolução por simples mora – abandonada deliberadamente pelo Código Civil de 1966 –, *à custa, porém, da ficção de manifestação de vontade com base em sinal claramente insuficiente para ser visto como um termo essencial ou uma cláusula resolutiva expressa*.

Em *sétimo lugar*, a perda do sinal dobrado ou o valor da coisa ligados à simples mora não se apresentam seguramente como sanção razoável, proporcionada e realista, por maioria de razão num contrato preparatório de *futuro* contrato definitivo, como é o contrato-promessa, sobretudo da mais corrente promessa de compra e venda de andares em construção ou a construir, em que factores aleatórios múltiplos inerentes ao médio ou longo prazo da construção não depõem em prol de uma resolução automática por simples atraso (de um ou dois dias, porventura até por simples distracção ou esquecimento), impondo a lei a natureza absoluta e peremptória a um prazo a que a cláusula contratual não imprima de modo claro e inequívoca esse carácter essencial. Neste contrato, a opção pelo valor da coisa, alternativa ao dobro do sinal, não pode deixar de ter o mesmo pressuposto deste – o incumprimento definitivo – *nem pode ser transformada em mais uma simples interpelação do promitente-vendedor para que cumpra, sob pena de não cumprindo ser-lhe exigido e só poder ser-lhe exigido o aumento do valor da coisa*. Porquê este tratamento diferenciado, em benefício do infractor com prejuízo para o credor, se, por qualquer razão (v. g. crise no mercado imobiliário, com ulterior baixa súbita dos preços das casas), quisesse optar pelo dobro do sinal? A oferta do cumprimento pode ter lugar enquanto o credor não perder o interesse ou a mora não for convertida em incumprimento definitivo por interpelação admonitória, não se vendo outro alcance na ressalva do art. 808.º feita pelo art. 442.º, n.º 3, *in fine*.

Em *oitavo lugar*, o próprio direito de retenção – direito de retenção concedido ao promitente-comprador pelo Decreto-lei n.º 236/80, no n.º 3 do art. 442.º, e ampliado ao beneficiário da promessa de transmissão ou constituição de direito real pelo Decreto-lei n.º 379/86, na al. *f*) do n.º 1 do art. 755.º – não tem sentido na mora, hipótese em que o promitente--comprador ou mais amplamente o beneficiário da promessa de transmissão ou constituição de direito real que obteve a tradição da coisa, a que se refere o contrato prometido, não está obrigado a entregar essa coisa; a obrigação de entregar a coisa, cuja *traditio* obteve antecipadamente, é uma consequência da resolução de contrato-promessa válido e o direito de retenção sobre ela, que o legislador lhe veio conceder, é a garantia real do crédito resultante do não cumprimento ou incumprimento definitivo imputável à outra parte, nos termos do art. 442.º (art. 755.º, n.º 1, al. *f*)). Mais uma prova clara, portanto, de que a faculdade de exigir o valor da coisa tem lugar apenas no incumprimento definitivo e não no simples atraso ou mora.

44. A inaplicabilidade do regime do sinal à mora na doutrina e na jurisprudência

A inaplicabilidade do regime do sinal na mora é a boa regra na doutrina e na jurisprudência. Entre nós, expressamente neste sentido, podem ver-se GALVÃO TELLES e ANTUNES VARELA.

Para GALVÃO TELLES, «o sinal vale como cláusula penal *compensatória*, que supõe a rescisão do contrato-promessa por incumprimento definitivo, não sendo cumulável com a realização forçada (específica) do mesmo contrato. Não vale como cláusula penal *moratória*, isto é, para o caso de simples mora, não convertida em incumprimento definitivo nos termos do art. 808.º»[119], esclarecendo mais adiante que «com o pedido de execução

[119] *Direito das obrigações*, 5.ª ed., p. 95, nota 2. Veja-se, agora, a 7.ª ed., p. 128 e ss.: o sinal «desempenha uma função específica, equivalente à da cláusula penal (compensatória), qual seja a de constituir a prefixação convencional da indemnização a satisfazer, pela parte que deixe de cumprir (*definitivamente*) o contrato, à outra, no caso de esta resolver o mesmo contrato, com base nessa falta de cumprimento» (p. 128, *in fine*, p. 130). E mais adiante: «Por isso dispõe o art. 442.º, n.º 2 (...). *Isto pressupõe*, no entanto, *que haja incumprimento definitivo, e não simples mora*, e que o contraente agravado comunique ao outro a sua decisão de resolver o contrato, dando-o como desfeito» (p. 129).

específica poderá sempre cumular-se o pedido de indemnização *moratória*, pelos prejuízos sofridos com o *atraso* na efectivação da promessa»[120].

Segundo ANTUNES VARELA, «de harmonia com o regime estabelecido no direito português (...), *a perda do sinal* é uma sanção sempre colimada à *falta de cumprimento* da obrigação daquele que o constituiu (...). E pode ainda acrescentar-se, quer com base nos textos legais vigentes, quer por obediência ao espírito tradicional do instituto não afastado pelo novo Código, que a perda do sinal imposta a quem o constituiu anda indissoluvelmente ligada à resolução ou à *desistência* (ao recesso, como lhe chamam os autores italianos) do contrato, ou, pelo menos, ao seu *não cumprimento definitivo*»[121].

Depois de dizer ser este o alcance que correntemente se dava à constituição do sinal na vigência da lei anterior, ANTUNES VARELA informa que «a única voz discordante que se encontrou ao longo do percurso desta acidentada figura do *sinal*, no aspecto em exame, embora sem nenhum apoio na doutrina ou na jurisprudência anterior, é a de CUNHA GONÇALVES (*Tratado*, VIII, p. 401)»[122]. É de recordar, todavia, que *ao tempo sulcava a ideia da inexequibilidade in natura do contrato-promessa, por se entender estar em causa uma obrigação de facere infungível e incoercível, sujeita à regra nemo praecise potest cogi ad factum*. Como tal, ainda pode ter sentido a tese de CUNHA GONÇALVES, de que bastaria demonstrar a mora do outro contraente, para se ter o direito de recusar o sinal, ou exigir a estituição deste em dobro, visto que ao credor estava excluída a execução e se entendia ao tempo que havia resolução por mora. Daí que para CUNHA GONÇALVES qualquer das partes possa invocar a mora da outra, para resolver o contrato, com o direito de recusar o sinal, ou exigir o restituição deste em dobro, conforme for o dador ou o aceitante quem faltou ao prometido, «sem ter que discutir e provar, nem os motivos da inexecução, nem a importância do dano, nem sequer a inexistência deste, que pode ser nenhum».

Porém, *com o Código Civil de 1966 deixou de poder ser assim*: por um lado, foi *consagrada a execução específica*, forma requintada de o tribunal se sub-rogar ao promitente infiel em sentença constitutiva que produz os efeitos da declaração negocial do faltoso; por outro, a *simples mora não dá origem à resolução do contrato, requerendo-se um inadimplemento suficientemente grave*

[120] *Direito das obrigações*, 5.ª ed., p. 102, nota 1; 7.ª ed., p. 141.

[121] Na *Revista de Legislação e Jurisprudência*, ano 119, p. 216.

[122] *Lug. cit.*, nota 2.

ou significativo que justifique o desaparecimento do interesse do credor na manutenção do contrato, directamente ou pela conversão da mora em incumprimento definitivo, conforme o disposto no art. 808.º[123] – no mesmo sentido, a *Convenção de Viena de 1980* sobre a compra e venda internacional de mercadorias, que fala de *violação fundamental* do contrato como requisito da resolução do contrato (art. 49.º) ou de não respeito do prazo suplementar (art. 47.º); *Princípios Unidroit sobre Contratos Comerciais Internacionais* (art. 7.1.5 e art. 7.3.1).

Em Itália, abertamente no mesmo sentido podem ver-se:

TRABUCCHI: «o sinal é entregue só para o incumprimento, e não para o atraso no cumprimento»[124].

GIORGIO CIAN e A. TRABUCCHI: «o simples atraso e o incumprimento de escassa importância não provocam os efeitos dos números 2 e 3 da norma em exame (art. 1385.º), salva diversa manifestação de vontade contratual»[125].

DISTASO: «o sinal é entregue só para o inadimplemento, e não também para o atraso no cumprimento»[126].

D'AVANZO: «o simples atraso na execução (cumprimento) da prestação não tem relevância para o sinal»[127-128].

Na jurisprudência, o problema é tratado *ex professo*, de forma lapidar, pelo Supremo Tribunal de Justiça, em acórdão de 2 de Maio de 1985:

[123] Cfr. BAPTISTA MACHADO, *Pressupostos da resolução por incumprimento*, in Estudos em Homenagem ao Prof Doutor Teixeira Ribeiro, II, Boletim da Faculdade de Direito de Coimbra, p. 344 ess., *passim*; ANTUNES VARELA, *Das obrigações em geral*, II, p. 115; CALVÃO DA SILVA, *Cumprimento*, cit., p. 297 e ss., 316 e ss..

[124] *Istituzioni di diritto civile*, 28.ª ed., Padova, 1986, p. 618.

[125] *Commentario breve al Codice Civile*, 5.ª ed., Padova, 1997, anotação VIII 4 ao art. 1385.º.

[126] *I contratti in generale*, II, 1966, p. 793.

[127] *Caparra*, in *Novissimo Digesto Italiano*, II, p. 895.

[128] No mesmo sentido podem ver-se ainda: *Rassegna di giurisprudenza sul Codice Civile*, Milano, 1971, anotação ao art. 1385.º, p. 598 (o incumprimento é facto constitutivo da aplicação do regime do sinal, não estando prevista nem parecendo admissível a hipótese de sinal para o atraso); TRIMARCHI, *Caparra* (dir. civ.), *in Enciclopedia del diritto*, vol. VI, p. 195, autor que admite, todavia, que as partes possam estipular sinal moratório (nota 17).

«III – Os artigos 798.º, 801.º, 804.º e 808.º do Código Civil, aplicáveis aos contratos em geral, também são de observar quanto ao contrato-promessa;

IV – *A resolução da promessa e as sanções da perda do sinal ou da sua restituição em dobro (art. 442.º do Código Civil) só têm lugar no caso de inadimplemento definitivo da promessa;*

V – *Se houver simples mora da parte de algum dos promitentes, já não se aplica o disposto no art. 442.º, n.º 2, do Código Civil, embora o promitente lesado tenha direito a uma reparação pelos danos causados, nos termos do art. 804.º do Código Civil;*

VI – Também no contrato-promessa os dois casos previstos no art. 808.º do Código Civil são equiparados ao não cumprimento definitivo[129].

Mais recentemente, podem ver-se muitos outros arestos do Supremo Tribunal de Justiça no sentido da inaplicabilidade do regime legal do sinal em caso de simples mora. A título ilustrativo:

– Acórdão do S.T.J., de 19/5/2016 (Processo n.º 924/14.8TVLSB.C1.S1), n.º 1:

"Em litígio versando sobre o cumprimento de contrato-promessa, a invocação pelo credor da realização de interpelação admonitória ao devedor, sendo *pressuposto da conversão da mora em cumprimento definitivo*, assume a natureza de facto constitutivo essencial, relativamente ao direito potestativo de resolução, fundado em incumprimento da outra parte".

– Acórdão do S.T.J. de 11/2/2015 (Processo n.º 1392/05.OTBMCN.P1.S1), n.º III:

"Ao contrato-promessa de compra e venda aplicam-se as mesmas regras do contrato prometido, *sendo que só o incumprimento definitivo da prestação faculta ao contraente fiel a resolução do contrato (arts. 798º e 801º, n.º 2, ambos do CC)*".

[129] B.M.J., n.º 347, p.375 e ss.. No mesmo sentido, cfr. o acórdão do S.T.J., de 24 de Maio de 1983, no B.M.J., n.º 327, p. 653 e ss.; em sentido diferente, cfr. o acórdão do S.T.J., de 18 de Novembro de 1982, criticado por ANTUNES VARELA, na *Revista de Legislação e Jurisprudência*, ano 119 p. 212 e ss., e por CALVÃO DA SILVA, *Cumprimento e sanção pecuniária compulsória*, cit., p. 299, nota 540.

- Acórdão do S.T.J., de 22 de Junho de 2010 (Processo n.º 6134/05.8TBSTS.P1.S1):

  "Em caso de prazo não peremptório e não existindo incumprimento definitivo, não há, em regra, justificação legal para resolução do contrato".

- Acórdão do S.T.J., de 19 de Maio de 2010 (Processo n.º 158/06.5TCFUN.L1.S1):

  "O atraso na marcação de escritura do contrato prometido não permite afirmar que implique *ipso facto* incumprimento definitivo. Importaria converter a mora em incumprimento definitivo, fosse pela interpelação admonitória fosse pela prova da perda objectiva do interesse na prestação (art. 808.º do Código Civil)".

- Acórdão do S.T.J., de 8 de Abril de 2010 (Processo n.º 3501/06.3TVLSB.C1.S1):

  "Sendo de considerar excluídas as cláusulas, inseridas de contrato de ALD com promessa bilateral de compra e venda do veículo no termo da respectiva locação, que facultam ao locador a resolução imediata do contrato, com base em simples mora, e estabelecem em seu benefício o direito a obter do locatário indemnizações manifestamente desproporcionadas, a resolução da relação contratual complexa convencionada só pode fazer-se nos termos *gerais* previstos no art. 808º do Código Civil, pressupondo a efectivação de prévia interpelação admonitória ao devedor".

- Acórdão do S.T.J., de 12 de Janeiro de 2010 (Processo n.º 628/09.3YFLSB):

  "A mora não confere o direito à resolução do contrato; só o incumprimento definitivo e culposo dá lugar às cominações previstas no art. 442.º, n.º 2, não bastando, para o efeito, a simples mora".

- Acórdão do S.T.J., de 27 de Outubro de 2009 (Processo n.º 449/09.3YFLSB.C1.S2):

  "A simples mora não é suficiente para desencadear o mecanismo indemnizatório do sinal, que pressupõe o incumprimento definitivo do contrato-promessa".

– Acórdão do S.T.J., de 10 de Setembro de 2009 (Processo n.º 170/ /09.2YFLSB):

"O regime legal do sinal é inaplicável em caso de simples mora: a resolução do contrato-promessa e as sanções da perda do sinal ou da sua restituição em dobro só têm lugar no caso de inadimplemento definitivo da promessa".

– Acórdão do S.T.J., de 7 de Maio de 2009 (Processo n.º 09A0350):

"A execução específica da obrigação de contratar prevista no art. 830.º, n.º 1, do Código Civil apenas tem lugar quando não há incumprimento definitivo mas simples mora, enquanto que a *possibilidade de exigência do sinal (singelo ou dobrado) consagrada no art. 442.º, n.º 2, do Código Civil somente é possível numa situação de incumprimento definitivo*".

– Acórdão do S.T.J., de 15 de Maio de 2008 (Processo n.º 08B773):

"Só o incumprimento definitivo do contrato-promessa confere ao contraente final o direito à resolução do contrato e desencadeia a aplicação das sanções consignadas no n.º 2 do art. 442.º do Código Civil".

– Acórdão do S.T.J., de 13 de Setembro de 2007 (Processo n.º 07B2256):

"No caso de ter havido tradição da coisa objecto do contrato--promessa de compra e venda (um imóvel para habitação), o promitente-comprador goza (...) do direito de retenção sobre ela, *pelo crédito (valor do sinal em dobro e juros) resultante do incumprimento definitivo* do contrato pelo promitente–"vendedor".

– Acórdão do S.T.J., de 5 de Julho de 2007 (Processo n.º 07B1835):

"No caso de incumprimento do contrato-promessa, a lei abre dois caminhos ao contraente não faltoso: a execução específica (art. 830.º do Código Civil), havendo simples mora, e a *resolução do contrato (art. 432.º) havendo incumprimento definitivo*".

– Acórdão do S.T.J., de 22 de Março de 2007 (Processo n.º 07A543):

"O estado de mora, mesmo havendo constituição de sinal (...), não confere ao credor o direito à resolução do contrato-promessa".

- Acórdão do S.T.J., de 29 de Novembro de 2006 (Processo n.º 06A3723):

  "A aplicação das sanções previstas no art. 442.º do Código Civil pressupõe o incumprimento definitivo e não a simples mora".

- Acórdão do S.T.J., de 14 de Novembro de 2006 (Processo n.º 06A3344):

  "Fora casos especiais como a da pura e simples recusa do cumprimento, destruição de coisa, alienação a terceiro ou fixação de prazo essencial, a aplicação das sanções previstas no art. 442.º do Código Civil pressupõe o incumprimento definitivo do contrato-promessa e não a simples mora;

  Com efeito, as indemnizações aí previstas têm natureza compensatória, o que pressupõe a resolução ou extinção do contrato-promessa; já a simples mora apenas constitui o devedor na obrigação de recuperar os danos causados (art. 804, n.º 1, do Código Civil), com indemnização a fixar nos termos gerais".

- Acórdão do S.T.J., de 31 de Outubro de 2006 (Processo n.º 06A3225):

  "(...) Incumprimento definitivo, único fundamento que permite ao promitente-comprador o desencadear das sanções previstas no n.º 2 do art. 442.º do Código Civil".

- Acórdão do S.T.J., de 24 de Outubro de 2006 (Processo n.º 06A3251):

  "A aplicação das sanções previstas no art. 442.º do Código Civil pressupõe o incumprimento definitivo do contra-promessa e não a simples mora tanto antes como depois das alterações introduzidas pelo Decreto-lei n.º 379/86, de 11 de Novembro".

- Acórdão do S.T.J., de 2 de Fevereiro de 2006:

  "Só o incumprimento definitivo (...) confere ao outro contraente o direito de resolver o contrato, constituindo o inadimplente na obrigação de indemnização que, no âmbito do contrato-promessa, se calcula nos termos do art. 442.º, n.º 2, do Código Civil: perda do sinal ou restituição do sinal em dobro".

- Acórdão do S.T.J., de 22 de Setembro de 2005 (Processo n.º 05B2166):

  "O pedido do sinal em dobro, pelo promitente comprador, em acção para esse fim intentada, tem implícita a resolução do contrato-promessa".

- Acórdão do S.T.J., de 10 de Março de 2005 (Processo n.º 05B170):

  "A simples mora ou retardamento no cumprimento da prestação de uma das partes pode não ser, só por si, condição automática ou resolutiva do contrato, aceitando-se a doutrina e a jurisprudência dominantes nesta matéria".

- Acórdão do S.T.J., de 2 de Dezembro de 2004 (Processo n.º 04B3822):

  "Se o prazo (contratual) para a celebração da escritura definitiva houver sido exaurido por falta de documentos ou elementos necessários, e se não existir prazo determinante essencial para o cumprimento da promessa, há que utilizar a interpelação admonitória para converter a mora em incumprimento definitivo".

- Acórdão do S.T.J., de 18 de Novembro de 2004 (Processo n.º 04B2588):

  "A simples mora ou retardamento no cumprimento da prestação pelo promitente-vendedor pode não ser, só por si, condição resolutiva do contrato pelo promitente-comprador".

- Acórdão do S.T.J., de 1 de Julho de 2004 (Processo n.º 04B1934):

  "É de exigir uma situação de incumprimento definitivo para que o contraente fiel possa ver legitimado o seu pedido de resolução do negócio e reclamar do promitente faltoso a restituição do sinal em dobro nos termos do n.º 2 do art. 442.º do Código Civil".

- Acórdão do S.T.J., de 24 de Junho de 2004 (Processo n.º 04B1776):

  "A aplicação das sanções previstas no n.º 2 do art. 442.º do Código Civil pressupõe o incumprimento definitivo do contrato-promessa".

- Acórdão do S.T.J., de 18 de Março de 2004 (Processo n.º 04B368):

  "I – A aplicação da sanção que o art. 442.º, n.º 2, C. Civil prevê pressupõe a resolução do contrato-promessa; IV – Para haver lugar à sanção referida, a mora do contraente faltoso (art. 804.º, n.º 2, Código Civil) tem, segundo o entendimento prevalecente, de ser convertida em incumprimento definitivo".

- Acórdão do S.T.J., de 11 de Dezembro de 2003 (Processo n.º 03A3363):

  "Nas chamadas obrigações de prazo fixo essencial absoluto, o decurso do prazo sem o devido cumprimento pode determinar, sem mais, a sua extinção, enquanto nas de prazo fixo relativo, simples ou usual o decurso do prazo poderá fundamentar o direito de resolução, quando haja conversão da mora em incumprimento definitivo (arts. 805.º e 808.º Código Civil)".

- Acórdão do S.T.J., de 27 de Novembro de 2003 (Processo n.º 03B3809):

  "A perda ou a restituição do sinal dobrado pressupõe o incumprimento da obrigação a título definitivo e a resolução do contrato, não bastando para o efeito a simples mora ou atraso no cumprimento".

- Acórdão do S.T.J., de 5 de Junho de 2003 (Processo n.º 03B422):

  "A simples mora não permite a aplicação do regime sancionatório do art. 442.º do Código Civil que, como se sabe, assenta no incumprimento definitivo – e não em simples mora – do contrato-promessa".

- Acórdão do S.T.J., de 18 de Fevereiro de 2003:

  "A aplicação das sanções previstas no art. 442.º do Código Civil pressupõe o incumprimento definitivo do contrato-promessa, e não a simples mora, tanto antes como depois das alterações introduzidas naquele dispositivo pelo Decreto-lei n.º 379/86, de 11 de Novembro"[130].

- Acórdão do S.T.J., de 6 de Fevereiro de 2003:

  "Não se detectando qualquer incumprimento definitivo, ou qualquer desinteresse (objectivamente fundado) dos contraentes na conclusão do contrato prometido, não há lugar ao funcionamento do regime sancionatório cominado no art. 442.º do Código Civil"[131].

- Acórdão do S.T.J., de 9 de Janeiro de 2003:

  "A mora do devedor (...), contrariamente ao que acontece com o incumprimento definitivo, não permite que o credor resolva o negócio jurídico celebrado (...). Entendemos que este princípio é também

[130] www.dgsi.pt/jstj
[131] www.dgsi.pt/jstj

aplicável ao regime sancionatório do art. 442.º, n.º 2, do Código Civil, no âmbito do incumprimento de um contrato-promessa"[132].

- Acórdão do S.T.J., de 8 de Fevereiro de 2000:

  "A aplicação das sanções previstas no n.º 2 do art. 442.º do Código Civil pressupõe o incumprimento definitivo do contrato-promessa, não bastando a simples mora"[133].

- Acórdão do S.T.J., de 26 de Novembro de 1999:

  "Os juros em dívida pelos promitentes-compradores só conduziriam a indemnização moratória e não à resolução do contrato-promessa"[134].

- Acórdão do S.T.J., de 27 de Abril de 1999:

  "Essa situação de mora basta para haver lugar à execução específica do contrato-promessa mas *é insuficiente para fundamentar a sua resolução"*[135].

- Acórdão do S.T.J., de 27 de Novembro de 1997:

  "A aplicação das sanções previstas no art. 442.º do Código Civil pressupõe o *incumprimento definitivo* do contrato-promessa e não a simples mora, depois das alterações introduzidas pelo Decreto-lei n.º 379/86, de 11 de Novembro"[136].

- Acórdão do S.T.J., de 19 de Março de 1996:

  "O sinal convencionado em contrato-promessa de compra e venda de imóvel não tem a natureza de cláusula penal moratória, desempenhando antes uma função especifica idêntica à cláusula penal (compensatória), qual seja a de constituir prefixação convencional da indemnização, a satisfazer pela *parte que deixe de cumprir definitivamente o contrato"*[137].

[132] www.dgsi.pt/jstj

[133] Colectânea de Jurisprudência, 2000, I, p. 72.

[134] Colectânea de Jurisprudência, 1999, III, p. 126.

[135] Colectânea de Jurisprudência, 1999, II, p. 60.

[136] Revista 528/97, 2.ª Secção (inédito).

[137] B.M.J., n.º 455, p. 488 e segs.

- Acórdão do S.T.J., de 24 de Outubro de 1995:

  "A aplicação das sanções previstas no art. 442.º do Código Civil pressupõe o incumprimento definitivo do contrato-promessa e não a simples mora, depois das alterações introduzidas pelo Decreto-lei n.º 379/86, de 11 de Novembro"[138].

- Acórdão do S.T.J., de 18 de Janeiro de 1995:

  "O direito de o contraente fazer seu o sinal recebido não se compadece com a situação de mora, exigindo-se o incumprimento definitivo do contrato-promessa"[139].

- Acórdão do S.T.J., de 4 de Novembro de 1993:

  "Só no caso de incumprimento definitivo do contrato-promessa pelo promitente vendedor há lugar à restituição do sinal em dobro"[140].

- Acórdão do S.T.J., de 7 de Janeiro de 1993:

  "Os autores pretendem ser indemnizados nos termos do art. 442.º, n.º 2, do Código Civil., *preceito cuja aplicação pressupõe um incumprimento definitivo imputável à parte faltosa*"[141].

- Acórdão do S.T.J., de 2 de Dezembro de 1992:

  "A sanção prevista no n.º 2 do art. 442.º do Código Civil (...) pressupõe uma situação de incumprimento definitivo (...)"[142].

- Acórdão do S.T.J., de 7 de Março de 1991:

  "A resolução do contrato-promessa e a sanção da restituição do sinal em dobro só têm lugar no caso de *inadimplemento definitivo* do mesmo contrato (imputável ao promitente-vendedor)[143].

- Em acórdão de 12 de Março de 1991, o Supremo Tribunal de Justiça, depois de afirmar que a *faculdade de exigir o valor da coisa* está dependente

[138] Colectânea de jurisprudência-Acórdãos do S.T.J. –, Ano III, T. III, p. 78.

[139] Colectânea de jurisprudência-Acórdãos do S.T.J. –, Ano III (1995), T. I, p. 35 e segs.

[140] Colectânea de Jurisprudência-Acórdãos do S.T.J. –, Ano I, T. III, p. 105.

[141] Colectânea de Jurisprudência, Ano I (1993), I, p. 17.

[142] B.M.J. n.º 422, p. 335.

[143] B.M.J. n.º 405, p. 456.

da "verificação simultânea do não cumprimento e da tradição da coisa", esclarece e precisa: "*Só que a modalidade do não cumprimento é o definitivo e não a simples mora*"[144].

- Acórdão do S.T.J. de 14 de Março de 1990:

  "Tal mora não é suficiente para conduzir à revogação ou extinção do contrato-promessa e ao pagamento do sinal em dobro, já que não houve interpelação para fixação de prazo certo e determinado ou de prazo suplementar" [145].

- Acórdão do S.T.J., de 2 de Novembro de 1989:

  "I – O contrato-promessa de compra e venda de bens imóveis não pode, em princípio, ser resolvido pelo promitente vendedor com fundamento na falta de pagamento, embora parcial, atempado (...), já que a mora do devedor, representando um simples retardamento da prestação por causa imputável ao devedor, só dá ao credor o direito de exigir o cumprimento da obrigação e a indemnização pelos danos causados (artigo 804.º do Código Civil).

  II – Só no caso de o credor perder o interesse na prestação ou de esta não ser realizada dentro do prazo que razoavelmente for fixado pelo credor, é que se considera para todos os efeitos não cumprida a obrigação, com o consequente direito potestativo de resolução, por impossibilidade culposa (art. 801.º, n.º 1, e art. 808.º, n.º 1 do Código Civil)[146].

- Acórdão do S.T.J de 2 de Fevereiro de 2017 (Processo nº 280/13.1TBCDN.C1.S1):

  "II – A jurisprudência do S.T.J tem considerado que, salvo se da interpretação da vontade negocial resultar diversamente, o não cumprimento da obrigação de contratar constitui o devedor em simples mora, à qual não se aplica, sem mais, o regime da perda/exigência do sinal em dobro previsto no art. 442.º, n.º 2".

[144] *In* "Actualidade Jurídica", 1991, n.º 17, sumário publicado sob o n.º 3763; BMJ, n.º 405, p. 434.

[145] *In* "Actualidade Jurídica", 1990, n.º 7, sumário publicado sob o n.º 1635.

[146] *In* "BMJ" n.º 391, p. 538 e ss..

Também nos tribunais de segunda instância a inaplicabilidade do regime legal do sinal à mora encontra grande eco e receptividade, sendo numerosos os arestos entretanto pronunciados nesse sentido. A título de exemplo podem ver-se:

- Acórdão da Relação de Coimbra, de 23 de Fevereiro de 2010 (Processo n.º 711/07.OTBCTB.C1):

  "A resolução do contrato-promessa e a restituição do sinal em dobro (art. 442.º, n.º 2, do Código Civil) pressupõem o incumprimento definitivo, sendo insuficiente a mora".

- Acórdão da Relação de Lisboa, de 21 de Janeiro de 2010 (Processo n.º 1254/08.OTVLSB-2):

  "O regime do sinal estabelecido no n.º 2 do art. 442.º do Código Civil só é aplicável em situações de incumprimento definitivo do contrato-promessa, não se aplicando em situações de simples mora".

- Acórdão da Relação de Guimarães, de 4 de Junho de 2009 (Processo n.º 323/05.2TBCMNG1):

  "Ainda que haja sinal constituído, a simples mora do devedor no contrato-promessa não permite ao credor desencadear automaticamente a resolução do contrato. Para que tenha lugar a resolução importa que a mora seja convertida em incumprimento definitivo nos precisos termos facultados no art. 808.º do Código Civil".

- Acórdão da Relação de Lisboa, de 19 de Maio de 2009 (Processo n.º 709/07.8TBOER.L1-7):

  "A simples mora não permite ao credor desencadear automaticamente a resolução do contrato e reclamar o valor prestado a título de sinal".

- Acórdão da Relação de Lisboa, de 19 de Março de 2009 (Processo n.º 10519/08-8):

  "I. A simples mora não dá origem à resolução do contrato, requerendo-se um inadimplemento suficientemente grave ou significativo que justifique o desaparecimento do interesse do credor na manutenção do contrato, directamente ou pela conversão da mora em incumprimento definitivo.

II. A sanção da perda do sinal só pode ser aplicada em caso de incumprimento definitivo e não na simples mora".

- Acórdão da Relação de Coimbra, de 3 de Junho de 2008 (Processo n.º 1471/05.4TBFIG.C1):

  "Constitui pressuposto material condicionante do exercício do direito de resolução o incumprimento definitivo imputável a um dos contratantes, e que tanto pode reportar-se à prestação principal como incidir sobre os deveres acessórios de conduta, desde que assumam gravidade tal que afecte a base de confiança subjacente".

- Acórdão da Relação de Coimbra, de 18 de Novembro de 2008 (Processo n.º 380/07.7):

  "O incumprimento do contrato-promessa pelo promitente-vendedor só dá direito à resolução do contrato e consequente restituição do sinal, verificada que esteja uma situação de incumprimento definitivo do contrato...".

- Acórdão da Relação de Coimbra, de 12 de Fevereiro de 2008 (Processo n.º 1283/06.8TBAGD.C1):

  "A mora do devedor não permite, via de regra, com ressalva da existência de convenção em contrário, a imediata resolução do contrato; o direito de resolução funciona, como uma constante, nos casos de incumprimento definitivo do devedor...; a perda do sinal encontra-se ligada à resolução ou desistência do contrato, ou, pelo menos, ao seu não cumprimento definitivo, e não à mora".

- Acórdão da Relação de Lisboa, de 22 de Janeiro de 2008 (Processo n.º 7390/2007-1):

  "Para fundamentar a resolução contratual e reposição do sinal em dobro, o incumprimento culposo, equiparável à impossibilidade da prestação imputável ao devedor, tem de ser definitivo".

- Acórdão da Relação do Porto, de 10 de Janeiro de 2008 (Processo n.º 0735563):

  "Na promessa bilateral, na existência de sinal, o *accipens* só pode fazer sua a coisa entregue pelo *tradens* em caso de incumprimento definitivo do contrato por parte deste".

- Acórdão da Relação de Évora, de 6 de Dezembro de 2007 (Processo n.º 2162/07-3):

  "A aplicação das sanções previstas nos arts. 442.º do Código Civil pressupõe o incumprimento definitivo do contrato-promessa e não a simples mora".

- Acórdão da Relação de Évora, de 15 de Novembro de 2007 (Processo n.º 1856/073):

  "A simples mora não motiva o incumprimento do contrato, sendo necessário para que operem as cominações previstas no n.º 2 do art. 442.º do Código Civil a interpelação admonitória, como está definido pelo art. 808º do Código Civil".

- Acórdão da Relação de Guimarães, de 28 de Junho de 2007 (Processo n.º 1144/07-1):

  "No contrato-promessa a simples mora não legítima a resolução, impondo-se a sua translação em incumprimento definitivo, em harmonia com o disposto no art. 808.º do Código Civil".

- Acórdão da Relação de Évora, de 21 de Junho de 2007 (Processo n.º 1026/07-3):

  "O exercício do direito potestativo-extintivo de resolução do contrato-promessa e a correspondente aplicação das sanções previstas no art. 442º do Código Civil pressupõe o incumprimento definitivo do contrato e não a simples mora".

- Acórdão da Relação do Porto, de 27 de Fevereiro de 2007 (Processo n.º 0720500):

  "As sanções previstas para o incumprimento do contrato promessa estabelecidas no art. 442.º do Código Civil (antes ou depois da redacção dada pelo Decreto-lei n.º 379/86 de 11 de Novembro só se aplicam no caso de incumprimento definitivo e não no caso de simples mora".

- Acórdão da Relação de Lisboa, de 12 de Julho de 2007 (Processo n.º 5784/2007-6):

"Para a resolução válida do contrato-promessa é indispensável a verificação de incumprimento definitivo".

- Acórdão da Relação de Lisboa, de 10 de Maio de 2007 (Processo n.º 2092/2007-2):

"A aplicação das sanções estabelecidas no n.º 2 do art. 442.º do Código Civil pressupõe a existência de incumprimento definitivo do contrato-promessa".

- Acórdão da Relação de Lisboa, de 26 de Abril de 2007 (Processo n.º 1617/2007-8):

"A resolução da promessa e as sanções da perda do sinal ou da sua restituição em dobro (art. 442.º do Código Civil) só têm lugar no caso de inadimplemento definitivo da promessa".

- Acórdão da Relação de Lisboa, de 15 de Fevereiro de 2007 (Processo n.º 269/07-2):

"A simples mora apenas constitui o devedor na obrigação de reparar os danos causados ao credor".

- Acórdão da Relação de Évora, de 1 de Fevereiro de 2007 (Processo n.º 2618/06-3):

"No contrato-promessa de compra e venda, a simples mora não gera, por si só, o direito à resolução do contrato, mas apenas o direito de o comprador exigir o cumprimento da obrigação e indemnização pelo prejuízo resultante do retardamento do cumprimento".

- Acórdão da Relação de Lisboa, de 29 de Junho de 2006 (Processo n.º 4861/2006-6):

"A aplicação das sanções previstas no n.º 2 do art. 442.º do Código Civil pressupõe o incumprimento definitivo do contrato-promessa, não bastando a simples mora".

- Acórdão da Relação do Porto, de 14 de Junho de 2005 (Processo n.º 500/05.2):

"Esta sanção (restituição do sinal em dobro) só tem lugar quando haja incumprimento definitivo imputável ao promitente vendedor".

- Acórdão da Relação de Lisboa, de 22 de Maio de 2001:

  "De acordo com o entendimento que sempre temos defendido e que consideramos predominante na jurisprudência e na doutrina, *a resolução contratual só se justifica no caso de mora, quando esta se transforma, nos termos do art. 808.º do Código Civil, em incumprimento definitivo*"[147].

- Acórdão da Relação de Lisboa, de 12 de Outubro de 1999:

  "Os promitentes-compradores tinham que interpelar o liquidatário judicial para, em representação da falida, *cumprir* o contrato-promessa por ela outorgado; não o tendo feito, *não se pode afirmar ter havido incumprimento definitivo* do contrato-promessa, pelo que aqueles *não podiam (...) peticionar a devolução do sinal em dobro...*[148].

- Acórdão da Relação de Lisboa, de 13 de Julho de 1995:

  "As sanções da perda do sinal ou da sua restituição em dobro são aplicáveis apenas ao incumprimento definitivo"[149].

- Acórdão da Relação de Lisboa, de 24 de Março de 1992:

  "O pedido do promitente-comprador de condenação do promitente-vendedor a pagar-lhe o valor da coisa, objecto do contrato, nos termos do art. 442.º, n.º 2, do Código Civil, e a reconhecer-lhe o direito de retenção dessa coisa pelo referido crédito (art. 775.º n.º 1 al. *f*) baseia-se no incumprimento definitivo e culposo do contrato pelo promitente-vendedor e tem como pressuposto a resolução do contrato"[150].

- Acórdão da Relação de Lisboa, de 6 de Julho de 1989:

  "A simples mora não é suficiente para desencadear o mecanismo indemnizatório do sinal"[151].

- Acórdão da Relação de Guimarães, de 28 de Junho de 2007 (Processo n.º 1144/07-1):

[147] "Colectânea de Jurisprudência", 2001, III, p. 96 e segs. (p. 98).

[148] "Colectânea de Jurisprudência", 1999, IV, p. 122.

[149] Colectânea de jurisprudência, 1995, IV, p. 86 ss.

[150] *In* "Colectânea de Jurisprudência", 1992, II, p. 146 e ss.

[151] *In* "Colectânea de Jurisprudência", 1989, IV, p. 113 e ss.

"No contrato-promessa a simples mora não legitima a resolução, impondo-se a sua translação em incumprimento definitivo, em harmonia com o disposto no art. 808.º do Código Civil".

- Acórdão da Relação de Guimarães, de 19 de Abril de 2007 (Processo n.º 629/07-1):

  "Para a resolução do contrato torna-se necessário o inadimplemento definitivo, não a simples mora".

- Acórdão da Relação de Coimbra, de 26 de Setembro de 2000:

  "Na falta de convenção específica, a resolução do contrato-promessa de compra e venda depende da verificação da perda objectiva de interesse na outorga do contrato prometido ou do decurso de um prazo razoável fixado nos termos do art. 808.º do Código Civil"[152].

- Acórdão da Relação de Coimbra, de 22 de Maio de 1990:

  "A condenação no pagamento do sinal em dobro tem implícita a resolução do contrato"[153].

- Acórdão da Relação de Évora, de 15 de Março de 1990:

  "Deve-se, por isso, continuar a entender que a restituição do sinal em dobro pressupõe uma situação de não cumprimento"[154].

- Acórdão da Relação do Porto, de 4 de Fevereiro de 1992:

  "A exigência feita pelo promitente-comprador de receber o valor da coisa (...) tem como pressupostos a existência de sinal, a tradição da coisa, *o incumprimento definitivo* e a *resolução* do contrato[155].

- Acórdão da Relação do Porto, de 12 de Abril de 1988:

  "A restituição do sinal em dobro (...) é a sanção correspondente ao incumprimento definitivo"[156].

[152] *In* Colectânea de Jurisprudência, 2000, IV, p. 17.

[153] *In* "Colectânea de Jurisprudência", 1990, III, p. 48 e ss.

[154] *In* "Colectânea de Jurisprudência", 1990, II, p. 282

[155] B.M.J. n.º 414, p. 636.

[156] B.M.J. n.º 376, p. 654.

45. Sentido a atribuir à 2.ª parte do n.º 3 do art. 442.º

Em face da demonstrada inaplicabilidade do regime legal do sinal em caso de simples mora ou atraso no cumprimento, a 2.ª parte do n.º 3 do art. 442.º é anómala e contraditória com os restantes números do mesmo preceito.

Porquê e para quê, com efeito, vir dar ao contraente faltoso, quando demandado para pagar o aumento do valor da coisa ou do direito, a possibilidade de opor-se ao exercício dessa faculdade, oferecendo-se para cumprir a promessa, salvo o disposto no art. 808.º, se este é pressuposto fundante do direito de resolução a que anda ligado o regime do art. 442.º?

Não é verdade, como vimos, que quando o credor recorre ao regime do sinal, exigindo o *duplum* ou o aumento do valor da coisa, já deve ter convertido a mora em incumprimento definitivo e resolvido o contrato através da interpelação admonitória ou mediante declaração à outra parte (art. 808.º), já que a simples mora não atribui direito à resolução, a que andam associadas as sanções do sinal dobrado ou do aumento do valor da coisa?

E não é verdade que, como nota BAPTISTA MACHADO, «depois de ter chegado ao poder do devedor ou ao seu conhecimento uma declaração nestes termos (ou pelo menos uma declaração significando ao devedor que considera o contrato definitivamente não cumprido e rejeitará a prestação), *o mesmo devedor já não pode cumprir e o próprio credor deixa de poder exigir o cumprimento*»[157]?

Se, nos termos do n.º 2 e do n.º 4 do art. 442.º, as sanções dobro do sinal ou aumento do valor da coisa andam ligadas à resolução ou extinção do contrato, é incongruente o n.º 3 vir admitir a possibilidade de a outra parte se opor, oferecendo-se para cumprir a promessa, salvo o disposto no art. 808.º. Que interesse pode ter a ressalva do disposto no art. 808.º, se, nos termos dos n.os2 e 4 do mesmo art. 442.º, ao promitente-comprador é facultada a reclamação do valor da coisa ou do direito, depois de ter convertido a mora em inadimplemento definitivo, nos termos do art. 808.º, e resolvido o contrato-promessa? *E que interesse pode ter a opção pelo valor da coisa em caso de simples mora, se isso significar uma mera interpelação (não admonitória)a coenvolver renúncia ao dobro do sinal no caso de incumprimento definitivo do promitente-vendedor? Para o credor é preferível manter em aberto a opção (dobro*

[157] *Pressupostos da resolução, cit.*, p. 379, *in fine*, e 380. Cfr., ainda, RIBEIRO DE FARIA, *Direito das Obrigações*, I, cit., p. 282.

do sinal ou valor da coisa), pelo recurso a uma verdadeira interpelação admonitória (art. 808.º).

Implicando a resolução a destruição *ex tunc* do contrato-promessa, «não faz sentido, nas palavras do Supremo Tribunal de Justiça, pretender mais tarde o contraente que declarou a resolução compelir o outro a executar os compromissos que pelo contrato, já então destruído, tinha assumido», «por, a essa data, o último já estar desvinculado, por acto do primeiro, da obrigação que contraíra», como a «atitude de o réu se mostrar disposto a celebrar o contrato prometido (...) não podia ter a virtualidade de fazer ressurgir o contrato-promessa, destruído por resolução». «Uma vez que o promitente-vendedor nega ao promitente-comprador o direito de resolução, o que importa é obter-se a declaração judicial de que o contrato-promessa foi (ou não) justificadamente resolvido – a declaração de que se reuniam (ou não) as condições necessárias para o promitente-comprador poder exercer aquele direito»[158].

Limitando-se a intervenção do juiz a declarar a existência da resolução, se os seus pressupostos estiverem preenchidos, ou a sua ineficácia na situação inversa, não faz sentido, na harmonia legal de todo o art. 442.º e teoria geral do incumprimento como fundamento da resolução, facultar à parte faltosa o poder de se opor à opção do contraente não faltoso pelo aumento do valor da coisa, oferecendo-se aquela para cumprir a promessa... já *resolvida* por este.

A 2.ª parte do n.º 3 do art. 442.º parece receber inspiração na doutrina de MENEZES CORDEIRO, segundo a qual, quando o promitente-comprador exigisse o valor da coisa, o promitente-vendedor poderia «*sempre oferecer-se para cumprir o contrato-promessa, antecipando-se à execução específica ex art. 830.º*, entendendo que o promitente-comprador, no caso de aquisição de habitação, nunca perdia o interesse na prestação[159]. Doutrina que VASCO XAVIER refutou de modo irrespondível, por ser perfeitamente possível o «incumprimento definitivo do promitente-vendedor (mesmo nos contratos relativos à habitação), de modo a ser legítimo à contraparte recusar a oferta da tardia celebração do contrato prometido»[160].

[158] Acórdão do Supremo Tribunal de justiça, de 24 de Maio de 1983, no B.M.J., n.º 327, p. 655 e 656; no nosso sentido, acórdão da Relação do Porto de 22/5/2006 (Processo n.º 0652368.

[159] MENEZES CORDEIRO, *O novo regime do contrato-promessa*, cit., p. 39.

[160] VASCO XAVIER, *Contrato-promessa*, cit., p. 39.

São estas duas teses que o legislador tenta conciliar no texto da 2.ª parte do n.º 3 do art. 442.º: o promitente-vendedor pode oferecer-se para cumprir a promessa, com os limites do art. 808.º[161]. Só que, no nosso entendimento, as duas posições são inconciliáveis, porquanto, na tese de VASCO XAVIER, «quando o promitente-comprador *possa* optar, e realmente, opte, pelo primeiro termo da alternativa facultada pelo art. 442.º, n.º 2, 2.ª parte, e exija o *valor da coisa* (...), *não é possível ao outro contraente iludir tal opção, obstando à efectivação da exigência através do expediente aventado por* MENEZES CORDEIRO e *traduzido na oferta que foi referida*»[162]. O que está correcto, pois o promitente-comprador, nos termos dos n.os 2 e 4 do art. 442.º, só pode optar validamente pelo valor da coisa no caso de resolução ou extinção da promessa por incumprimento definitivo, convertendo a mora em verdadeiro inadimplemento nos termos do art. 808.º.

Consequentemente, sendo o incumprimento definitivo pressuposto do funcionamento do n.º 2 do art. 442.º e, portanto, da opção pelo aumento do valor da coisa, não faz sentido a possibilidade de o promitente faltoso oferecer o cumprimento: esta possibilidade é precludida pelo incumprimento definitivo e opção pela resolução do contrato feita pelo promitente-comprador, acompanhada do valor da coisa em vez do sinal dobrado como indemnização. Logo, sem utilidade fica também a ressalva do disposto no art. 808.º, visto que, se o contraente faltoso oferecer o cumprimento da promessa *resolvida,* a outra parte pode legitimamente recusar a oferta, invocando o incumprimento definitivo como facto que fundamentou o direito de resolução, sendo inadmissível que possa oferecer-se (ou exigir-se) o adimplemento de um contrato *resolvido* pelo exercício de um *direito potestativo.* E *sendo o direito potestativo o poder jurídico de,* por um acto livre de vontade, só por si ou integrado por decisão judicial, *produzir efeitos jurídicos que inelutavelmente se impõem à contraparte* – contraparte que se encontra em estado de sujeição –, *não faz sentido reconhecer ao promitente remisso a dita excepção do cumprimento do contrato-promessa.* Se assim fosse, *onde estaria o estado de sujeição, o estado de necessidade* em que se encontra a contraparte de ver produzir-se forçosamente uma consequência na sua esfera jurídica por mero efeito do exercício do direito pelo seu titular? Seria a negação

[161] Cfr. ALMEIDA COSTA, na *Revista de Legislação e Jurisprudência.*, ano 119, p. 352.

[162] VASCO XAVIER, *Contrato-promessa*, cit., p. 39, *in fine*, e 40.

pura e simples do direito potestativo, que, por natureza e definição, não é susceptível de violação.

Daí que, a ser exacto tudo quanto se expôs e demonstrou – e é nossa convicção que sim –, a 2.ª parte do n.º 3 do art. 442.º nos surja sem utilidade. E se, tomada à letra, admite a possibilidade de o promitente não faltoso, que tenha obtido a *traditio rei*, optar pelo aumento do valor da coisa ou do direito em caso de simples mora, em contradição e plena incongruência com os restantes números do mesmo artigo e regras do incumprimento e resolução, parece-nos haver fundamento para recorrer à chamada *interpretação abrogante*.

Para Menezes Cordeiro[163], não só não há contradição como a solução se afigura «justa e razoável». Começa, porém, por dar razão à já assinalada critica que Vasco Xavier lhe teceu, reconhecendo que «verificado o condicionalismo previsto no art. 808.º», «dá-se o incumprimento definitivo, não fazendo sentido surgir com uma excepção de cumprimento»[164]. E mais adiante: «no domínio do contrato-promessa, compreende-se que o promitente fiel possa perder, objectivamente e perante a mora, o interesse na celebração do definitivo. Quando isso suceda, não faria sentido sujeitá-lo à oferta do promitente faltoso, caso, afinal, este decidisse cumprir[165]. O autor reconhece, portanto, que o incumprimento definitivo obsta à excepção do cumprimento como forma de deter a exigência do valor da coisa – o que para nós é a regra.

De pé fica apenas, em suma, a questão de saber se a excepção do cumprimento da promessa pode funcionar ou ser invocada em caso de mora. Pensamos ter demonstrado que a resposta deve ser negativa, com o promitente-comprador a poder optar pelo aumento do valor da coisa – aumento do valor da coisa que, note-se bem, é alternativa indemnizatória ao sinal dobrado – apenas no caso de resolução ou extinção do contrato por incumprimento.

Mas assim não pensa Menezes Cordeiro. Segundo este autor «o art. 808.º não é prévio ao funcionamento do sinal. Quando pactuado, o sinal – ou seus sucedâneos – operam assim que haja mora, independentemente de novos prazos razoáveis ou de o credor ter ou não interesse na prestação. Basta ver que havendo sinal, o credor nada pode exigir, a título

[163] *A excepção do cumprimento do contrato promessa, cit.*

[164] *Ob.* e *loc. cits.*, p. 5.

[165] *Ob.* e *loc. cits.*, p. 6.

de mora, que não seja o próprio sinal». (...) «Quem exija uma indemnização correspondente ao valor da coisa terá de se contentar com a própria coisa, sempre que não tivesse perdido objectivamente o seu interesse por ela ou não tivesse sido ultrapassado um prazo razoável, por ele fixado, para que o cumprimento tivesse lugar – art. 442.º/3, 2.ª parte»[166].

A nosso ver, há aqui, no próprio terreno em que o autor se coloca, a mora, um ilogismo: se o credor opta pelo regime clássico do sinal, o dobro do sinal (dano moratório) é cumulável com a execução específica; já se opta pelo aumento do valor da coisa – aumento que o legislador concebeu como actualização do (desvalorizado) dobro do sinal, que a inflação transformara em «prémio» do incumprimento em vez de meio de coerção ao cumprimento, para protecção do promitente-comprador –, tem de contentar-se com a própria coisa, não sendo o aumento de valor cumulável com o cumprimento. Mas que interesse poderá ter o credor em optar, então, neste ponto de vista doutrinário, pelo valor da coisa, se o devedor pode obstar a essa opção através da excepção de cumprimento? Para que vai o credor seguir esta via, tendo de contentar-se com a própria coisa, sem indemnização moratória, se é possível o cumprimento ou execução específica mais o sinal dobrado? No fundo, Menezes Cordeiro retira ao credor a alternativa indemnizatória que o legislador veio expressamente conceder-lhe desde 1980; quem se quis proteger, afinal, não foi o promitente-comprador, mas o promitente-vendedor... Além de que *não tem lógica a diferença de regime para o sinal dobrado e valor da coisa, uma vez que este surge como actualização daquele* – tal como se se visse no *duplum* uma dívida de valor –, *com os mesmos pressupostos ou requisitos*, portanto. Não parece correcta, destarte, a ideia de que só em face da opção pelo segundo termo da alternativa faz sentido a excepção do cumprimento[167] – a ter sentido seria nas duas hipóteses, sob pena de assimetria injustificada (pense-se num sinal elevado, em que o regime do *duplum* seja mais favorável do que o valor da coisa...).

Por outro lado, Menezes Cordeiro entende que o art. 808.º «permite passar a uma fase do incumprimento definitivo para facultar ao credor a utilização dos meios executivos – arts.817.º e ss.)[168]. Não é exacto. O recurso ao cumprimento e execução específica (art. 817.º e ss.) tem lugar na mora

[166] *Ob.* e *loc. cits.*, p. 5.

[167] N.º 3 do preâmbulo do Decreto-Lei n.º 379/86 e Menezes Cordeiro, *ob.* e *loc. cits.*, p. 6.

[168] *Ob.* e *loc. cits.*, p. 5.

ou provisório incumprimento e visa evitar o incumprimento definitivo, através da obtenção do retardado cumprimento ou resultado prático do cumprimento (execução específica); o recurso ao art. 808.º visa a conversão da mora em inadimplemento definitivo, que habilitará o credor a recorrer à resolução do contrato e mais genericamente aos remédios do art. 801.º. Porém, no contrato-promessa com sinal, o recurso do credor será para o art. 442.º, dado o disposto no n.º 4. Isto é, a nossa lei afastou-se do modelo do regime italiano (que concede o regime geral da indemnização e da resolução, ao lado do regime típico do sinal – art. 1485.º, n.º 3), não facultando outra indemnização pelo incumprimento que não a perda do sinal, o dobro deste ou o valor da coisa, salvo estipulação em contrário. E isto apenas na resolução ou extinção da promessa por incumprimento. MENEZES CORDEIRO, todavia, parece aplicar o art. 442.º apenas à mora e não já ao inadimplemento definitivo, considerando que «ultrapassados os limites postos no referido art. 808.º, nenhuma razão há para reduzir a responsabilidade do promitente faltoso: para além do valor da coisa, este poderá ter de ressarcir os demais danos emergentes e, ainda, todos os lucros cessantes»[169].

No nosso entendimento, a contradição e a incongruência da 2.ª parte do n.º 3 do art. 442.º com o restante do artigo e regras do incumprimento e resolução são uma realidade e levam-nos a propender para a sua interpretação ab-rogante. A não ser que se divise algum caso excepcional em que tenha utilidade, sem incongruência com a totalidade do preceito em que se insere e as normas do incumprimento, como facto que fundamenta o direito de resolução. Analisemos, por isso, mais algumas hipóteses.

46. (cont.): As hipóteses de declaração antecipada de não cumprir, de termo essencial e de cláusula resolutiva expressa

A) *Declaração antecipada de não cumprir.* – Consideremos, em primeiro lugar, a hipótese de *declaração antecipada de não querer ou não poder cumprir.*

Pode acontecer que o devedor, no caso promitente-vendedor, antes do dia em que a obrigação deve ser cumprida (data do vencimento), comunique espontaneamente ao credor, promitente-comprador, a sua vontade de não cumprir o contrato-promessa.

[169] *Ob.* e *loc. cits.*, p. 6.

Para além do vencimento imediato da obrigação, com o credor a poder exigir o cumprimento sem necessidade de constituição em mora mediante interpelação[170] – há, pode dizer-se, uma constituição automática da mora –, entende-se que aquela declaração equivale a incumprimento, podendo legitimar, portanto, a resolução, desde que seja *certa, séria* e *segura*[171], ou seja, desde que exprima uma vontade precisa de não querer ou não poder cumprir, em termos não equívocos ou categóricos e definitivos.

A equiparação ou equivalência da declaração antecipada de não cumprir a incumprimento compreende-se[172].

[170] Expressamente neste sentido dispõe o art. 1219.º do Código Civil italiano; o art. 72.º, n.º 1, da *Convenção de Viena de 1980* sobre a compra e venda internacional de mercadorias; o art. 7.3.3 dos *Princípios Relativos aos Contratos Comerciais Internacionais* adoptados em 1994 pelo *Unidroit*; o art. 9:304 dos *Princípios do Direito Europeu dos Contratos*, preparados por uma Comissão presidida por O. Lando. No mesmo sentido, cfr. GALVÃO TELLES, *Direito das obrigações*, 5.ª ed., cit., p.224 e 225; Acórdão do Supremo Tribunal de Justiça, de 15 de Março de 1983, no B.M.J., n.º 325, p.561.; Acórdão de Relação de Coimbra, de 26 de Março de 1992, *in* "Colectânea de Jurisprudência", 1992, II, p. 50 e ss.; Acórdão de Relação de Coimbra, de 22 de Maio de 1990, *in* "Colectânea de Jurisprudência", 1990, III, p.48 e ss.; Acórdão do Supremo Tribunal de Justiça, de 15 de Fevereiro de 1990, *in* "Actualidade Jurídica", 1990, n.º 7, sob o n.º 1396; Acórdão do S.T.J., de 7 de Janeiro de 1993, *in* "Colectânea de Jurisprudência", 1993, I, p.15; Acórdão do S.T.J., de 18 de Fevereiro de 2003, www.dgsi.pt/jstj; Acórdão do S.T.J., de 1 de Julho de 2004 (Processo n.º 04B1934); Acórdão do S.T.J., de 27 de Janeiro de 2005 (Processo n.º 04B4387); Acórdão do S.T.J., de 3 de Março de 2005 (Processo n.º 05B002); Acórdão do S.T.J., de 15 de Março de 2005 (Processo n.º 04B4666); Acórdão de S.T.J. de 24/10/2006 (Processo n.º 06A3251); Acórdão de S.T.J., de 5/7/2007 (Processo n.º 07B1835); Acórdão do S.T.J., de 13 de Julho de 2010 (Processo n.º 395/09.OTBSJM.P1.S1); Acórdão do S.T.J. de 22 de Junho de 2010 (Processo n.º 6134/05.8TBSTS.P1.S1); Acórdão do S.T.J., de 20 de Maio de 2010 (Processo n.º 1126/07.5TBPVZ.P1.S1); Acórdão da Relação do Porto, de 1 de Abril de 2008 (Processo n.º 0725584); Acórdão da Relação do Porto, de 27/2/2007 (Processo n.º 0720500); acórdão da Relação do Porto, de 18/12/2006 (Processo n.º 0656327).

[171] Cfr. Acórdão do S.T. J. de 13/10/2016 (Processo n.º 7185/12.1TBCSC.L1.S1): "A relevância da declaração antecipada de não cumprimento exige que a mesma seja – com diferentes cambiantes da doutrina – consciente, séria, categórica, inequívoca e definitiva, peremptória, para além de juridicamente possível.", Acórdão do S.T.J de 22/05/2018 (Processo n.º 27800/15.4T8PRT.P1.S1)

[172] Cfr. JOÃO CALVÃO DA SILVA, *A declaração da intenção de não cumprir*, in "Estudos de Direito Civil e Processo Civil", 1996, p. 123 e segs.; FERREIRA DE ALMEIDA, *Recusa de cumprimento declarada antes do vencimento (Estudo de direito comparado e de direito civil português), in* "Estudos em memória do Prof. Doutor João de Castro Mendes", Lisboa, p. 289 e segs.; ANTÓNIO MENEZES CORDEIRO, *A declaração de não cumprimento da obrigação, in* "O Direito" n.º 138 (2006) I, p. 25 e segs.; SCHLECHTRIEM, *Schuldrecht. Allgemeiner Teil*, 3.ª ed., 1997, p. 180; LARENZ, *Lehrbuch*

Primeiro, se o comportamento do devedor exprime o real, o firme e deliberado propósito de que não cumprirá por não querer ou não poder, não se justifica que o credor tenha de aguardar a data do vencimento para poder lançar mão dos meios jurídicos que lhe permitam desvincular-se do contrato – espera que seria inútil e até poderia agravar a posição do devedor.

Segundo, concebida a obrigação como um processo que flui para o cumprimento, a legítima expectativa ou confiança do credor no adimplemento da prestação implica a existência de um intermédio e instrumental ou acessório dever de conduta do devedor, que mantenha, segundo o princípio da boa fé, a *fiducia* do credor na prestação final, *rectius*, no cumprimento, actuação voluntária (*prestare*) e não execução forçada (*prendere*). Pelo que, se é ir longe de mais entender-se que o devedor tem a obrigação de tornar evidente por factos a intenção e a possibilidade de cumprir pontualmente ou que a declaração de não querer cumprir pode ser provocada, antes do vencimento, por uma interpelação do credor – possibilidade que deve afastar-se –, é pelo menos certa e segura a *obrigação de não contradizer com uma declaração de recusa* ou *com actos não equívocos o dever de cumprir.*

Ou seja, o devedor não é livre de programar e declarar, por palavras e/ou por actos, que não quer cumprir, não só pela traição que substanciaria da confiança depositada pelo credor no cumprimento e da legítima expectativa de integral e pontual cumprimento em conformidade com o princípio da boa fé, mas ainda pelas repercussões que aquela declaração poderia ter sobre o valor do crédito, dado o estado de incerteza e de insegurança que provocaria acerca da sua realização final.

des Schuldrechts, I, Allgemeiner Teil, 14.ª ed., 1987, p. 339 e segs.; GIORGIANNI, *L'inadempimento*, Milano, 1959, p. 9 e ss., 174 e ss.; Mosco, *La risoluzione del contratto per inadempimento*, Napoli, 1950, p. 35 e ss.; FRAGALI, *La dichiarazione anticipata di non volere adempiere*, in Scritti in memoria di ANTONIORO GIUFFRÈ, II, Milano,1967, p. 285 e ss.; ROMANO, *Valore della dichiarazione di non volere adempiere fatta prima della scadenza del termine, in* Riv. dir. civ, 1965, II, p. 607 e ss., MURANO, *L'inadempimento prima del termine, in* Riv. dir. civ, 1965, II, p. 140 e ss.; MIRABELLI, *Richiesta e rifuta di adempimento* in *Foro italiano*, 1954, IV, 30; TARTAGLIA, *Dichiarazione di risoluzione del contratto per fatti imputabili alla contraparte e inadempimento prima del termine, in* Riv. dir. civ, 1977, II, p. 20 e ss. Acórdão da Relação de Lisboa de 17/12/2019, onde no ponto IV do sumário se pode ler o seguinte: "Ocorre incumprimento definitivo nos casos em que o devedor declara expressamente não cumprir a prestação a que está adstrito ou adopta uma qualquer outra conduta manifestamente incompatível com o cumprimento. Quando tal ocorra, não se torna necessário que o credor lhe fixe um prazo suplementar para haver incumprimento definitivo".

Não há, portanto, razão para manter o credor vinculado, até ao vencimento, a uma relação jurídica que, em virtude de declaração *séria, certa* e *segura, ante diem,* de não cumprir do devedor, perdeu a força originária e desapareceu como vínculo em cuja actuabilidade final o sujeito activo possa confiar para satisfação plena e integral do seu interesse, razão existencial da obrigação. *É exacto, por isso, configurar a declaração antecipada de não cumprir (ou o comportamento inequívoco demonstrativo da vontade de não cumprir, ou da impossibilidade antes do tempo de cumprir) como incumprimento* (antes do termo), *pressuposto suficiente de consequências jurídicas imediatas, como a exigibilidade do cumprimento e a execução específica do contrato-promessa, se o credor nisso ainda tiver interesse, ou a própria resolução do contrato* e, em geral, todos os remédios ou sanções previstos contra o incumprimento, *sem passar pelo art. 808.º: porquê a fixação de prazo razoável, se o devedor recusa séria e definitivamente a prestação?*

Assim sendo, não descortinamos utilidade, também neste caso, à 2.ª parte do n.º 3 do art. 442.º. Se o credor pode recorrer à resolução do contrato, quando o devedor tenha manifestado a vontade de não cumprir ou o seu comportamento seja próprio de pessoa que não quer ou não pode cumprir, significa, no caso do contrato-promessa, que o promitente-comprador pode resolver a promessa e optar pelo aumento do valor da coisa. Ponto é que seja *séria, certa ou precisa* e *segura ou definitiva a declaração (ou o comportamento)* do promitente-vendedor de não querer ou não poder cumprir, hipótese em que o promitente-comprador fundadamente a toma por boa, a aceita como uma decisão unívoca/definitiva e resolve o contrato, não fazendo sentido uma eventual oferta ulterior de cumprimento que, a existir, surgirá em total incoerência com o comportamento anterior, qual *venire contra factum proprium* a legitimar – *et pour cause* – a sua recusa pelo credor.

Naturalmente, a *declaração ou o comportamento inequívoco de não cumprir pode ser o do promitente-comprador, por exemplo*: recusa persistente, reiterada e terminante de outorgar a escritura pública do contrato prometido; *declaração resolutória, caprichosa ou arbitrária, sem justificação ou fundamento* – o que não acontecerá se o promitente-vendedor estava em falta, alegada (legítima ou ilegitimamente) para a fundamentar: esta declaração resolutiva não poderá valer como recusa séria, peremptória e definitiva de cumprimento.

B) *Termo essencial.* – Um segundo caso a analisar é o de *termo essencial.*

Por vezes, as partes, no momento da celebração do contrato, determinam, expressa ou tacitamente, como essencial o termo fixado; outras vezes, a essencialidade do termo deriva da natureza ou modalidade da prestação, sendo inútil para o credor a sua tardia realização (pense-se nos exemplos clássicos do artista contratado para actuar num espectáculo com hora marcada, do contrato de fornecimento de um copo de água para uma festa, de entrega de um vestido para um baile, de entrega de um pinheiro para o Natal, do táxi contratado para levar uma pessoa ao aeroporto para tomar certo avião, etc.). Nestes casos, é objectiva a essencialidade do termo, transcorrido o qual a prestação se torna impossível; nos primeiros, a essencialidade é subjectiva.

Na essencialidade subjectiva, a vontade das partes pode ser:

1. No sentido de ver no termo fixado o prazo-limite, improrrogável (*termo subjectivo absoluto*), para o adimplemento, findo o qual há incumprimento definitivo, fundamento imediato da resolução, qual caducidade;
2. No sentido de o vencimento do termo conferir logo ao credor o direito de resolução, sem, contudo, significar renúncia ao direito de exigir o cumprimento retardado e possível indemnização moratória (*termo subjectivo relativo*) – *hipótese-regra, a valer em caso de dúvida*[173].

Assim sendo, como indiscutivelmente é [174], a 2.ª parte do n.º 3 do art. 442.º também não encontra aplicação, não fazendo sentido a dita excepção de cumprimento como forma de obstar à exigência do valor da coisa, visto que se verifica o incumprimento definitivo[175].

[173] Cfr. acórdão do S.T.J., de 16/6/2016 (Processo n.º 410/10.5TBABF.E1.S1), n.ºs III a VI; acórdão do S.T.J., de 29/10/2015 (Processo n.º 8968/09.5TBBRG.G1.S1), n.ºs II e III.

[174] Cfr., por todos, Vaz Serra, na Revista de Legislação e Jurisprudência ano 110, p. 326 e 327, ano 104, p. 302 e segs.; Baptista Machado, *Pressupostos da resolução por incumprimento,* cit., p 405 e ss.; Calvão da Silva, *Pressupostos da resolução por incumprimento, in* "Estudos de Direito Civil", Coimbra, 1996, p. 153 e segs.

[175] Cfr. Acórdão do S.T.J., de 9 de Fevereiro de 2010 (Processo n.º 2265/06.5TVSLB.S1): "A regra da interpelação admonitória só vale, para efeitos constitutivos do direito de resolução contratual, caso o prazo peremptório para o cumprimento não tenha sido fixado no momento constitutivo da obrigação"; Acórdão do S.T.J., de 12 de Janeiro de 2010 (Processo n.º 628/09.3YFLSB); Acórdão do S.T.J., de 21 de Maio de 2009 (Processo n.º 09B0641): "O termo essencial subjectivo pode ser expresso ou tácito; e a essencialidade pode ser absoluta ou relativa; na dúvida sobre o carácter absoluto ou relativo do termo essencial subjectivo deve este ser havido como relativo"; Acórdão da Relação de Lisboa, de 21 de Janeiro de 2010 (Processo n.º 1254/08.OTVLSB-2);

C) *Cláusula resolutiva expressa.* – Uma terceira e última hipótese a ver é a da *cláusula resolutiva expressa.*

As partes, de acordo com o princípio da autonomia da vontade, podem convencionar o direito de resolver o contrato, quando certa e determinada obrigação não seja cumprida conforme o estipulado contratualmente, incluindo o prazo.

Se uma das partes não cumpre a obrigação especificada segundo as modalidades estabelecidas, incluindo entre estas o prazo, a outra tem o direito de declarar imediatamente a resolução do contrato, embora possa, se o preferir, optar por exigir o cumprimento retardado[176].

Ainda nesta hipótese, a 2.ª parte do n.º 3 do art. 442.º não encontra utilidade, porquanto, se o credor opta pela resolução do contrato-promessa e valor da coisa como indemnização, não faz sentido surgir a chamada excepção de cumprimento como forma de bloquear a exigência do aumento de valor[177].

acórdão da Relação de Lisboa, de 8 de Abril de 2008 (Processo n.º 9171/2007-7); Acórdão do S.T.J., de 11 de Abril de 2000, in "Colectânea de Jurisprudência", 2000, II, p. 32: "I. Constando de contrato-promessa uma cláusula dizendo que *a escritura terá que ser realizada no prazo de 120 dias* do contrato-promessa, deve entender-se, na ausência de elementos sobre a vontade real das partes, que *tal prazo constitui um termo essencial* e que reveste a natureza de prazo limite e absoluto, *cujo decurso determina a imediata resolução.* II. Assim, marcada a escritura dentro do prazo da cláusula, a não comparência do promitente-comprador no notário fá-lo incorrer, para além da imediata resolução do contrato, na perda do sinal que tenha pago"; acórdão do S.T.J., de 14/11/2006 (Processo n.º 06A3344): "se o prazo fixado num contrato-promessa para a celebração da escritura de compra e venda não for essencial, necessário ou absoluto, uma vez ultrapassado não se segue daí, de forma automática, a atribuição do direito de resolução do contrato-promessa ao contraente não faltoso".

[176] Cfr. Baptista Machado, *Pressupostos, cit.*, p. 409 e ss.; Calvão da Silva, *Cumprimento,* cit., p. 321 e ss.

[177] Cfr. Acórdão do S.T.J., de 6 de Abril de 2000, *in* "Colectânea de Jurisprudência", 2000, II, p. 24: "*Clausulando-se* num contrato, cujo pagamento seja feito em prestações, *que o não pagamento de qualquer delas é causa de incumprimento, tal cláusula é resolutiva,* conferindo ao credor direito potestativo de resolver o contrato ou de o considerar como definitivamente não cumprido". Cfr. Acórdão da Relação do Porto, de 7 de Outubro de 1999, *in* "Colectânea de Jurisprudência", 1999, IV, p. 212: "Estando clausulado num contrato-promessa que as prestações a pagar pelo promitente-devedor o seriam nos prazos aí fixados, *a falta de pagamento atempado de alguma(s) dá lugar à resolução do contrato por incumprimento, quando isso está expressamente clausulado nesse contrato* (cláusula de resolução expressa)".

D) *Conclusão geral.* – Postas as coisas neste pé, porque não divisamos utilidade à 2.ª parte do n.º 3 do art. 442.º, sem cair em contradição com a norma em que se insere e regras do incumprimento como fundamento da resolução, somos tentados a dá-la como não escrita, fazendo aplicação da interpretação ab-rogante. O mesmo vale para a 1.ª parte, em virtude de a execução específica só ter sentido no caso em que o devedor esteja simplesmente em atraso no cumprimento, manifestando o credor, pelo seu exercício, o desejo de receber a prestação e, portanto, que não considera, no decisivo critério do seu próprio interesse, o devedor em inadimplência definitiva, mas tão-só em mora.

Quem entenda não ser necessário ir tão longe, isto é, que não é imperioso proceder a uma interpretação ab-rogante, não poderá deixar de reconhecer que as soluções decorrentes do novel n.º 3 do art. 442.º para o regime do contrato-promessa com sinal e *traditio rei* brigam abertamente com princípios gerais do direito civil e que o texto da lei teria ficado (bastante mais) perfeito se nele não figurasse o referido número[178].

47. C) O sinal em caso de incumprimento imputável a ambos os contraentes

Acabámos de ver que, se o incumprimento é imputável à parte que prestou o sinal (*tradens*), a sanção indemnizatória é a perda deste; se o incumprimento é imputável à parte que recebeu o sinal (*accipiens*), a sanção indemnizatória é a restituição em dobro ou o aumento de valor da coisa verificado entre a celebração e o não-cumprimento no caso de promessa de compra e venda com *«traditio rei»*.

Mas que dizer se o incumprimento do contrato for imputável a ambos os contraentes?

Quer-nos parecer que *o caso de não cumprimento bilateralmente imputável do contrato deve ser resolvido, tendo por base as normas gerais, pela compensação de culpas concorrentes, verificados os respectivos pressupostos (art. 570.º).* Assim, a indemnização poderá ser totalmente concedida, reduzida ou mesmo excluída, consoante a gravidade das culpas de ambas as partes

[178] Neste sentido, cfr. Sousa Ribeiro, *O campo da aplicação do regime indemnizatório do artigo 442.º do Código Civil: incumprimento definitivo ou mora?, in* Boletim da Faculdade de Direito, volume Comemorativo, Coimbra, 2003, p. 209 e segs: "a propriedade e a clareza do regime legal só ficariam a ganhar com a supressão total daquele número" (pág. 232).

e as consequências que delas resultaram. *Se as culpas dos dois contraentes forem iguais, a indemnização deve ser excluída, devendo o accipiens, porém, restituir o sinal em singelo,* pois não se vê a que título possa retê-lo legitimamente – neste sentido, entretanto, o acórdão do S.T.J., de 13 de Janeiro de 2009 (Processo n.º 08A3649); acórdão da Relação de Lisboa, de 12 de Março de 2009 (Processo n.º 9788/2008-7). É que tal restituição, importa repeti-lo, não reveste natureza indemnizatória, sendo antes mera consequência da resolução – equiparada, quanto aos efeitos, à nulidade ou à anulabilidade (arts. 433.º e 434.º) –, que tem eficácia retroactiva, pelo que deve ser restituído tudo o que tiver sido prestado (art. 289.º, *ex vi* do art. 433.º).

A restituição do sinal em singelo terá também lugar, por força do art. 289.º, *na hipótese de imputável impossibilidade originária da prestação* (arts. 280.º e 401º, n.º 1) *ou de qualquer outra causa de nulidade ou de anulabilidade* do contrato, com a responsabilidade pré-contratual, por culpa *in contrahendo* (art. 227.º), a poder ter aplicação, se a exclusão do dever de indemnização, com base na igual gravidade das culpas de ambas as partes, não resultar da aplicação do art. 570.º – neste sentido, entretanto, o acórdão do S.T.J., de 12 de Fevereiro de 2004 (Processo n.º 04B066).

O facto de o não cumprimento ser imputável, em igual medida, a ambas as partes, não deve precludir o direito de resolução de uma delas nos contratos com prestações correspectivas – neste sentido, entretanto, o acórdão do S.T.J. de 2 de Dezembro de 2008 (Processo n.º 08A2653); o acórdão da Relação de Lisboa, de 12 de Março de 2009 (Processo n.º 9788/2008-7). Na verdade, para existir o direito de resolução, basta a verificação do incumprimento, desde que objectivamente valorado se apresente suficientemente gravoso ou relevante, segundo o princípio da boa fé. *A culpa não é pressuposto ou requisito essencial do direito de resolução. Basta atender ao art. 793.º, n.º 2,* pelo qual, apesar de a impossibilidade parcial da prestação não ser culposa, o credor que não tiver, justificadamente, interesse no cumprimento parcial da obrigação pode resolver o negócio. *O que não quer dizer que a culpa não tenha relevância relativamente à resolução.* Atente-se em que, se a impossibilidade parcial é culposa, o credor pode sempre, em princípio, resolver o negócio (art. 802.º, n.º 1), só o não podendo fazer se o não cumprimento parcial, atendendo ao seu interesse, tiver escassa importância [179]. Como se

[179] Cfr. Acórdão do S.T.J., de 24/2/2015 (Processo n.º 1227/12.8TVLSB.L1.S1).

vê, embora não seja pressuposto essencial do direito de resolução, a culpa não deixa, todavia, de ter relevância.

Pressuposto essencial do direito de resolução é apenas o inadimplemento, ligando a lei a este facto – valorado segundo a conformidade ou a desconformidade entre o plano contratual e o seu cumprimento – o surgimento daquele direito potestativo. Ora, no caso de incumprimento imputável em igual medida a ambos os contraentes, o facto ou a situação que fundamenta o direito de resolução existe. Esse facto ou essa situação é o inadimplemento ou a inadimplência, objectivamente apreciados, não obstando ao direito de resolução, que a lei lhe liga como consequência, a circunstância de o evento fundante ser imputável a ambas as partes. Logo, no caso de imputável impossibilidade superveniente do cumprimento de contrato validamente celebrado, a devolução do sinal será um mero efeito da resolução, a qual implica a destruição do negócio e a consequente restituição de tudo o que as partes houverem recebido, sendo a questão da indemnização resolvida segundo as regras gerais e tendo em atenção a concorrência de culpas (art. 570.º). No fundo, tudo se resume, substancialmente, em determinar, na base dos princípios gerais, a indemnização a que deva haver lugar, somando ou subtraindo a esta o sinal, conforme a parte que a ela ficar obrigada: se for o *accipiens*, terá de pagar a (eventual) indemnização mais a restituição do sinal; se for o *tradens*, terá de pagar a (eventual) indemnização *descontado o sinal*, ou, se a indemnização a pagar for inferior ao sinal constituído, receberá do *accipiens* apenas a diferença, por compensação.

48. D) O sinal em caso de incumprimento não imputável a qualquer dos contraentes

O regime jurídico do art. 442.º, n.º 2, pressupõe um incumprimento devido a causa imputável ao *tradens* ou ao *accipiens* do sinal. É o que resulta do próprio texto do artigo em análise. Pelo que, *em caso de incumprimento devido a causa não imputável a qualquer dos contraentes, os efeitos do sinal, previstos e regulados no art. 442.º, n.º 2, não se produzem*. É que quando a prestação se torna impossível por causa não imputável ao devedor, a obrigação extingue-se (art. 790.º), ficando o credor desobrigado da contraprestação ou com o direito, se já a tiver realizado, de exigir a sua restituição nos termos previstos para o enriquecimento sem causa (art. 795.º, n.º 1), não havendo lugar a indemnização por falta de culpa do devedor.

Deste modo, se o devedor prova ser impossível o cumprimento da prestação, por facto a si não imputável (*v.g.* por facto de terceiro, por caso fortuito ou força maior), é liberado da obrigação e o sinal irrelevante, ficando paralisada a sua eficácia, precisamente porque constitui acessório da obrigação, cujo cumprimento garantia e reforçava, e indemnização (convencionalmente pré-determinada) que tem na culpa um requisito essencial. De facto, se o sinal está em conexão com uma obrigação cujo cumprimento visa tornar mais seguro, uma vez verificada a superveniente extinção ou desobrigação (art. 795.º, n.º 1) nenhum cumprimento há a forçar, não podendo mais as partes continuar a prosseguir o objectivo inicial – causa e razão de ser do sinal – de assegurar, pelo cumprimento, a realização exacta da prestação. Por conseguinte, *deve o accipiens restituir a coisa que lhe foi entregue como sinal*, a fim de evitar o seu enriquecimento sem justa causa, *e sem haver lugar a indemnização por falta de culpa*. Naturalmente, a *obrigação da outra parte também se extingue, dada a interdependência das obrigações sinalagmáticas.*

A restituição em singelo do sinal terá lugar também, ex vi do art. 289.º, *na hipótese de não imputável impossibilidade originária da prestação* (art. 280.º) ou de *qualquer outra causa de nulidade ou de anulabilidade do contrato* – neste sentido, entretanto, o acórdão do S.T.J., de 24 de Outubro de 2006 (Processo n.º 06A3251) –, bem como de retroactividade da condição: não verificada a condição suspensiva o negócio não produz efeitos, pelo que deve ser restituído tudo o que houver sido prestado (sinal em singelo) e não o sinal dobrado[180].

49. Função do sinal: determinação prévia da indemnização e função coercitiva

Em face do regime legal acabado de analisar, podemos dizer ser dupla a função do sinal (confirmatório): a coerção ao cumprimento e a determinação prévia da indemnização devida em caso de não cumprimento.

Acessória estipulação real *quoad constitutionen* – a exigir a entrega efectiva da coisa ao *accipiens* para se constituir –, o sinal constitui indirecta medida de coerção ao cumprimento do contrato, prévia ou contemporaneamente

[180] *Vide*, entretanto, JOÃO CALVÃO DA SILVA, *Interpretação do art. 289º do Código Civil*, na "Revista de Legislação e Jurisprudência", n.º 3999, ano 145 (Julho/Agosto) 2016, em anotação ao acórdão do S.T.J, de 22 de Janeiro de 2015, pp. 330 e segs.

celebrado. De facto, ao constituírem o sinal, as partes visam garantir e reforçar o contrato, procurando tornar mais seguro o seu cumprimento. O *accipiens,* com o empossamento efectivo da coisa – o sinal – que lhe é entregue pelo *tradens,* visa reforçar a obrigação deste, confiando mais no seu cumprimento, visto que a própria entrega da coisa pode traduzir um começo de adimplemento; o *accipiens* vê no sinal uma garantia e um reforço da obrigação do *tradens,* cujo cumprimento (ou continuação de cumprimento) visa assegurar directa e imediatamente. O *tradens,* por seu turno, tem no desapossamento da coisa que entrega ao *accipiens* razão para sentir, de modo especial, a aludida pressão ao cumprimento da sua obrigação e, simultaneamente, razão para potenciar a confiança em que o *accipiens* cumpra também a sua obrigação, dada a ameaça sancionatória, própria do regime do sinal, que sobre ele passa a recair.

Estipulação real dirigida a reforçar os vínculos nascentes do contrato e a garantir o seu cumprimento, pela coerção indirecta que exerce sobre o devedor, o sinal constitui também a fixação preventiva e convencional da indemnização devida, em caso de não cumprimento imputável a uma das partes. Isto é, se a finalidade coercitiva do sinal não for alcançada, ainda assim ele determina previamente o *quantum respondeatur* resultante do não cumprimento, independentemente do montante ou até da existência do dano efectivo. Preventiva e convencional fixação da indemnização pelo não cumprimento imputável, determinada *ne varietur* pelo regime-regra ou como limite mínimo de indemnização devida, se tiver sido estipulada convenção em contrário (art. 442.º, n.º 4), o sinal tende, assim, a acautelar e garantir a reparação do dano – neste sentido, entretanto, o acórdão do S.T.J., de 6 de Maio de 2004 (Processo n.º 03B4295); o acórdão do S.T.J, de 7 de Junho de 2016 (Processo n.º 2303/08.7TVLSB.L1.S1), n.ºs VIII a X. Deste modo, quando não for eficaz como meio de compulsão ao cumprimento, o sinal funciona como meio ressarcidor do dano, *não se podendo aplicar o enriquecimento sem causa, dada a subsidiariedade desta figura* (entretanto, neste sentido, o acórdão do S.T.J, de 7 de Junho de 2016 (Processo n.º 2303/08.7TVLSB.L1.S1), n.º XI).

Certo, todavia, ser o potencial carácter sancionatório encerrado no sinal – pois aplica-se mesmo que não haja dano efectivo – a decididamente constranger e determinar o devedor a cumprir a prestação a que está adstrito, para não incorrer, quer na perda do sinal, quer no pagamento do dobro deste ou do aumento do valor da coisa, como indemnização (art. 442.º, n.º 4).

§2

ARTIGO 830.º

50. A mora ou simples atraso no cumprimento como pressuposto da execução específica

O que acaba de dizer-se conduz-nos à análise do disposto no art. 830.º.

A fim de «pôr ordem» onde parece reinar alguma confusão, importa reter que o pressuposto da chamada execução *específica do contrato-promessa é a mora e não o incumprimento definitivo*[181].

[181] Cfr. *supra*, n.º 42. Neste sentido, Acórdão do S.T.J., de 19 de Maio de 2010 (Processo n.º 158/06.5TCFUN.L1.S1); Acórdão do S.T.J., de 7 de Maio de 2009 (Processo n.º 09A0350); Acórdão da Relação do Porto, de 6 de Março de 2008 (Processo n.º 0830739); cfr. Acórdão da Relação do Porto, de 9 de Maio de 2007 (Processo n.º 0731918); Acórdão da Relação do Porto, de 23 de Abril de 2007 (Processo n.º 0751483); Acórdão da Relação do Porto, de 8 de Maio de 2006 (Processo n.º 0651298); Acórdão da Relação de Lisboa de 4 de Dezembro de 2006 (Processo n.º 1980/2006-6); Acórdão do S.T.J., de 23 de Setembro de 2003 (Processo n.º 03A2088); Acórdão do S.T.J., de 5 de Março de 1996, *in* "Colectânea de Jurisprudência" – Acórdãos do S.T.J. –, 1996, I, p. 115; Acórdão do S.T.J., de 4 de Fevereiro de 1992, *in* "B.M.J. n.º 414, p. 448; Acórdão do Supremo Tribunal de Justiça, de 15 de Fevereiro de 1990, *in* "Actualidade Jurídica", 1990, n.º 7, sob o n.º 1396: "Constitui um contra-senso pretender que, para a execução específica de contrato-promessa, seja necessária a prévia resolução do mesmo contrato". Igualmente, cfr. Acórdão da Relação de Lisboa, de 17 de Junho de 1993, *in* "Colectânea de Jurisprudência" 1993, III, p. 132: "O pressuposto da execução específica de um contrato-promessa não é o incumprimento definitivo mas sim a mora"; Acórdão da Relação do Porto, de 11 de Junho de 1992, *in* "Colectânea de Jurisprudência", 1992, III, p. 308 e ss.: "O mecanismo de execução específica do art. 830.º do Código Civil só se pode desencadear

Na verdade, se, na hipótese de o promitente (no contrato-promessa unilateral) ou um dos promitentes (na promessa bilateral) não cumprir pontualmente, nos termos devidos, o contrato, a outra parte intenta a acção de execução específica, é óbvio que através desta acção manifesta a vontade de ainda obter a prestação devida. Equivale a dizer, portanto, que o credor considera como simples atraso a violação do contrato por parte do devedor, e por isso insiste no cumprimento retardado. Se, inversamente, o credor não tivesse, fundadamente, mais interesse na prestação, consideraria a violação do contrato como incumprimento definitivo e optaria pela resolução do mesmo.

Convém não esquecer, naturalmente, que a chamada execução específica é, em última instância, no plano funcional, a mesma coisa que a acção de cumprimento: apenas esta se dirige à condenação do devedor no adimplemento da prestação, enquanto aquela produz imediatamente os efeitos da declaração negocial do faltoso (sentença constitutiva). Ou seja: o legislador português, ao introduzir o art. 830.º, na esteira da doutrina de Pothier, de Chiovenda e do art. 2932.º do Código Civil italiano, não usou da *fictio iuris* prevista no §894 do Código de Processo Civil alemão (Z.P.O.) e no §367 da *Executionsordnung* austríaca, nos termos dos quais o devedor é condenado na emissão da declaração de vontade, tendo-se esta como emitida no momento do trânsito em julgado da sentença, se ele não cumprir.

O realismo da lei portuguesa, longe de ofuscar a verdade das coisas, deve fazer-nos perceber que, através da sentença constitutiva prevista no art. 830.º, o credor obtém o que poderemos chamar *cumprimento funcional* da promessa, isto é, o resultado prático do cumprimento, independentemente e mesmo contra a vontade do promitente faltoso, em via imediata e sem ter de recorrer à sentença de condenação, nem, obviamente, ao processo executivo. De resto, a condenação no cumprimento revelar-se-ia, por princípio *inútil*, porque meramente *repetitiva:* a obrigação de prestar o consentimento definitivo nasce do próprio contrato-promessa. Dir-se-á mesmo que a execução específica da obrigação de concluir o contrato prometido é o *complemento ideal* do contrato-promessa, razão da sua enorme relevância

desde que haja *mora* no cumprimento"; Acórdão de Relação de Lisboa, de 24 de Março de 1992, *in* "Colectânea de Jurisprudência", 1992, II, p. 146 e ss.: "Só a *mora*, e não o incumprimento definitivo, dá direito ao contraente não faltoso de requerer a execução específica do contrato, nos termos do art. 830.º do Código Civil". Acórdão da Relação de Coimbra, de 22 de Maio de 1990, *in* "Colectânea de Jurisprudência", 1990, p. 48. Por fim, veja-se Acórdão da Relação de Évora de 16/01/2020 (Processo n.º 1959/09.8TBPMS.E1).

e sucesso prático, precisamente porque dá satisfação *in natura* ao interesse primário do credor. *Daí que, à semelhança da acção de cumprimento, a acção de execução específica prescinda da culpa e do dano como requisitos: pressuposto da execução específica é a mora ou atraso no cumprimento da obrigação de contratar,* ainda que não imputável ao devedor faltoso.

Aspecto importante, pois nos ajuda a compreender melhor que via de regra sejam aplicáveis ao contrato-promessa os princípios gerais do cumprimento e do não cumprimento das obrigações, entendido este em sentido lato (cumprimento defeituoso, mora e incumprimento definitivo).

51. A presunção de sinal penitencial e de multa penitencial no n.º 2 do art. 830.º. Apreciação crítica

Além de o devedor não poder considerar-se inadimplente, em termos definitivos, mas só em mora ou simples atraso no cumprimento, o art. 830.º estatui outros pressupostos da execução específica da promessa de contratar.

Em primeiro lugar, importa salientar a restauração pelo Decreto-lei n.º 379/86 dos primitivos n.os 1 e 2 da norma em apreço. Isto significa que a execução específica pode ter lugar *na falta de convenção em contrário* e sempre que a ela não se oponha a natureza da obrigação assumida. Ou seja, a regra geral da execução específica é supletiva, podendo as partes afasta-la por *convenção expressa ou tácita* – convenção tácita que se verifica, nos termos do n.º 2 do art. 830.º, se existir sinal ou tiver sido fixada uma pena para o caso de não cumprimento da promessa. Naturalmente, *a repristinação do primitivo n.º 2 do art. 830.º (que havia desaparecido com o Decreto-lei n.º 236/80) constitui inovação, a valer só para o futuro (art. 12.º), insusceptível de aplicação aos contratos concluídos na vigência do Decreto-lei n.º 236/80.*

À pena fixada para o caso de não cumprimento da promessa, porque não entregue no momento da conclusão do contrato, mas simplesmente prometida, *deve chamar-se multa penitencial. Multa penitencial e não cláusula penal compensatória,* porque esta, embora não possa ser cumulada com o cumprimento, não afasta ao credor a possibilidade de optar pela exigência deste, em coerência com a função que desempenha de reforço e de garantia do cumprimento, a que induz como meio de coerção[182]. Ora a lei, n.º 2 do art. 830.º, presume,

[182] Para a análise do regime positivo da cláusula penal, cfr., por todos, Calvão da Silva, *Cumprimento,* cit., p. 247 e ss.; Pinto Monteiro, *Cláusula penal,* cit..

em termos relativos, que as partes quiseram, ao fixar uma pena para o caso de não cumprimento, afastar a execução específica do contrato-promessa, pela qual, portanto, o credor não pode optar[183].

A existência de sinal no contrato-promessa faz presumir convenção contrária à execução específica (art. 830.º, n.º 2). Será, portanto, na presunção *iuris tantum* da lei, um *sinal penitencial*, correspectivo do direito de desistência ou retractação da promessa. Não só se presume, embora relativamente, que tem carácter de sinal toda a quantia entregue pelo promitente-comprador ao promitente-vendedor, ainda que a título de antecipação ou princípio de pagamento do preço (art. 441.º), como ainda esse sinal se presume penitencial no art. 830.º, n.º 2.

Não nos parece ser a melhor solução.

Em primeiro lugar, porque um direito de arrependimento, *jus poenitendi* ou *Reurecht*, não se coaduna com os princípios fundamentais do nosso direito das obrigações, como o são o *pacta sunt servanda* e a irrenunciabilidade prévia ao direito de exigir o cumprimento das obrigações (art. 809.º).

Em segundo lugar, porque no contrato-promessa já se admite como regra a possibilidade de as partes convencionarem a exclusão da execução específica, num claro desvio ao regime geral do art. 809.º.

Consequentemente, se os promitentes querem reservar o *droit de repentir* ou direito de recesso, que manifestem *vontade inequívoca* nesse sentido. Não o fazendo, não se nos afigura boa regra ver no sinal uma presunção de *ius poenitendi*, direito que, sendo de si excepcional e anormal no nosso sistema jurídico, só por prova de sua estipulação inequívoca, a fazer pela parte que o invoca, devia poder existir. Assim, quando o sinal tenha sido constituído ainda a título de antecipação ou princípio de pagamento do preço, traduzirá por regra uma vontade de *sinal confirmatório*[184], em conformidade com o início de cumprimento do contrato expressamente querido.

Além disso, no nosso entendimento não há razão para a repristinação do n.º 2 do art. 830.º, quando, simultaneamente, no n.º 3 do mesmo preceito,

[183] Para a distinção entre multa penitencial e cláusula penal, cfr. Calvão da Silva, *Sanção pecuniária compulsória (art. 829.º-A do Código Civil)*, Lisboa, 1987, n.º 18 (Separata do B.M.J., n.º 359). *Idem, Direitos de Autor, cláusula penal e sanção pecuniária compulsória*, Lisboa, 1987 (Separata da Revista da Ordem dos Advogados, Ano 47).

[184] Era já este o entendimento de Coelho Rocha, *Instituições de direito civil* (clássicos do Direito Brasileiro), II, São Paulo, 1984, §740, p.421, o qual, embora visse o sinal penitencial como regra, entendia que se a «coisa é dada em sinal e *princípio de paga*, já não é livre o arrepender-se».

se vem considerar nula a cláusula de renúncia prévia ao direito de execução específica, ampliando o seu campo de acção.

Quando a consagração da execução específica do contrato-promessa teve lugar, inovadoramente, em 1966, os termos cautelosos e apertados em que o legislador o fez ainda nos sensibilizam para a presunção de convenção em contrário vertida no n.º 2 do art. 830.º. Era todo um peso da tradição a fazer-se sentir: não havia nunca execução específica da promessa, passa a haver para o futuro; admite-se, todavia, convenção em contrário, valendo como tal, presuntivamente, a existência de sinal ou pena convencionada para o caso de não cumprimento.

Mas hoje a mente jurídica é outra.

Primeiro, a execução específica está adquirida como grande princípio, do mesmo modo que o cumprimento é princípio primário, natural e lógico, reconhecendo-se carácter subsidiário e residual à reparação do dano e execução por equivalente.

Segundo, *reivindica-se a extensão do art. 830.º*, a ampliação do seu perímetro, *de sorte que a execução específica se aplique a outras situações e efective a obrigação de emitir uma declaração de vontade fora do domínio do contrato-promessa*[185].

Terceiro, está adquirida por toda a parte a regra do sinal confirmatório.

Na Alemanha, a regra de que o sinal tem normalmente carácter confirmatório consta expressamente do §336 do B.G.B.: «Se ao celebrar um contrato é dado algo como sinal (*Draufgabe*), este vale como prova ou testemunho (*Zeichen*) da conclusão do contrato. *Na dúvida, o sinal não vale como preço de arrependimento (Reugeld)*[186].

Na Itália, em que o Código Civil regula o sinal confirmatório no art. 1385.º (*Caparra confirmatoria*) e o sinal penitencial no art. 1386.º *(Caparra penitenziale)*, é entendido pela doutrina e jurisprudência que o sinal tem, por regra, carácter confirmatório[187].

Na Suíça, a regra do sinal confirmatório está vazada no art. 158.º, n.º 1, do Código das Obrigações: «Celui qui donne dês arrhes est réputé les donner en signe de la conclusion du contrat, et non à titre de dédit».

[185] Cfr. Almeida Costa, *Direito das obrigações*, cit., p.171; Vaz Serra, na *Revista de Legislação e Jurisprudência*, ano 100, p. 194 e ss.; Calvão da Silva, *Cumprimento e sanção pecuniária compulsória*, cit., p. 498 e ss..

[186] Cfr., por todos, Soergel, *Bürgerliches Gesetzbuch*, vol. 2/1, *Schuldrecht I/1* (§ 241-432), 1986, p. 1497 e 1498; o Reugeld está previsto no §353 (ex §359).

[187] Cfr., por todos, *Rassegna di giurisprudenza*, cit., p. 594 e ss.

Entre nós, VAZ SERRA, nos trabalhos preparatórios do Código Civil, escrevia: «devendo presumir-se que as partes querem o cumprimento do contrato, as *arras* são, em princípio, simplesmente *confirmatórias*, sendo necessário, para que tenham o carácter de *penitenciais*, que tal seja especialmente estipulado ou que exista uso nesse sentido»[188].

Em sentido diferente vai o art. 1590.º do Código Civil Francês: «Si la promesse de vente a été faite avec dês arrhes, chacun dês contractants est maitre de s'en départir, celui qui les a données, en les perdant, et celui qui les a reçues, en restituant le double».

Contudo, a jurisprudência tem manifestado hostilidade ao jogo fácil do *dédit*, entendendo caber à parte que o invoca fazer a prova de que o sinal corresponde a essa faculdade. Por outras palavras: segundo a jurisprudência, as disposições do art. 1590.º do Código Civil, puramente supletivas, são neutras e delas não se pode tirar, na dúvida, uma presunção de faculdade de *dédit ou* de função penitencial do sinal[189].

Na doutrina, a tendência é para interpretar o sinal como princípio de pagamento e não como *dédit*, escrevendo CARBONNIER: «*Un jus poenitendi* a dejà en soi quelque chose d'anormal dans un regime où les conventions tiennent lieu de loi à ceux qui les ont faites. *Mais c'est un franc archaïsme quand ce jus poenitendi est lui même de structure formaliste, ne peut-être convenu que re (car n'est-ce pas un contrat réel que suppose l'art. 1590?)*[190].

52. Irrenunciabilidade antecipada ao direito de exigir a execução específica nas promessas a que se refere o n.º 3 do art. 410.º

Nos termos do n.º 3 do art. 830.º, o direito à execução específica não pode ser afastado pelas partes nas promessas a que se refere o n.º 3 do art. 410.º. Vale dizer que na promessa relativa à celebração de contrato oneroso de transmissão ou constituição de direito real sobre edifício, ou fracção autónoma dele, já construído, em construção ou a construir, a cláusula em que se exclua a execução específica é nula. É a nulidade da renúncia

[188] *Resolução do contrato*, no B.M.J., n.º 68, p. 263. Era este também o entendimento da Revista de Legislação e Jurisprudência, 63. e, p.57, acerca do sinal previsto no art. 1548.º do Código de Seabra, citando, nesse sentido, GUILHERME MOREIRA (cfr. VAZ SERRA, *ob.* e *loc. cits.*, p. 259, nota 202).

[189] Cfr., por todos, CORNU, *obser.* na *Rev. trim. dr. civ.*, 1967, p. 183-184.

[190] *Rev. trim. dr. civ.*, 1956, p. 363.

prévia ao direito de exigir a execução específica deste tipo de promessas, em conformidade com a geral irrenunciabilidade antecipada do credor ao direito de exigir o cumprimento da obrigação, consagrada no art. 809.º[191]. Não vale, portanto, qualquer convenção em contrário, expressa ou tácita, incluindo nesta a presunção legal constante do n.º 2 do art. 830.º[192]. Nada obsta, naturalmente, à renúncia *post* violação da promessa ou atraso no cumprimento.

Na 2.ª parte do n.º 3 do art. 830.º em apreciação estatui-se que «a requerimento do faltoso, porém, a sentença que produza os efeitos da sua declaração negocial pode ordenar a modificação do contrato nos termos do art. 437.º, ainda que a alteração das circunstâncias seja posterior à mora».

Embora, no n.º 5 do preâmbulo do Decreto-lei n.º 379/86, esta 2.ª parte seja justificada «como contrapartida» da nulidade da cláusula que exclua a execução específica, não pode deixar de entender-se que a possibilidade de o promitente faltoso requerer a modificação do contrato a que eventualmente haja lugar, nos termos do art. 437.º, por alteração anormal das circunstâncias vigentes à data da conclusão do contrato-promessa, é geral e existe também nos casos abrangidos pelo n.º 1 do art. 830.º, sempre que a execução específica seja validamente pedida e a alteração das circunstâncias seja anterior à mora ou atraso no cumprimento (art. 438.º). Normas estas, os arts. 437.º a 439.º, referentes à resolução ou modificação do contrato por alteração das circunstâncias, que são aplicáveis ao contrato-promessa, com a sua razão de ser a não as exceptuar ao princípio da equiparação (art. 410.º, n.º 1).

Só a parte final do n.º 3 do art. 830.º é exclusiva das promessas a que se refere o n.º 3 do art. 410.º, porquanto estabelece, numa inequívoca excepção ao regime geral do art. 438.º, a possibilidade de modificação da promessa ainda que a alteração das circunstâncias seja *posterior* à mora. Trata-se de uma excepção introduzida pela reforma de 1986, por se mostrar «necessária ao relativo equilíbrio de posições das partes que se pretende alcançar pelo caminho indicado (art. 830.º, n.º 3)» [193]. Nas palavras de ALMEIDA COSTA,

[191] Cfr., CALVÃO DA SILVA, *Cumprimento e sanção pecuniária compulsória*, cit., p. 177 e ss.; para a irrenunciabilidade prévia da nulidade atípica prevista no art. 410.º, n.º 3, cfr. *supra*, n.º 30.

[192] No caso de contrato-promessa com eficácia real (art. 413.º), o direito à execução específica existe sempre, mesmo que haja sinal, dada a *eficácia absoluta do direito creditório à celebração do contrato definitivo*.

[193] N.º 5 do preâmbulo do Decreto-lei n.º 379/86.

este "desvio representa uma atenuação à severidade do sistema imperativo da execução específica"[194].

Pessoalmente, não somos sensíveis à argumentação. Não nos impressiona o argumento de que, «sem essa excepção, o promitente faltoso nunca poderia requerer tal modificação do contrato, quando o respectivo fundamento fosse posterior à sua mora»[195]. E por que razões válidas há-de poder? Que motivos sérios existem para justificar este *privilégio* do promitente faltoso, relativamente aos devedores em geral? Quem quis proteger-se, o promitente-adquirente ou o promitente-alienante?

Quanto a nós, a haver alguma diferença de tratamento que se justifique, é a da não imperatividade da execução específica do contrato-promessa, num claro desvio ao regime-regra da irrenunciabilidade prévia ao direito de pedir o cumprimento e execução das obrigações, consagrado no art. 809.º, em atenção à função económica desempenhada pela promessa de contratar[196].

Mas a partir do momento em que o legislador assim o não entendeu, em nome da defesa do consumidor, e sancionou a nulidade da renúncia prévia à execução específica das promessas referidas no n.º 3 do art. 410.º – para proteger o promitente-adquirente da sua própria fraqueza e inexperiência, ligeireza e inadvertência, na tomada de decisão temporã, em branco, sem pleno conhecimento de causa –, não visualizamos razões importantes e decisivas que justifiquem o privilégio da modificação do contrato por alteração anormal das circunstâncias *posterior* à sua mora, leia-se, a um *ilícito* seu.

53. Impossibilidade de execução específica

A execução específica não tem lugar sempre que a ela se oponha a natureza da obrigação assumida (art. 830.º, n.º 1).

É o que acontece nos *contratos reais quoad constitutionem* (mútuo, depósito, comodato, penhor), em que a entrega da coisa é elemento constitutivo do negócio jurídico. Se à celebração do contrato não basta o mútuo consenso, a sentença que produza os efeitos da declaração negocial do faltoso é igualmente insuficiente para a perfeição do contrato... pois não entrega a coisa.

[194] *Direito das obrigações*, 8.ª ed. p.375.

[195] ALMEIDA COSTA, *Direito das obrigações*, cit., p. 277, nota 4, *in fine*.

[196] Cfr. VASCO XAVIER, *Contrato promessa*, cit., p.31 e 32; CALVÃO DA SILVA, *Contrato promessa*, cit., p. 53 e ss..

Em geral, pode dizer-se que a inviabilidade da execução específica ocorre quando, pela sua estrutura, formalismo ou natureza pessoal, o negócio prometido não possa ou não deva ser concluído por uma sentença. Assim, não é possível a execução específica do contrato-promessa de trabalho (art. 103.º, n.º 3, do Código do Trabalho, na redacção da Lei n.º 7/2009, de 12 de Fevereiro), *do acordo parassocial de voto*, dada a sua especial natureza e não eficácia perante a sociedade (art. 17.º do Código das Sociedades Comerciais), da promessa de venda de bens imóveis feita por um dos cônjuges sem o consentimento necessário do outro (art. 1682.º-A), da promessa de venda ou locação de coisa alheia, etc., já que, sendo o contrato-promessa *res inter alios* para o terceiro, não pode o tribunal suprir o consentimento deste (*supra*, n.º 10)[197].

De igual modo, *a execução específica não pode proceder sem a apresentação da licença de construção ou de utilização: se os promitentes não podem celebrar o contrato definitivo sem aquela apresentação, também o juiz não pode proferir sentença que produza os efeitos da declaração negocial do faltoso... na falta da documentação legal (supra,* n.º 31.1)[198]. *O mesmo se diga acerca da falta de apresentação da ficha técnica da habitação* (*supra*, n.º 31.2).

Em casos destes haverá responsabilidade civil pelos danos causados à outra parte, se o inadimplente tiver actuado com culpa.

Naturalmente, a execução específica pode ser inviável se *in casu* o seu exercício constituir um *abuso do direito*, designadamente por incoerência do comportamento do seu autor (*venire contra factum proprium*).

54. (Cont.): A hipótese de falência ou insolvência

54.1. *No anterior Código dos Processos Especiais de Recuperação da Empresa e da Falência*

O art. 164-A do Código dos Processos Especiais de Recuperação da Empresa e de Falência, introduzido pelo Decreto-lei n.º 315/98, de 20 de

[197] Cfr. Ribeiro de Faria, *Direito das Obrigações*, I, *cit.*, p. 270 e 271; Antunes Varela, *Das Obrigações em geral*, I, 10.ª ed., p. 365 e 366; Galvão Telles, *Direito das Obrigações*, 7.ª ed., p. 142; Almeida Costa, *Direito das Obrigações*, 8.ª ed., p. 378 a 380; Rui de Alarcão, *Direito das Obrigações*, cit., p. 150.

[198] Neste sentido, cfr. acórdão do S.T.J., de 4 de Junho de 2002, *in* "Colectânea de Jurisprudência", 2002, t. II, p. 94.

Outubro, veio estabelecer, no tocante aos efeitos da falência sobre os actos anteriormente realizados pelo falido, um regime próprio para o contrato-promessa não cumprido à data da declaração de falência.

Nos termos do n.º 1 do art. 164-A, o contrato-promessa de eficácia meramente obrigacional *extingue-se* – por caducidade, automaticamente, com a declaração da falência –, se o liquidatário judicial, *ouvida* a comissão de credores, não optar pela conclusão do contrato prometido ou execução específica da promessa, se esta a permitir. Logo, teremos aqui uma *impossibilidade legal de execução específica para o outro contraente, no caso de o cumprimento ou a execução específica da promessa não interessar à massa falida*, o qual ficará confinado ao direito de indemnização nos termos gerais, não existindo sinal, ou nos termos do regime do sinal, havendo-o. Trata-se de um crédito comum sobre a massa falida, que entra na graduação geral dos bens (art. 200, n.º 2, do mesmo Código).

Já nos termos do n.º 2 do citado art. 164-A, tratando-se de *promessa com eficácia real*, o promitente-adquirente conserva o direito de exigir à massa falida (promitente-vendedor) a celebração do contrato prometido ou a execução específica da promessa. Mas se o falido for promitente-comprador, cabe ao liquidatário judicial decidir a execução do contrato, pagando o preço convencionado, ou a sua resolução, com o dever de indemnizar o promitente-alienante – *neste caso, também o promitente-vendedor estará impossibilitado por lei de recorrer à execução específica da promessa, apesar do seu carácter real*, assim cingido a um crédito comum indemnizatório[199].

Para os efeitos da falência sobre as compras e vendas anteriormente celebradas pelo falido mas ainda não cumpridas dispunha o art. 161 do mesmo Código.

54.2. *No novo Código da Insolvência e da Recuperação de Empresas*

O Código dos Processos Especiais de Recuperação da Empresa e de Falência foi revogado pelo art. 10.º do Decreto-lei n.º 53/2004, de 18 de Março (alterado vezes várias), que aprovou o *Código da Insolvência e da Recuperação de Empresas* (CIRE).

[199] Cfr. Acórdão do S.T.J., de 8 de Março de 2001 (internet); Acórdão do S.T.J., de 11 de Abril de 2000, *in* "Colectânea de Jurisprudência", 2000, II, p. 34; Acórdão da Relação de Lisboa, de 12 de Outubro de 1999, *in* "Colectânea de Jurisprudência", 1999, IV, p. 122.

São dois os artigos do CIRE relativos aos efeitos da insolvência – deixou de se falar de falência – sobre contratos-promessa em curso à data da declaração daquela: o art. 102.º[200] e o art. 106.º:

Dispõe como segue o art. 106.º:

"1. No caso de insolvência do promitente-vendedor, o administrador da insolvência não pode recusar o cumprimento de contrato-promessa com eficácia real, se já tiver havido tradição da coisa a favor do promitente-comprador.
2. À recusa de cumprimento de contrato-promessa de compra e venda pelo administrador da insolvência é aplicável o disposto no n.º 5 do artigo 104.º, com as necessárias adaptações, quer a insolvência respeite ao promitente-comprador quer ao promitente-vendedor".

Seguem-se deste preceito – preceito específico do contrato-promessa de venda e de outros contratos onerosos de que a compra e venda constituem arquétipo (art. 939.º do Código Civil) – duas coisas:

Primeira, *só no contrato-promessa com eficácia real (art. 413 do Código Civil) acompanhado de traditio rei o administrador da insolvência do promitente-vendedor não pode recusar o cumprimento* (art. 106.º, n.º 1) – logo, o promitente-comprador conserva o direito de exigir à massa insolvente (promitente-vendedor; administrador da insolvência) a celebração do contrato prometido ou a execução específica da promessa;

Segunda, *em todos os demais casos de contratos-promessa vale a regra geral do art. 102.º*, que confere ao administrador da insolvência (do promitente-vendedor ou do promitente-comprador) *a opção entre celebrar o contrato prometido ou recusar o cumprimento da promessa (art. 102.º, n.º 1) com a aplicação do disposto no n.º 5 do art. 104.º* (art. 106.º, n.º 2), vale dizer, *com o dever de indemnizar nos termos do art. 102.º, n.º 3 – nesta hipótese, a outra parte fica impossibilitada de pedir o cumprimento ou a execução específica da promessa, mesmo de promessa com eficácia real sem traditio rei, assim confinado a um crédito indemnizatório.*

200 A propósito do art. 102.º do CIRE, cfr. Acórdão da Relação de Coimbra de 25/06/2019 (Processo n.º 218/17.0T8SEI-F.C1): "8 – A mera declaração de insolvência tem como efeito "regra" a suspensão *ex lege* e automática do contrato-promessa em curso em que o insolvente seja parte, passando a assistir ao AI, na pendência de tal suspensão, o direito de optar ou pelo cumprimento ou pelo incumprimento do contrato-promessa (cfr. art. 102.º CIRE)".

55. Registo da acção de execução específica e dupla alienação imobiliária

Pelo acórdão n.º 4/98, de 5 de Novembro, o Supremo Tribunal de Justiça firmou a seguinte jurisprudência:

> «A execução específica do contrato-promessa sem eficácia real, nos termos do artigo 830.º do Código Civil, *não é admitida no caso de impossibilidade de cumprimento por o promitente-vendedor haver transmitido o seu direito real* sobre a coisa objecto do contrato prometido *antes de registada a acção de execução específica, ainda que o terceiro adquirente não haja obtido o registo da aquisição antes do registo da acção; o registo da acção não confere eficácia real à promessa»*[201].

Não nos parece ser a melhor orientação.

A acção de execução específica da obrigação de contratar, pre-vista no art. 830.º do Código Civil, tanto respeita ao contrato-promessa com eficácia real (art. 413.º do Código Civil) como ao contrato-promessa meramente obrigacional (art. 410.º do Código Civil). Através dela pretende o autor obter uma sentença (constitutiva) que produza imediatamente os efeitos da declaração negocial do faltoso, tendo-se por celebrado o contrato prometido.

A diferença reside na eficácia do direito de crédito exercido pelo autor na acção de execução específica: eficácia real no caso do art. 413.º; eficácia meramente obrigacional na hipótese do art. 410.º, com a consequência de aquele ser e este não oponível a terceiros.

Nos termos da al. *a*) do n.º 1 do art. 3.º do Código do Registo Predial, estão sujeitas a registo «as acções que tenham por fim, principal ou acessório, o reconhecimento, a constituição, a modificação ou a extinção de algum dos direitos referidos no artigo anterior, bem como as acções de impugnação pauliana» (redacção dada pelo Decreto-lei n.º 533/99, de 11 de Dezembro). A acção de execução específica da obrigação de contratar tem por fim a celebração do contrato prometido – pense-se na compra e

[201] Publicado no Diário da República de 18 de Dezembro 1998. Já antes no mesmo sentido, cfr. ALMEIDA COSTA, *Direito das Obrigações,* 7.ª ed., Coimbra, 1998, p.365 nota 1 (8.º ed. p. 380, nota 2); Acórdão da Relação de Lisboa, de 23 de Fevereiro de *1989, in* "Colectânea de jurisprudência", 1989; I, p.133 e segs.; Acórdão do STJ, de 12 de Março de 1991, *in* "O Direito", ano 124, III, p. 141 e segs.; Acórdão do STJ, de 8 de Maio de 1991, *in* "Revista da Ordem dos Advogados", ano 52, I, p. 183 e segs.; Acórdão do STJ de 15 de Março de 1994, *in* "Colectânea de jurisprudência – Acórdãos do STJ" – Ano II, t. I, 1994, p. 158 e 159.

venda de imóveis –, que transmite a propriedade da coisa (arts. 408.º, 879.º, al. *a*), e 1317.º, al. *a*), do Código Civil). Logo, a acção de execução específica estava anteriormente sujeita a registo, não tendo seguimento após os articulados sem se comprovar a sua inscrição (art. 3.º, n.º 2, do Código do Registo Predial, revogado pelo Decreto-lei n.º 116/2008, de 4 de Julho). *Actualmente, o registo é oficioso, cabendo, ao tribunal* (cfr. 8º-B, n.º3, al. a), do Código do Registo Predial).

O registo da acção, feito nos termos do art. 53º do Código de Registo Predial, é provisório por natureza (art. 92.º, n.º 1, al. *a*, do Código do Registo Predial), não estando a sua inscrição sujeita a qualquer prazo de caducidade (art. 92º,n.º11, do Código do Registo Predial). Diferentemente, as inscrições referidas nas alíneas b) a e) do n.º 1 do art. 92º do Código do Registo Predial, bem como na alínea c) do n.º 2 do mesmo preceito, se não forem também provisórias com outro fundamento, mantêm-se em vigor pelo prazo de cinco anos, renovável por períodos de igual duração, a pedido dos interessados, mediante a apresentação de documento que comprove a subsistência da razão da provisoriedade emitido com antecedência não superior a seis meses em relação ao termo daquele prazo. Ou seja: o normal prazo de seis meses de vigência do registo provisório, fixado no n.º 3 do art. 11.º do Código do Registo Predial, é em geral substituído pelo prazo de cinco anos nas inscrições previstas no n.º11 do art.92º, e não se aplica nas inscrições referidas nas alíneas a) e j) a n) do n.º 1 do mesmo artigo, em atenção à oficiosidade das mesmas.

Por sua vez, logo que transitada em julgado, a decisão final da acção está igualmente sujeita a registo (art. 3.º, n.º 1, al. *c*), do Código do Registo Predial), sendo este feito por averbamento à inscrição (da acção), nos termos do art. 101.º, n.º 2, al. *c*), do Código do Registo Predial. Deste modo, pela conversão do registo provisório (da acção) em registo definitivo (da sentença), este conserva a prioridade que tinha como registo provisório da acção (art. 6.º, n.º 3, do Código do Registo Predial), assim se acautelando *o perinculum in mora* do processo. Por isso, para efeitos de aplicação da regra da *prioridade do registo* estatuída no art. 6.º do Código de Registo Predial, a data que conta é a do registo da acção: o *registo da sentença favorável ao promitente-comprador prevalece sobre o registo da aquisição de terceiro ao promitente-vendedor feito depois do registo da acção, ainda que a venda tenha sido anterior.*

Ao estatuir que «o registo convertido em definitivo conserva a prioridade que tinha como provisório» (art. 6.º, n.º 3, do Código de Registo Predial), o legislador configurou um compósito mecanismo de publicidade em dois tempos, iniciado com o registo da acção e completado com o registo da sentença, com a consequência da ineficácia perante o autor (promitente--comprador) das transmissões da coisa registadas depois do registo da acção.

O propósito legislativo é, pois, bem claro: facultar à decisão final a produção de efeitos contra terceiros – terceiros no sentido do art. 5.º, n.º4, do Código de Registo Predial – desde o primeiro momento – o momento do registo da acção – e não apenas depois do registo definitivo (da sentença).

Destarte, se é certo que o promitente-comprador adquire a propriedade da coisa (só) com a sentença constitutiva, de eficácia *ex nunc*, certo igualmente que a oponibilidade a terceiros (art. 5.º do Código de Registo Predial) da mesma sentença – facto sujeito a registo – opera desde a data do registo da acção. E assim, *a anterioridade do registo da acção de execução específica torna inoponíveis ao autor registos ulteriores de aquisições realizadas antes ou depois.*

Com o que acaba de ser dito não se confere eficácia real à promessa meramente obrigacional. Desta nasce um direito de crédito sem eficácia real, que, por isso mesmo e diferentemente da hipótese de promessa com eficácia real (art. 413.º do Código Civil), o promitente-comprador não pode fazer valer perante terceiro-adquirente do promitente-vendedor. Só que não é esse o direito que o promitente-comprador opõe a terceiro para ficar com a coisa na hipótese em apreço. Nesta, *o que o promitente-comprador faz valer é a prioridade do registo da sentença, reportada* ***ex lege*** *à data do registo da acção, sobre o sucessivo registo da aquisição de terceiro, independentemente da data desta* (art. 6.º do Código de Registo Predial).

Válida e eficaz inter partes, a venda feita pelo promitente-vendedor a terceiro não produz efeitos contra o promitente-comprador enquanto não tiver sido registada (art. 5.º, n.º 1, do Código de Registo Predial). *Mas, uma vez registada a acção de execução específica, o registo posterior daquela compra e venda é ineficaz perante o autor.* Tudo se passa, para efeitos de aplicação da prioridade do registo, como sendo o próprio promitente-vendedor a alienar a coisa ao promitente-comprador na data do registo da acção de execução específica: ao produzir os efeitos da declaração negocial do (promitente-vendedor) faltoso, a sentença celebra o contrato definitivo de compra e venda e o correspondente registo produz efeitos contra terceiros (art. 5.º do Código de Registo Predial) desde o (cautelar) registo da acção (art. 6.º, n.º 3, do Código de Registo Predial) – momento inicial do mecanismo publicitário que torna desde logo cognoscível a terceiros a possibilidade de a titularidade registada a favor do réu vir a ser prejudicada pela pretensão do autor, caso este obtenha ganho de causa.

Dito e compreendido isto, não se descortina qualquer razão válida para tratar o caso em apreciação – ***A****, promitente-vendedor, aliena a coisa a terceiro* ***(B)****, e* ***C****, promitente-comprador, regista primeiro a acção de execução específica, obtendo ganho de causa – de modo diverso daquele outro, exemplo de escola, em que* ***A****, proprietário, vende a coisa a* ***B*** *e posteriormente a* ***C****, que regista primeiro. Em ambas as hipóteses se verifica o registo como conhecida excepção à regra da aquisição derivada «memo plus iuris in alium transferre potest quam ipse habet», em nome da segurança do comércio jurídico imobiliário.*

Por outro lado, não se pode falar de impossibilidade de execução específica quando a venda a terceiro anteceda o registo da acção. É que, afinal, não obstante a venda da coisa a terceiro pelo promitente-vendedor, se o registo da acção for anterior ao da aquisição, prevalecerá a venda celebrada pela sentença (art. 6.º do *Código de Registo Predial). Não há, portanto, impossibilidade jurídica de execução específica, derivada da alienação a terceiro da coisa objecto do contrato prometido, traduzida em venda de coisa alheia.*

Mas mesmo quem não aceite esta doutrina geral, pelo menos deverá reconhecer a execução específica se o terceiro adquirente tiver agido de má fé.

As regras do registo são igualmente salvaguardadas, de modo expresso, no *fenómeno da substituição processual*, contemplado no art. 263.º do Código de Processo Civil.

Na verdade, o *que há de importante e inovador no regime do art. 263.º do Código de Processo Civil é a concessão de legitimidade ao transmitente para continuar a litigar na acção apesar da transferência do direito para o adquirente.*

Já a extensão dos efeitos da sentença ao adquirente não interveniente no processo – com a exequibilidade da sentença contra ele (art. 55.º do Código de Processo Civil) – *não passa de consequência normal e natural da atribuição dessa legitimidade substitutiva.*

Por outro lado, a salvaguarda da anterioridade do registo da aquisição corresponde à regra geral da prioridade do registo.

Como tal, *não é propriamente o registo da acção que estende a eficácia do caso julgado ao adquirente* – essa extensão decorre da substituição processual, em que o substituto continua parte no processo, nele figurando em nome próprio, apesar de o sujeito da relação material passar a ser o substituído a quem, por isso mesmo, se referem os efeitos civis da sentença como se ele mesmo fosse também o sujeito da relação processual.

O registo da acção assegura, isso sim, a oponibilidade a terceiros do registo da sentença, com prevalência sobre o registo sucessivo da aquisição de terceiro, independentemente da data da celebração – neste caso, portanto, o terceiro está obrigado a entregar o imóvel ao autor (promitente-comprador), podendo este executar a sentença contra aquele (art. 55.º do Código de Processo Civil).

Se, ao invés, o registo da aquisição precede o da acção, aquele prevalece sobre o registo da sentença, sentença que será *res inter alios acta* para o adquirente[202].

As regras do registo são também ressalvadas na resolução do contrato, no art. 435.º, n.º 2, do Código Civil:

[202] No sentido do texto, cfr. art. 2652.º, n.º 2, do Código Civil italiano, que sujeita a registo «as acções dirigidas a obter a execução em forma específica da obrigação de contratar», acrescentando na segunda parte: «*La trascrizione della sentenza che accoglie la domanda prevale sulle trascrizione e iscrizioni eseguite contro il convenuto dopo la trascrizione della domanda*»; Cassação italiana, de 2 de Fevereiro de 1983, n.º 915, *in* "Diritto e Giurisprudenza", 1983, p. 396 e segs., com anotação concordante de ENRICO GABRIELLI; GALVÃO TELLES, *Direito das Obrigações*, 7.ª ed., p. 146 e segs.; GALVÃO TELLES, *Registo de acção judicial (sua relevância processual e substantiva)* (Parecer), *in* "O Direito", Ano 124 (1992), III, p.495 e segs.; OLIVEIRA ASCENSÃO/ PAULA COSTA E SILVA, *Alienação a terceiro de prédio objecto de contrato-promessa e registo da acção de execução específica* (Anotação ao acórdão do S.T.J. de 8 de Maio de 1991), *in* "Revista da Ordem dos Advogados", Ano 52 (1992), I, p. 183 e segs.; acórdão do S.T.J. de 28 de Junho de 1994, *in* "Colectânea de jurisprudência" – Acórdãos do S.T.J. – Ano II, T II, 1994, p.159; acórdão do S.T.J. de 20 de Junho de 1990, *in* "BMJ" n.º 398, p.504 e segs.; MIGUEL MESQUITA, *Apreensão de bens em processo executivo e oposição de terceiro*, Coimbra, 1998, p. 171, 173; VAZ SERRA, *in* Revista de Legislação e Jurisprudência, ano 115, p. 209, na hipótese de má fé do terceiro adquirente; ver, ainda, ANTUNES VARELA, *Das obrigações* em *geral*, I, 10.ª ed., p. 330 a 334. *Amplius*, JOÃO CALVÃO DA SILVA, *Coligação Negocial em Fraude à Lei, ofensiva dos Bons Costumes ou simulada: a interpretação restritiva do Acórdão Uniformizador de Jurisprudência n.º 4/98 do S.T.J. ou o Abuso do Direito de Terceiro contratar com o Promitente-Vendedor*, *in* "Revista de Legislação e de Jurisprudência", ano 137 (Maio-Junho de 2008), p. 293 e segs.

Já depois do criticado acórdão uniformizador, e no sentido defendido em texto, cfr. Acórdão do S.T.J., de 20 de Março de 2003 (Processo n.º 03B62), que confirma o acórdão da Relação do Porto proferido no Processo n.º 263/02 em 8/4/2002. Veja-se também o acórdão do S.T.J. n.º 11/2/2015 (Processo n.º 1392/05.OTBMCN.P1.S1), n.º VII, e também o Acórdão da Relação de Évora de 21/12/2017 (Processo n.º 3542/14.7T8STB.E1): "Tendo o contrato-promessa em apreço eficácia meramente obrigacional, apenas após o pedido de execução específica formulado na presente acção e oportunamente registado, o mesmo é oponível perante terceiros, donde o registo da acção não tem eficácia relativamente a terceiros que hajam previamente registado direitos incompatíveis com o emergente da presente acção".

"Porém, o registo da acção de resolução que respeita a bens imóveis, ou a móveis sujeitos a registo, torna o direito de resolução oponível a terceiro que não tenha registado o seu direito antes do registo da acção".

Ainda as regras do registo são ressalvadas na inoponibilidade da nulidade e da anulação, no art. 291º do Código Civil: prioridade do registo da aquisição do terceiro sub-adquirente sobre o registo da acção de nulidade ou anulação (n.º 1), fora da hipótese de esta ser proposta e registada dentro dos três anos posteriores à conclusão do negócio nulo ou anulável (n.º 2).

Naturaliter, a alienação a terceiro do bem prometido vender contém em si mesma uma clara e inequívoca declaração de não cumprimento do contrato-promessa pelo promitente-vendedor, com o promitente-comprador a poder lançar mão do regime do incumprimento definitivo (*supra,* n.º 46).

56. Execução específica e depósito do preço

Tratando-se de promessa relativa à celebração de contrato oneroso de transmissão ou constituição de direito real sobre edifício, ou fracção autónoma dele, em que caiba ao adquirente, nos termos do art. 721.º, a faculdade de expurgar hipoteca a que o mesmo se encontre sujeito, pode aquele, caso a extinção de tal garantia não preceda a mencionada transmissão ou constituição, ou não coincida com esta, requerer, para efeito da expurgação, que a sentença condene também o promitente faltoso a entregar-lhe o montante do débito garantido, ou o valor nele correspondente à fracção do edifício ou do direito objecto do contrato, e dos juros respectivos, vencidos e vincendos, até pagamento integral (art. 830.º, n.º 4).

Significa isto que a sentença é compósita: sentença constitutiva, enquanto produz os efeitos da declaração negocial do faltoso; *sentença de condenação,* na medida em que condena o promitente-alienante a entregar o montante do débito garantido, valendo, nesta parte, como título executivo.

Por outro lado, no caso em que ao obrigado seja lícito invocar a *exceptio non adimpleti contractus* – o que acontece nos contratos bilaterais ou sinalagmáticos, em que as obrigações estão ligadas entre si por um nexo de causalidade ou de correspectividade, sendo a *exceptio* um corolário do sinalagma funcional [203] –, a acção improcede, se o requerente não consignar

[203] Cfr. CALVÃO DA SILVA, *Cumprimento e sanção pecuniária compulsória*, cit., p. 329 e ss.

em depósito a sua prestação no prazo que lhe for fixado pelo tribunal (art. 830.º, n.º 5). É o caso, por exemplo, de o promitente-comprador requerer a execução específica da promessa, em que o *tribunal não deve proferir sentença, sem que aquele deposite o preço no prazo que lhe for fixado*. Noutros termos: *não é admissível ao tribunal a pronúncia da sentença sob a condição de o promitente--comprador consignar em depósito o preço devido; ao invés, a acção improcede, independentemente do mérito da causa, se o requerente não depositar a sua prestação no prazo que lhe for fixado pelo tribunal.*

Deste modo, pela consignação em depósito do (remanescente do) preço *ainda em dívida* – alegado e demonstrado em dívida – imediatamente antes de ser proferida a sentença constitutiva, o legislador procura salvaguardar o princípio da simultaneidade do cumprimento das prestações (art. 428.º): transmissão da propriedade e entrega da coisa contra o pagamento do preço devido, à semelhança do que ocorre na outorga da escritura pública de compra e venda de imóvel ou na conclusão de venda não solene em que não haja prazos diferentes para o cumprimento das prestações. É o princípio do *"toma lá-dá cá"*, para prevenir a transmissão da propriedade do objecto por força da sentença sem o correspectivo e simultâneo pagamento do preço devido, em defesa do promitente-vendedor que, de outro modo, perderia a titularidade do bem e poderia não receber o preço em falta.

Para evitar este risco – transmissão da propriedade com falta de pagamento simultâneo do preço –, o legislador ergueu a *consignação em depósito num pressuposto ou requisito necessário, conquanto não suficiente, da procedência da acção* [204]: "no caso de contrato em que ao obrigado seja lícito *invocar*" – *e invoque, portanto* – "a excepção de não cumprimento, *a acção*" – a acção de execução específica do contrato-promessa, naturalmente, pois é dessa e só

[204] Neste sentido, Pires de Lima e Antunes Varela, *Código Civil Anotado*, II, 4.ª ed., 1997, anotação 7 ao art. 830.º; Galvão Telles, *Direito das Obrigações*, 7.ª ed., p. 135 a 138; acórdão do S.T.J., de 9 de Abril de 1991, *in* "Colectânea de Jurisprudência", 1991, Ano XVIII, p. 14; acórdão do S.T.J. de 12 de Dezembro de 1992, *in* "BMJ" n.º 422, p. 335; acórdão da Relação de Lisboa de 1 de Outubro de 1992, *in* "Colectânea de Jurisprudência", 1992, IV, p.168; acórdão da Relação de Lisboa, de 16 de Maio de 2002, *in* "Colectânea de Jurisprudência" 2002, t. 3, p. 72; acórdão da Relação do Porto de 22 de Setembro de 1992, *in* "BMJ" n.º 419, p. 815; acórdão da Relação de Évora, de 1 de Junho de 1999, *in* "Revista de Legislação e Jurisprudência", ano 133, p. 250, com anotação crítica de Almeida Costa; em sentido diferente, Almeida Costa, *Direito das Obrigações*, 8.ª ed., p. 376 e segs., e na Revista de Legislação e Jurisprudência, ano 129, p. 194 e seg.

dessa que se cuida no artigo – "*improcede*, se o requerente não consignar em depósito a sua prestação no prazo que lhe for fixado pelo tribunal". Logo, para que a acção possa proceder e ser lavrada sentença de execução específica, o depósito tem de estar previamente feito (art. 924.º do Código de Processo Civil) – se não seria decretada a execução específica sob condição de depósito posterior, no prazo fixado a contar do trânsito em julgado da decisão. Pelo que, se não depositado previamente o preço no prazo determinado, o juiz declara improcedente a acção por esse facto, dispensado da apreciação do mérito da causa, do mérito do pedido de execução específica, e da prolação de *sentença eventualmente inútil*... em virtude de a final, transitada em julgado a decisão favorável, o promitente não poder ou pura e simplesmente não querer pagar ou consignar em depósito o preço em falta, *dando-se por satisfeito com a vitória moral da procedência da acção sob condição.*

A procedência da acção de execução específica sob condição (melhor suspensiva do que resolutiva) *do pagamento ou consignação em depósito do preço no prazo fixado com termo a quo no dia do trânsito em julgado da decisão não se coaduna minimamente com a letra e o espírito do n.º 5 do art. 830.º*, que diz "*a acção improcede*, se...", e não a "acção procede, se o requerente consignar... no prazo... a partir do trânsito em julgado" – naturalmente, a sentença de improcedência da acção não obsta a que o pedido se renove quando a consignação em depósito do preço seja efectuado (art. 621.º do Código de Processo Civil).

E constituindo (a sentença sob condição suspensiva) uma solução possível não é, todavia, (a mais) desejável de iure condendo, pelo risco coenvolvido de uma decisão inútil, mero flatus vocis ou simples discurso jurídico. A isso se opõe a natureza de serviço público, a dever ser sempre útil e ao qual só deve poder recorrer-se com seriedade ... para prestar um real e efectivo serviço à vida (Heck). *Mais desejável se afigura a possibilidade de o depósito prévio do preço ser substituído pela prestação de garantia bancária ou seguro-caução de igual montante*, dada a «segurança» ou «certeza» do pagamento pelo garante, evitando ao promitente os inconvenientes da imobilização do dinheiro depositado por tempo que se poderá revelar longo.

57. Cúmulo da execução específica com a redução do preço ou a eliminação dos defeitos da coisa

O promitente-comprador, que intenta a acção de execução específica, quer depositar um preço inferior ao convencionado, por entender que a coisa (v.g. uma casa construída), objecto do contrato prometido, é defeituosa. Poderá fazê-lo?

A questão levantada tem a ver com a possibilidade de cumulação do pedido de redução do preço (*quanti minoris*) com o de cumprimento do contrato, *rectius*, de sentença que produza os efeitos da declaração negocial do faltoso[205]. Aparentemente a resposta pareceria dever ser negativa, já que passaria a estar em causa uma relação jurídica com conteúdo diverso do previsto no contrato-promessa, e a execução específica traduz-se na obtenção de sentença que produza os efeitos da declaração negocial do faltoso.

Porém, não parece que deva ser assim.

Em primeiro lugar, porque, a dar-se este entendimento, estaríamos a «empurrar» o promitente-comprador para a resolução do contrato – tutela negativa por si não desejada, visto que mantém o interesse no imóvel viciado, embora considere dever ser reduzida a contraprestação a que está vinculado.

Em segundo lugar, porque a alternativa positiva à resolução, que vá ao encontro dos interesses do promitente-adquirente, não é a aceitação pura e simples da coisa defeituosa. Essa alternativa está na eventual redução do preço a que julga ter direito. E não se vê por que razão séria as normas do contrato de venda sobre coisas defeituosas (art. 913.º e ss.) não devam considerar-se aplicáveis ao contrato-promessa, em conformidade com o princípio *da equiparação de regime* consagrado pelo art. 410.º[206]. Tanto mais quanto nele encontra aplicação a norma supletiva que estipula um conjunto de regras de determinação do preço na venda (art. 883.º): se o tribunal pode determinar o preço, por que não há-de poder fixar um preço inferior ao estipulado na promessa?

[205] Sobre o problema no direito italiano e evolução na jurisprudência e na doutrina, cfr. A. Di Majo, *La tutela del promissario acquirente nel preliminare di vendita: la riduzione del prezzo quale rimedio specifico, in* Giust. civ., 1985, I p. 1636 e ss. (anotação ao aresto da cassação de 27 de Fevereiro de 1985, n.º 1720, que dá resposta positiva à questão levantada em texto); Giuseppina Leo, *Contratto preliminare e tutela del promissário acquirente,* in Rass. dir. civ., 1986, p. 752 e ss. (anotação ao mesmo aresto); A. Lener, *Contratto «preliminare»,esecuzione anticipata del «definitivo» e rapporto intermedio,* in For. ital, 1977, I, c. 669; C. Caputo, *Conseguenze derivanti dalla consegna della cosa anteriormente al trasferimento del diritto,* in Giust. civ, 1977, 1, p. 225 e ss.; Carbonnre, I vizi *e le difformità della cosa legittimano la riduzione del prezo,* in *Corriere guridico* 1985, p. 627 ss.; F. Macário, *Garanzia per i vizi ed esecuzione coativa dei preliminare rettificato,* in *Foro* it., 1985, I, c. 1697 ss.

[206] Cfr. João Calvão da Silva, *Vício de quantidade: defeito da coisa, erro autónomo e não cumprimento, in* "Estudos Jurídicos", Coimbra 2001, p. 333 e segs., especialmente n.º 6 (p. 347 e segs).

Esta solução, a solução de considerar que o promitente-comprador pode, na acção de execução específica, cumular o pedido de redução do preço com o de cumprimento do contrato é a que melhor se coaduna com a sinalagmaticidade das prestações. Efectivamente, a sentença referida no n.º 1 do art. 830.º não tutela plenamente o promitente-comprador, de acordo com os princípios dos contratos bilaterais, se o juiz não puder reequilibrar as prestações, reduzindo o preço, na hipótese de a coisa apresentar defeitos ou vícios que a diminuam de valor. Só assim o sinalagma das prestações querido pelos promitentes é verdadeiramente assegurado na real situação concreta, dada a *falta de conformidade ou perfeita correspondência entre o bem prometido e a coisa entregue ou oferecida em cumprimento*, sem que, com isso, o juiz transforme o objecto convencionado num *aliud* ou substitua a sua vontade ao querido pelos contraentes. Ao invés, o cúmulo do pedido principal ou central – cumprimento do contrato, produzindo o efeito translativo da declaração negocial do faltoso – com o pedido acessório da redução do preço reequilibra o conteúdo querido como sinalagmático pelos promitentes, não permitindo que o promitente-vendedor livremente possa entregar uma coisa disforme da convencionada.

Diga-se ainda que a solução defendida não é mais do que a aplicação das regras gerais do cumprimento das obrigações, susceptíveis de evitar respostas de puro conceptualismo jurídico, como a de entender que os arts. 913.º e ss. não são aplicáveis ao contrato-promessa, em virtude de não haver ainda transferência do direito. Seria esquecer que *o princípio do cumprimento e execução específica é geral, válido para o contrato-promessa, e que a redução do preço ou a eliminação dos defeitos ou vícios são concretização desse princípio, valendo, por conseguinte, como medidas de aplicação geral.*

Logo, a adequada tutela do promitente-adquirente passa pela possibilidade de este na execução específica pedir a redução do preço ou a eliminação dos vícios, pois só assim recebe *eadem res,* com as características pactuadas, e se evita que o promitente-alienante acabe por concluir um contrato definitivo diferente do prometido, melhor, com *um objecto não conforme ao convencionado.*

Dir-se-á também que *a admissibilidade de cumulação dos pedidos – execução específica mais a redução do preço ou a eliminação dos defeitos da coisa, afinal, direito ao exacto cumprimento – é a solução mais condizente com o princípio da economia processual:* para que negá-la e obrigar o promitente-adquirente a propor uma acção autónoma posterior à sentença constitutiva (art. 830.º), se os pedidos se encontram tão substancialmente ligados que traduzem, funcionalmente, o *cumprimento pontual, conforme ao contrato?* Não teria lógica nem estaria consentâneo com os n.os3, 4 e 5 do art. 830.º, a que a economia de juízos está inequivocamente subjacente, ao admitir, na mesma acção (de execução específica da promessa), a *modificação* do contrato por alteração das circunstâncias, a *condenação* do promitente faltoso a entregar o montante do débito garantido pela hipoteca e a improcedência da acção em atenção à *exceptio non adimpleti contractus*. A sentença pode, assim, ser complexa: constitutiva numa parte e condenatória noutra, valendo nesta parte como título executivo. O que o promitente-adquirente não pode é depositar o *quantum* de preço reduzido que entender suficiente, sem que o juiz tenha atendido o pedido *quanti minoris*. Atendido este, se, no recurso interposto, o promitente-vendedor não impugnar esta parte da sentença, o promitente-comprador poderá, naturalmente, levantar o excesso da prestação pecuniária consignada em depósito.

Por fim, onde o contrato prometido não tenha sido ainda concluído, em alternativa ao cúmulo defendido pode o promitente-comprador lançar mão da *exceptio non adimpleti contractus*, independentemente de culpa do promitente-vendedor no cumprimento defeituoso pela entrega de objecto com vícios: aquele suspende a outorga da escritura de compra e venda enquanto este não efectua a reparação dos defeitos que sejam significativos ou de não escassa importância como forma de pressionar e garantir o exacto cumprimento da promessa (cfr. acórdão de S.T.J., de 25/3/2004 – Processo n.º 04A398).

58. Execução específica e embargos de terceiro

Pelo Código de Processo Civil, «se a penhora, ou qualquer acto judicialmente ordenado de apreensão ou entrega de bens, ofender a posse ou *qualquer direito incompatível* com a realização ou o âmbito da diligência, de que seja titular quem não é parte na causa, pode o lesado fazê-lo valer, deduzindo embargos de terceiro (art. 342.º, n.º 1)[207].

[207] *Vide* ELISEU FIGUEIRA, *Contrato-promessa de compra e venda. Função inovadora dos embargos de terceiro no Código de Processo Civil revisto de 1996, in* "Colectânea de Jurisprudência" – Acórdãos do S.T.J., ano V, t. II, p. 5 e segs.

Corresponde a afirmar que os embargos de terceiro deixaram de estar necessariamente ligados à defesa da posse do embargante, podendo este efectivar *qualquer direito incompatível* com o acto de agressão patrimonial, judicialmente ordenado. Noutros termos: passou a permitir-se que os direitos atingidos ilegalmente pela penhora (ou outro acto de apreensão judicial de bens) sejam invocados pelo lesado no próprio processo em que a diligência ofensiva teve lugar, assim obstando à venda dos bens e subsequente anulação desta, se procedente a acção de reivindicação para que necessariamente aquele (o lesado) era encaminhado no regime anterior.

Destarte, a tutela do promitente-comprador com direito à execução específica revela-se agora simples e eficaz, *através de embargos de terceiro fundados no direito,* mesmo que não tenha havido *traditio* da coisa a que se refere o contrato prometido[208].

No caso de contrato-promessa de eficácia meramente obrigacional (art. 410.º), o promitente-comprador tem um direito de crédito (à celebração do contrato prometido) sem eficácia real. Mas proposta e registada a acção de execução específica, se vier a ser julgada procedente, a *sentença registada será oponível a terceiros* desde a *data do registo provisório da acção. Nesta hipótese o promitente-comprador fará valer a prioridade do registo da sentença, reportada ex lege* à data do *registo da acção, sobre o sucessivo registo da aquisição de terceiro, independentemente da data desta* (cfr. *supra,* n.º 5). Assim, os actos praticados pelo promitente-vendedor, com registo posterior ao registo da acção de execução específica procedente, e a penhora da coisa (a que se reporta o contrato prometido), de registo ulterior ao do registo da acção de execução específica igualmente procedente, devem considerar-se ineficazes

[208] Cfr. acórdão do S.T.J., de 20 de Janeiro de 1999, *in* "BMJ" n.º 483, p. 195:
"Os embargos de terceiro – hoje desligados necessariamente da posse – são meio adequado para que se viabilize o direito de retenção do promitente-comprador que tem a faculdade de peticionar a execução específica da promessa."
A *impropriedade da expressão apresenta-se clara: o que os embargos de terceiro viabilizam é o direito à execução específica e não o direito de retenção*
– direito de retenção que, de resto, surge apenas para garantia do crédito derivado do incumprimento definitivo (*infra*, n.º 60) *e não constitui um direito incompatível com a realização da penhora propriamente dita, só caducando em consequência da alienação executiva do bem* (*infra*, n.º 62).
Ou seja: *quem pede a execução específica não goza de direito de retenção; quem invoca o direito de retenção não goza de execução específica* (*supra*, n.º 50; *infra*, n.ºs 60 a 62.

perante o promitente-comprador (autor na acção)[209]. Porque assim é, pode o promitente-comprador reagir através de embargos contra a penhora posterior (ao registo da acção de execução específica) da coisa a que se refere o contrato prometido.

No caso de contrato-promessa com eficácia real (art. 413.º), o promitente-comprador faz valer o próprio direito de crédito (ao cumprimento e execução específica), oponível *erga omnes*, por efeito do registo. Logo, a penhora realizada após aquele registo é ineficaz perante o promitente-comprador. Pode, por isso, o promitente-comprador reagir contra a penhora posterior da coisa, mediante embargos de terceiro.

Num como noutro dos casos assiste ao promitente-comprador um direito oponível a terceiros, susceptível de defesa mediante embargos, cujo resultado final, todavia, depende da sentença a proferir na acção de execução específica pendente. Impõe-se, por isso, a suspensão da instância (art. 272.º, n.º 1, do Código de Processo Civil), ficando o julgamento da oposição à penhora mediante embargos do terceiro promitente-comprador a aguardar[210]. No fundo, suspende-se a realização da penhora para garantir a eficácia de sentença favorável, proferida na acção de execução específica, por força da qual a coisa que o exequente queria penhorar não era, afinal, do executado (promitente-vendedor), sendo seu proprietário o promitente--comprador. Repare-se no art. 819.º do Código Civil: "*Sem prejuízo das regras do registo*, são ineficazes em relação ao exequente os actos de disposição ou oneração dos bens penhorados" – logo, a sentença proferida em acção de

[209] Neste sentido, cfr. Acórdão do S.T.J., de 26 de Fevereiro de 2004 (Processo n.º 03B4296):
"1 – ....
2 – Se a penhora sobre a fracção prometida vender, sem eficácia real, foi registada, e, antes dela, não houve registo da acção de declaração de execução específica, ou, se tendo havido registo da acção, este ocorreu depois do registo da penhora, o acto de disposição do imóvel penhorado, ainda que através de declaração judicialmente suprida, é ineficaz em relação à penhora anteriormente registada".
Para a prevalência da sentença em acção de execução específica registada antes do registo da penhora do prédio prometido vender, veja-se também o acórdão do S.T.J., de 20 de Março de 2003 (Processo n.º 03B62).

[210] Miguel Mesquita, *Apreensão de bens em processo executivo e oposição de terceiro*, 2.ª ed., Coimbra, 2001, p. 181 e segs., especial p. 185 (já antes, e pela primeira vez entre nós, na versão dactilografada da dissertação de mestrado, p. 143 e segs, apresentada em 1995 na Faculdade de Direito de Coimbra).

execução específica procedente registada antes da penhora é oponível ao exequente da acção em que ela (a penhora) tenha lugar.

Naturalmente, recebidos os embargos de terceiro contra a penhora ou suspensa a execução, a penhora pode ser reforçada ou substituída (art. 751.º, n.º 4, al. d), do Código de Processo Civil).

Por fim, esclareça-se que o promitente-comprador mero detentor da coisa não poderá deduzir embargos de terceiro contra diligência judicialmente ordenada: só poderá embargar o promitente-comprador que tenha verdadeira posse, "*corpus*" acompanhado de "*animus possidendi*", "*animus rem sibi habendi*" – *vide infra*, p. 211, nota 271; acórdão do S.T.J., de 12 de Março de 2009 (Processo n.º 09A0265); acórdão da Relação do Porto, de 19 de Abril de 2010 (Processo n.º 66/2001.P1); acórdão da Relação do Porto, de 30 de Março de 2009 (Processo n.º 978/06); acórdão da Relação do Porto, de 29 de Janeiro de 2009 (Processo n.º 0838/06); acórdão da Relação do Porto, de 20 de Janeiro de 2009 (Processo n.º 0827049); acórdão da Relação de Lisboa, de 23 de Junho de 2009 (Processo n.º 881/06.4TBPDL.L1-1); acórdão da Relação de Lisboa, de 8 de Maio de 2008 (Processo n.º 1331/2008-6); acórdão do S.T.J. de 17 de Abril de 2007 (Processo n.º 07A480).

§3

DIREITO DE RETENÇÃO

59. Art. 755.º, n.º 1, al. *f*), do Código Civil e acórdão uniformizador de jurisprudência do STJ n.º 4/2014

Em 1980, o Decreto-Lei n.º 236/80 concedeu ao promitente-comprador, no caso de ter havido tradição da coisa objecto do contrato definitivo, o direito de retenção sobre a mesma, pelo crédito resultante do incumprimento (art. 442.º, n.º 3). Concessão generosa, sem dúvida, já que foi feita nos termos gerais, sem qualquer excepção, valendo, por conseguinte, a prevalência do direito de retenção sobre a hipoteca, ainda que anteriormente registada (art. 759.º, n.º 2) – norma que não sofre de inconstitucionalidade relativamente às hipotecas constituídas após a entrada em vigor do Decreto-lei n.º 236/80, designadamente não ofende o princípio da confiança (relativamente às expectativas anteriormente firmadas) subjacente ao art. 2.º da Constituição, *tendo em conta a protecção dos consumidores na consolidação das promessas com traditio rei*[211]. O art. 759.º, n.º 2, deve aplicar-se também ao penhor, naturalmente ao penhor sem desapossamento da coisa.

[211] Cfr. Acórdãos do Tribunal Constitucional n.º 356/2004, de 15 de Maio de 2004 (DR de 26 de Junho de 2004), n.º 357/2004, de 19 de Maio de 2004, n.º 594/2003, de 3 de Dezembro de 2003 e 374/2003, de 15 de Julho de 2003; no mesmo sentido, acórdão do S.T.J., de 7 de Abril de 2005 (Processo n.º 05A487) e outros arestos nele citados, e mais recentemente o acórdão do STJ de 09 de Julho de 2014 (Processo n.º 1206/11.2TBLSD-H.P1.S1)."

Não obstante as críticas tecidas à solução[212], o legislador de 1986, em nome da defesa do consumidor, atribuiu o direito de retenção ao «beneficiário da promessa de transmissão ou constituição de direito real que obteve a tradição da coisa a que se refere o contrato prometido, sobre essa coisa, pelo crédito resultante do não cumprimento imputável à outra parte, nos termos do art. 442.º» (art. 755.º, n.º 1, al. *f*)).

Há aqui, sem dúvida, uma melhoria de ordem sistemática – a sua previsão no capítulo adequado, o das garantias especiais das obrigações (Cap. VI, Tít. I, Livro II), em conformidade com o nosso entendimento exposto acima (n.º 35)–, permanecendo as críticas de ordem substantiva.

Entretanto, o STJ proferiu o seguinte acórdão de uniformização de jurisprudência, de harmonia com o preceituado no art. 732º-A do anterior Código de Processo Civil (art. 686º do novo Código de Processo Civil):

> "No âmbito da graduação de créditos em insolvência o consumidor promitente-comprador em contrato, ainda que com eficácia meramente obrigacional com *traditio*, devidamente sinalizado, que não obteve o cumprimento do negócio por parte do administrador da insolvência, goza do direito de retenção nos termos do estatuído no artigo 755º nº 1 alínea f) do Código Civil".

Segue-se daqui a concessão do direito de retenção apenas ao promitente--comprador considerado consumidor – confinação muito contestada nos múltiplos votos de vencido de Srs. Conselheiros.

Para quem, como eu, neste mesmo livro (*III – Contrato-promessa. Análise para reformulação do Decreto-lei n.º 236/80, §2, n.º 25*), por um lado, critica "a grande generosidade com que o legislador atribui o direito de retenção ao promitente-comprador, *pelo menos nos termos gerais sem qualquer excepção*", e, por outro lado, fundamenta em argumentos de ordem pública de protecção ou ordem pública social a rejeição da tese da nulidade (por vício de forma do art. 410º, n.º 3) invocável por terceiros e de conhecimento oficioso (cfr. *supra*, n.ºs 26 a 30), não pode deixar de se rever no aresto aprovado, mas sempre com o devido respeito pelos Srs. Conselheiros que votaram vencido.

Remeto expressamente para o que escrevo acima nos n.ºs 27, 28 e 29 de que destaco aqui apenas as seguintes passagens:

[212] Cfr. Menezes Cordeiro, *O novo regime do contrato promessa*, cit., p. 41 e ss.; Calvão da Silva, *Contrato-promessa*, cit., p. 44 e 45.

"No fundo, portanto, uma intervenção em nome da protecção do consumidor, do adquirente não profissional de edifícios ou prédios urbanos perante promitentes alienantes profissionais, atento o interesse social em jogo" (n.º 27);

"Trata-se antes de formalismo informativo, constitutivo da dita ordem pública de protecção ou ordem pública social – (...) através do intervencionismo legislativo destinado a proteger os mais variados consumidores, sinónimo de "contratantes não profissionais", que habitualmente não concluem um contrato como o que concretamente celebram com um profissional que dia a dia firma contratos destas espécies –, cujo fim é tutelar a parte considerada contratualmente mais débil julgada leiga e profana no sector" (n.º 28, 1ª parte);

"Isto significa, noutra formulação, que o legislador, em face dos abusos contratuais, das imoralidades e das injustiças de que eram vítimas na conjuntura económica (...) os promitentes-compradores de edifícios, veio em auxilio e defesa desta categoria de contratantes particularmente vulnerável, instituindo um controlo notarial – controlo exigente, a requerer reconhecimento presencial (...) das assinaturas e certificação no documento, que titula o contrato, da existência de licença de construção ou utilização do edifício–, por julgar os promitentes-adquirentes impreparados e (mais ou menos) incapazes de sozinhos defenderem satisfatória e convenientemente os seus interesses" (n.º28, 2ª parte).

"Intervenção esta, a de 1986, em que o legislador não só não julgou oportuno retirar este direito real de garantia ou pelo menos a sua prevalência sobre hipoteca anteriormente registada, como até alargou a sua órbita de aplicação, *expressamente em nome da defesa do consumidor no n.º 4 do Preâmbulo do Decreto-lei n.º 379/86, de 11 de Novembro" (n.º 29).*[213]

[213] No sentido do acórdão uniformizador aprovado, cfr. Miguel Pestana de Vasconcelos, *Direito de retenção, contrato-promessa e insolvência, in* Cadernos de Direito Privado n.º 33, pp. 3 e segs, que interpreta bem o meu pensamento. Subsequentemente, no sentido do acórdão uniformizador citado, acórdão do S.T.J., de 29/7/2016 (Processo n.º 6193/13.OTBBRG-H.G1.S1); acórdão do S.T.J., de 9/6/2016 (Processo n.º 299/05.6TBMGD.P2.S2); acórdão do STJ de 21/6/2016 (Processo n.º 3415/14.3TCLRS-C.L1.S1); acórdão do S.T.J., de 19/2/2015 (Processo n.º 265/12.5TVLSB.L1.S1); acórdão do S.T.J., de 25/11/2014 (Processo n.º 7617/11.6TBBRG-C.G1.S1); acórdão do S.T.J., de 13/11/2014 (Processo n.º 1980/11.6T2AVR-B.C1.S1); acórdão do S.T.J., de 9/7/014 (Processo n.º 1206/11.2TVLSB-H.T1.S1); em sentido (pelo menos ligeiramente)

Tendo sido particularmente saudada por Calvão da Silva a orientação acolhida pelo Acórdão de Uniformização de Jurisprudência 4/2014, por considerar que a tutela conferida pelo art. 755.º, n.º 1, al. *f)* deve ser confinada aos promitentes compradores que possuam a qualidade de consumidores, em virtude de tal corresponder à razão de ser da consagração do direito de retenção pelo Dec-Lei n.º 236/80, de 18 de Julho[214] e ao reforço do relevo que à mesma foi atribuído pelo Dec-Lei n.º 379/86, e por se revelar ainda mais conforme com as exigências de ordem pública de protecção que perpassam na disciplina do contrato de promessa (e de um modo especial quanto às promessas de alienação ou de oneração têm fins habitacionais – art. 410.º, n.º 3), certo é que neste Acórdão do Supremo Tribunal de Justiça não foi uniformizado o Conceito de Consumidor[215]. Desta feita, a aplicação da perspectiva adoptada neste aresto encontra-se particularmente dependente da definição de uma questão prévia: a questão de saber se o promitente-comprador que obteve a *traditio* do bem que constitui o objecto da promessa possui efectivamente o estatuto de consumidor.

Apesar de haver quem considere que no Acórdão de Uniformização de Jurisprudência n.º 4/2014 se registou uma manifesto acolhimento de uma concepção ampla de consumidor, em virtude de quanto resulta exposto na sua nota 10.ª, a verdade é que, em rigor, não se pode considerar que este aresto tenha tomado uma posição expressa acerca de quem deva ser considerado como consumidor para efeitos da respectiva aplicação. Importava assim definir com clareza o que se entende por consumidor para efeitos de aplicabilidade do Acórdão Uniformizador de Jurisprudência n.º 4/2014.

diferente, Fernando de Gravato Morais, *Da tutela do retentor-consumidor em face da insolvência do promitente-vendedor – Ac. de Uniformização de Jurisprudência n.º 4/2014 de 20/03/2014 in* Cadernos de Direito Privado n.º 46, Abril/Junho 2014, pp. 52 e segs.

214 Cfr., a este propósito o preâmbulo deste dec-lei: "Importa, assim, reajustar o regime legal do contrato-promessa, por forma a adequá-lo às realidades actuais, estabelecendo verdadeiro equilíbrio entre os outorgantes (o que passa pela mais eficiente tutela do promitente-comprador) e desmotivando a sua resolução com intuitos meramente especulativos")

215 Neste sentido se pronunciou o Acórdão do Supremo Tribunal de Justiça de 18/09/2018: "O conceito de consumidor não foi objecto de uniformização no AUJ n.º 4/2014", cfr. Acórdão S.T.J. de 18/09/2018 (Processo n.º 1210/11.OTYVNG-D.P1.S1).

Este Acórdão de Uniformização de Jurisprudência veio, na verdade, estabilizar as divergências jurisprudenciais que se faziam sentir no âmbito desta alta instância jurisdicional quanto ao problema de saber quem é que no âmbito do processo de insolvência podia exercer o direito de retenção previsto no art. 755.º, al. *f)*: se apenas o promitente-comprador que tivesse a qualidade de consumidor, ou antes, todo e qualquer promitente-comprador, encontrando-se, todavia, subjacente ao mesmo aresto uma outra discussão mais ampla em torno do acolhimento ou de uma concepção restrita de consumidor (como é aquela que surge consagrada no acórdão fundamento – o Acórdão de 14 de Fevereiro de 2017, cujo relator foi o Conselheiro João Camilo), ou de uma concepção ampla de consumidor (como a decorrente do acórdão recorrido – o Acórdão de 24 de Outubro de 2017, cujo relator foi o Conselheiro Júlio Gomes).

No tocante a estas duas concepções em confronto acerca da definição mais adequada de consumidor para efeitos de aplicabilidade do Acórdão de Uniformização de Jurisprudência 4/2019, dir-se-á, em termos muito breves, que de acordo com a perspectiva restritiva de consumidor, o mesmo é visto como alguém que adquire bens unicamente para satisfação de necessidades pessoais ou familiares, ficando assim imediatamente excluído da mesma quem adquirir coisas ou bens para fins profissionais[216]. Desta

[216] Neste sentido se pronunciaram também vários arestos, quer das Relações, quer do Supremo Tribunal de Justiça, Cfr, Acórdão do S.T.J de 1/10/2019 (Processo n.º 1012/15.5TUVRL-AM.G.1 S2): "De fora do conceito de "Consumidor" ficam os promitentes compradores que pretendem adquirir o bem para revenda, para o exercício de uma actividade profissional, ou lucrativa, como a locação", Acórdão da Relação de Évora de 25/01/2018 (Processo n.º 4267/15.1T8STB-C.E1): "Num contrato-promessa com eficácia meramente obrigacional, sinalizado, o promitente comprador que obteve a tradição das fracções autónomas a que se refere o contrato prometido e as destinou, desde então, ao arrendamento a terceiros e, durante alguns períodos, a cedência gratuita a amigos seus, não pode ser considerado consumidor para os efeitos decorrentes do Acódão de Uniformização de Jurisprudência n.º 4/2014", Acórdão da Relação do Porto de 11/07/2018 (Processo n.º 685/10.OTYVNG-B.P1): "Tendo por objecto o contrato-promessa de compra e venda a futura aquisição de uma fracção autónoma e constituindo objecto social da promitente adquirente a actividade profissional de compra e venda quer para revenda, quer para construção e, ainda, a promoção imobiliária, a mesma não é de considerar como consumidora para efeitos de reconhecimento do direito de retenção e em conformidade com a doutrina firmada pelo Acórdão de Uniformização de Jurisprudência n.º 4/2014", Acórdão da Relação de Guimarães de 16/05/2019 (Processo n.º 1012/15.5 TUVRL-AW.G1): "Tomando como referencial para tal efeito a noção de consumidor prevista no n.º 1 do art. 2.º da Lei

feita, se o promitente-comprador não adquirir o bem imóvel para revenda, ou para uma finalidade lucrativa duradoura como o arrendamento, mas exercer aí uma actividade profissional (conquanto não relacionada com o sector imobiliário), então ter-se-á de considerar afastado da noção de consumidor.

Ao invés, segundo um entendimento diverso e bem mais amplo (a comummente designada concepção ampla de consumidor), apenas não é considerado como consumidor aquele que compra o imóvel para o revender ou para uma outra finalidade lucrativa (ex: arrendamento), ou seja aquele que relativamente aos imóveis que são objecto do contrato de promessa desenvolve actividades lucrativas regulares e permanentes respeitantes ao sector imobiliário. Como já se teve ocasião de referir anteriormente, este entendimento foi acolhido no acórdão recorrido, versando o mesmo sobre uma hipótese em que o promitente-comprador a quem foi concedida a *traditio* do imóvel desenvolvia aí a sua profissão de dentista.

Nesta disputa em torno da concepção de consumidor tida por mais idónea para efeitos de tutela do promitente-comprador de um contrato de promessa sem eficácia real, com tradição da coisa a que respeita o contrato no âmbito do processo de insolvência, o acórdão de uniformização 4/2019 veio a optar pela concepção restritiva de consumidor, por considerar ser aquela que maior acolhimento encontra na doutrina civilística nacional, e sobretudo em virtude de ser a única com respaldo legal.

Em apoio de uma tal posição restritiva, o Acórdão de Uniformização de Jurisprudência 4/2019 louva-se na doutrina do saudoso civilista a quem pertence a autoria desta obra de referência em matéria de contrato-promessa, para considerar, sem margem para dúvidas, que o conceito de consumidor prevalecente no nosso direito positivo é o de consumidor em

n.º 24/96, de 31-07, relevante é que o promitente-comprador destine o imóvel a uso particular, no sentido de não o comprar para revenda, nem o afetar a uma actividade profissional ou lucrativa", Acórdão da Relação de Guimarães de 30/05/2019 (Processo n.º 1012/15.5T8VRL-BD.G1): "Ao destinar a fracção prometida comprar à residência do seu gerente, essa afetação não deixa de traduzir a satisfação de um interesse societário da própria sociedade comercial". Uma tal decisão suscita, no entanto, particulares dúvidas quanto à sua bondade, uma vez que o imóvel se destina a fins não profissionais do gerente; ou seja, a residência destina-se apenas a fins meramente habitacionais. Razão pela qual, se tem dificuldade em compreender a convolação do destino da habitação unicamente com fundamento na qualidade formal de gerente do seu ocupante.

sentido restrito, citando o seu estudo "Venda de Bens de Consumo", 4.ª Ed. (2010), Almedina, pág. 55 e ss. – "É a consagração da noção de consumidor em sentido estrito, a mais corrente e generalizada na doutrina e nas Directivas Comunitárias: pessoa que adquire um bem ou um serviço para uso privado – uso pessoal, familiar ou doméstico [...] –, de modo a satisfazer as necessidades pessoais e familiares, mas não já aquele que obtém ou utiliza bens e serviços para satisfação das necessidades da sua profissão ou empresa".

Assim sendo, este acórdão de uniformização de jurisprudência considerou que ao adoptar-se um conceito restritivo de consumidor estar-se-ia a acolher um conceito mais consonante com aquele que é utilizado pelo legislador Português numa pluralidade de institutos (Venda de Bens de Consumo, Contratos Celebrados à Distância e Fora do Estabelecimento Comercial, Crédito a Consumidores, Contratos de Crédito Relativos a Imóveis),para já não falar do conceito supletivo de consumidor plasmado no art. 2.º, n.º 1 da Lei de Defesa do Consumidor (Lei n.º 24/96, de 31 de Julho). Segundo um tal entendimento, ao optar-se, ao invés, por uma noção mais ampla de consumidor não se conseguiria alcançar uma harmonia da solução acolhida com os dados disponibilizados pelo direito positivo português. Porém, e apesar desta concepção mais ampla conduzir a uma menor articulação entre o conceito adoptado para efeitos de aplicação do Acórdão de Uniformização de jurisprudência n.º 4/2014 e o sistema jurídico positivo, certo é que à mesma não deixa de andar associada a vantagem de permitir considerar incluídos no respectivo âmbito de tutela os pequenos e médios empresários, que não obstante serem profissionais, não deixam de ser pessoas vulneráveis do ponto de vista económico-social.

Para além deste argumento de ordem sistemática, o Acórdão de Uniformização de Jurisprudência n.º 4/2019 revela ainda relutância pelo acolhimento de uma concepção mais ampla, na medida em que a mesma poderia conduzir a uma discriminação no tratamento entre os profissionais do ramo imobiliário que ficariam excluídos da categoria de consumidor e os demais profissionais que no respectivo âmbito já poderiam vir a ser abrangidos, apenas pela circunstância das respectivas actividades não se reconduzirem a um tal universo.

No rol de argumentos a favor de uma concepção restritiva de consumidor, invoca-se ainda a teleologia subjacente à protecção acrescida que foi reconhecida pelo Acórdão de Uniformização de Jurisprudência n.º 4/2014 ao promitente-comprador que possua a qualidade de consumidor. Ora, de acordo com a orientação acolhida por este aresto judicial, o direito de retenção teve e continua a ter uma razão fundamental: a proteção da parte contratualmente mais débil, um não profissional, que por via de regra investe no imóvel as suas magras poupanças, considerando-se ainda que tais considerações se encontram claramente respaldadas no Dec-Lei n.º 379/86 (muito especialmente na nota 4 do seu preâmbulo).

Para além de todos estes argumentos, no Acórdão de Uniformização de Jurisprudência n.º 4/2019 rebate-se a razão invocada no acórdão recorrido a favor do acolhimento de uma concepção ampla de consumidor retirada da nota 10 do Acórdão de Uniformização n.º 4/2014. Ora, numa tal nota entende-se por consumidor aquele "que utiliza os andares para seu uso próprio e não com escopo de revenda". De acordo com o entendimento que fez vencimento no primeiro dos acórdãos uniformizadores mencionados, considerou-se que não se podem, com efeito, retirar argumentos decisivos desta nota a favor de uma concepção ampla de consumidor, porquanto o modo como a mesma se encontra formulada, tanto pode permitir apenas considerar consumidor aquele que utiliza os andares para uso próprio, e nesse sentido o conceito de consumidor surge efectivamente como sinónimo daquela pessoa que se serve do bem para uso pessoal, como pode igualmente permitir sustentar um conceito mais genérico de consumidor, quando seja colocada a ênfase na inexistência de um escopo de revenda: " e não com escopo de revenda." Desta feita, esta nota foi considerada demasiado lacónica para permitir concluir, em termos perentórios, que subjacente ao Acórdão n.º 4/2014 se encontra uma concepção ampla de consumidor.

Antes, porém, de finalizar esta discussão em torno das concepções de consumidor debatidas no Supremo Tribunal de Justiça a propósito da aplicação do Acórdão de Uniformização de Jurisprudência n.º 4/2014, importa fazer uma menção muito sumária ao sentido e ao alcance de algumas decisões desta alta instância jurisdicional anteriores à tomada de posição sobre esta matéria pelo Acórdão de 2019, que não se enfileiraram, nem numa concepção restritiva, nem numa concepção ampla de consumidor. Na verdade, encontram-se exemplos de acórdãos não abrangidos por um tal debate, destacando-se, a este propósito, os acórdãos do Supremo Tribunal de Justiça de 27 de Abril de 2017 e de 11 de Setembro de 2018, por considerarem inaplicável o art. 755.º, al. *f)* às hipóteses em que o incumprimento definitivo ocorre antes da insolvência. De acordo com o entendimento plasmado nestes arestos, não se torna verdadeiramente necessário neste âmbito discutir a qualidade de consumidor do promitente-comprador, porquanto o direito de retenção surge aqui regulado em conformidade com as regras gerais[217]. Bem vistas as coisas, estes acórdãos situam-se claramente numa linha de delimitação do âmbito de aplicação do Acórdão de Uniformização de Jurisprudência n.º 4/2014, procedendo a uma interpretação restritiva do mesmo a propósito da questão da definição do momento relevante para a determinação da existência de incumprimento definitivo do contrato de promessa em sede de processo de insolvência.

Tendo em conta que ao Acórdão de Uniformização de Jurisprudência n.º 4/2014 presidiu uma lógica manifestamente restritiva, porquanto reconduziu a efectividade do direito de retenção no âmbito do processo de insolvência aos promitentes-compradores que possuam a qualidade de consumidores, lógica essa baseada num princípio de ordem pública de protecção, então configura-se razoável que o conceito de consumidor susceptível de funcionar como pressuposto de aplicabilidade do mencionado acórdão se restrinja precisamente a quem na relação contratual necessite de uma protecção acrescida, atenta a sua vulnerabilidade. Ora, não se podem suscitar dúvidas, a este propósito, que a necessidade de uma protecção reforçada se faz sentir relativamente a quem utiliza os bens apenas para fins pessoais ou domésticos.

[217] Cfr, Acórdão do S.T.J. de 27/04/2017 (Processo n.º 44/14.5TUVIS-B.C1.S1 e Acórdão do S.T.J de 11/09/2018 (Processo n.º 25261/11.6T2SNT-D.L1.S2). Na mesma linha de orientação, cfr. Acórdão do S.T.J. de 2/04/2019 (Processo n.º 882/14.9TJVNF-G.G1.G1.S1): "A aplicação do segmento unificador do AUJ n.º 2014, de 20-03, mostra-se limitada aos contratos promessa que não se encontrem definitivamente incumpridos à data da declaração de Insolvência), Acórdão do S.T.J. de 9/04/2019 (Processo n.º 872/10.OTYVNG-8P1.S1): "Mantendo-se o contrato-promessa em vigor à data da declaração da insolvência, os direitos do credor promitente-comprador perante a recusa (lícita) por parte da Administradora da Insolvência em não cumprir o contrato não podem ser encontrados por aplicação do regime do n.º 2 do art. 442.º do Código Civil, mas no âmbito do CIRE, nos termos das disposições conjugadas dos arts. 106.º, n.º 2, 104.º, n.º 5 e 102.º, n.º 3, alínea *c)*, Acórdão da Relação do Porto de 12/11/2019 (Processo n.º 1220/09.8TBMCN-LP2)

60. Âmbito e requisitos de aplicação do direito de retenção

Passemos agora à análise do âmbito e dos requisitos ou pressupostos de aplicação do direito de retenção.

Em primeiro lugar, goza do direito de retenção o beneficiário da promessa de transmissão ou constituição de direito real que obteve a tradição da coisa objecto do contrato prometido. Vale dizer que o titular do direito de retenção é o beneficiário de qualquer contrato-promessa com *traditio rei* – coisa móvel ou imóvel, rústica ou urbana, para habitação, comércio, indústria, etc. – e não só do contrato-promessa previsto no art. 410.º, n.º 3.º. O beneficiário da promessa de transmissão ou constituição de direito real que não obteve a tradição da coisa não goza de direito de retenção – o que é óbvio, por definição, porquanto um dos pressupostos necessários do direito de retenção é o de o devedor estar obrigado a *entregar* a coisa que detém, *lícita* e *legitimamente* a título de possuidor ou mero detentor, à pessoa de que é simultaneamente credor.

Em segundo lugar, o direito de retenção existe para garantia do crédito resultante do não cumprimento imputável à parte que promete transmitir ou constituir um direito real. Vale dizer, por outras palavras, que está em causa o crédito (dobro do sinal, valor da coisa, indemnização convencionada nos termos do n.º 4 do art. 442) derivado do incumprimento definitivo (de contrato válido)[218], de que o direito de retenção constitui garantia acessória.

61. (Cont.) Na promessa de transmissão ou constituição de direito real sobre fracção autónoma de edifício em construção ou a construir não constituído em propriedade horizontal

Por acórdão de 12 de Março de 1996 (DR-II Série, de 8 de Junho de 1996), o S.T.J. uniformizou a seguinte jurisprudência:

[218] Cfr. *supra*, n.º 43, *in fine*; acórdão do S.T.J. de 27 de Outubro de 2009 (Processo n.º 449/09.3YFLSB.C1.S2); acórdão da Relação do Porto, de 18 de Março de 2010 (Processo n.º 463/08.6TBPRG.P1); acórdão do S.T.J., de 12 de Março de 2009 (Processo n.º 09A0265); acórdão do S.T.J. de 24 de Maio de 2007 (Processo n.º 07A1464) *Vide* MENEZES CORDEIRO, *Da retenção do promitente na venda executiva, in* "Revista da Ordem dos Advogados", *ano 57, II*, p. 547 e segs.

"Nos termos do n.º 3 do artigo 442.º do Código Civil (...), *tendo havido tradição da fracção de prédio urbano, o promitente-comprador goza do direito da sua retenção, mesmo que o edifício ainda não esteja submetido ao regime de propriedade horizontal*".

Pressuposto do aresto: o edifício *ainda* não estar submetido ao regime da propriedade horizontal, numa *situação transitória*, com o direito de retenção a poder desempenhar a função coercitiva; "se as obras forem abandonadas a retenção tomba em absoluta anodinia" (fundamentação n.º 10 do acórdão).

Mas mesmo nesta situação transitória a "fracção autónoma" só pode ser vista como coisa futura juridicamente, que, por definição, não pode ser retida: o direito de retenção só pode recair sobre coisas presentes, coisas juridicamente existentes no presente e que o devedor detenha, estando obrigado a entregá-las ao seu credor. Ou seja, a coisa retida tem de estar na posse do retentor.

Ora, se não há propriedade horizontal constituída, não podem existir fracções autónomas do edifício, unidades independentes distintas e isoladas entre si (art. 1415.º do Código Civil), com «existência autónoma, isto é, entidade jurídica distinta e separada»[219], susceptíveis de apropriação individual e autónomo objecto imediato dos contratos prometidos. Daí a execução específica não poder proceder sem a apresentação da licença de construção ou utilização de qualquer edifício, ou do título constitutivo da propriedade horizontal ou do empreendimento em regime de direito real de habitação periódica.

Logo, se fracções autónomas ou direito reais de habitação periódica legalmente constituídos, o direito de retenção faz todo o sentido: penhoráveis e portanto alienáveis, justifica-se a admissibilidade do direito de retenção para garantia do crédito derivado do incumprimento definitivo do contrato-promessa imputável ao promitente-vendedor; diversamente, se ilegais, ou mesmo se não construído ou não acabado o prédio, o direito de retenção não faz sentido: impenhoráveis e portanto inalienáveis, justifica-se a inadmissibilidade do direito de retenção (art. 756.º al. *c*), do Código Civil, art. 822.º, al. *a*), do Código de Processo Civil), com a impossibilidade jurídica da execução da coisa ("fracção autónoma" ou "*time sharing*") a tirar ao direito de retenção a sua função de garantia e mesmo a sua função de

[219] Cfr. Manuel de Andrade, *Teoria geral da relação jurídica*, I, p.199 e 200; Mota Pinto, *Teoria geral do direito civil*, 3.ª ed., p. 340 e 341.

coerção ao cumprimento... impossível, tanto mais quanto tiver sido declarada a falência ou insolvência do promitente-alienante. Consequentemente, dada a impossibilidade jurídica do cumprimento dos contratos-promessa de fracções autónomas (ou direitos reais de habitação periódica), a situação de inalienabilidade em que aquelas e estes se encontram é definitiva, não podendo, pois, existir direito de retenção sobre esse objecto.

Naturaliter, o imóvel construído, em construção ou inacabado, não sujeito ao regime da propriedade horizontal ou do direito real de habitação periódica, constitui uma coisa em sentido jurídico, penhorável e alienável, a justificar o direito de retenção por terceiro ou terceiros.

Só que a existir, o direito de retenção pertencerá aos diversos promitentes-compradores, na proporção do valor relativo da "fracção autónoma"[220] *ou do "direito real de habitação periódica" que cada um deles tinha prometido adquirir.*

Neste sentido, pode invocar-se o disposto nos arts. 1416.º, n.º 1, e 824.º do Código Civil.

Pelo art. 1416.º, n.º 1, "a falta dos requisitos legalmente exigidos importa a nulidade do título constitutivo da propriedade horizontal e a sujeição do prédio ao regime da compropriedade, *pela atribuição a cada consorte (...) da quota correspondente ao valor relativo da sua fracção*".

Pelo art. 824.º, a coisa vendida em execução é transmitida livre dos direitos reais de garantia que a onerarem (n.º 2), *com esses direitos* de terceiros assim caducados a *transferirem-se para o produto da venda dos respectivos bens* (n.º 3).

Há, deste modo, uma subrogação do objecto do direito de retenção, na transferência para o produto da venda na proporção do valor da fracção ou do direito real de habitação periódica prometido comprar por cada um dos reclamantes (art. 788.º do Código de Processo Civil). A não se entender assim, *teríamos o absurdo da extensão do direito de retenção sobre uma fracção ou unidade de alojamento a todo o prédio, mesmo que a restante parte do imóvel não fosse detida por aquele promitente-comprador.* Absurdo porque esse promitente-comprador não deteria a restante parte do prédio que devesse entregar a outrem, a mais da *manifesta desproporcionalidade e inadequação perante o seu crédito, numa sobregarantia de autotutela contrária à boa fé.*

[220] Cfr. Acórdão do S.T.J. de 20/06/2017 (Processo n.º 596/08.9TYVNG-B.P1.S1): "Como direito real de garantia, o direito de retenção conferido ao promitente comprador tradiciário – art. 755.º, n.º 1, al. *f)* do Código Civil – tem de incidir sobre um bem determinado no momento em que nasce esse direito real".

Termos em que *os direitos de crédito garantidos por direito de retenção só poderão ser graduados na proporção do valor correspondente à "fracção autónoma" (ou ao "direito real de habitação periódica") objecto mediato do contrato-promessa e "retido" pelo reclamante.*

62. Embargos de terceiro e reclamação de créditos (art. 792.º do Código de Processo Civil)

Finalmente, importa ver os mecanismos jurídico-processuais de aplicação do direito de retenção.

O beneficiário da promessa, titular do direito de retenção, pode usar das acções destinadas à defesa da posse contra qualquer acto de esbulho, ainda que seja contra o próprio dono (art. 670.º, al. *a*), ex.arts.758.º e 759.º, n.º 3), para além de poder executar a coisa retida (art. 675.º, ex.-arts. 758.º e 759.º") e de ser pago com preferência sobre os demais credores do devedor (art. 666.º, por força dos arts.758.º e 759.º). Nomeadamente, o beneficiário da promessa pode recorrer aos embargos de terceiro, nos termos definidos na lei de processo (art. 342º, n.º 1 do Código de Processo Civil), *em caso de diligência ordenada judicialmente (art. 1285.º) que não acarrete a caducidade do seu direito,* por exemplo na execução para entrega de coisa certa (art. 859.º e segs. do Código de Processo Civil)[221].

Diversamente, na hipótese de diligência judicial (penhora, melhor, venda em execução) de que resulte a caducidade do direito de retenção (e da correspondente posse ou detenção, naturalmente),

o promitente-comprador não poderá embargar de terceiro para fazer valer direito de retenção e posse ou detenção... caducados (art. 824.º, n.º 2), *devendo distinguir-se consoante ele se apresente ou não a reclamar o seu crédito no processo executivo. Assim:*

1) Se o promitente-comprador reclama o pagamento do seu crédito e vê atendida a reclamação, tendo sido citado para a execução nos termos dos

[221] Neste sentido, cfr. acórdão da Relação do Porto, de 9 de Março de 1993, *in* «Colectânea de jurisprudências, 1993, t. II, p. 187 e segs.; acórdão do S.T.J., de 11 de Fevereiro de 1999, *in* "Colectânea de Jurisprudência. – Acórdãos S.T.J.", 1999, I, p. 103 e segs.; acórdão da Relação do Porto, de 13 de Novembro de 2007 (Processo n.º 0724885). *Vide* MIGUEL MESQUITA, *Apreensão de bens,* cit., p. 269 e segs.

n.os 3 e 9 do art. 786.º do Código de Processo Civil ou reclamando espontaneamente o seu crédito até à transmissão do bem penhorado (art. 786, n.º 3, do Código de Processo Civil), o direito de retenção (e correspondente posse ou detenção) caducam em consequência da alienação (art. 824.º, n.º 2, do Código Civil), transferindo-se o seu direito de crédito para o produto da venda do respectivo bem (art. 824.º, n.º 3, do Código Civil) com a mesma prioridade ou preferência que o direito caducado lhe conferia.

Não dispondo o beneficiário da promessa de título exequível que lhe permita reclamar o seu crédito em concurso de credores (art. 786.º do Código de Processo Civil), mas sendo um credor com garantia real sobre o bem penhorado, é-lhe consentido requerer, «dentro do prazo facultado para a reclamação de créditos, que a graduação dos créditos, relativamente aos bens abrangidos pela sua garantia, aguarde a obtenção do título em falta» (art. 792.º do Código de Processo Civil)[222] – atente-se na caducidade dos efeitos do requerimento, nas hipóteses contempladas no n.º 7 do art. 792.º.

É que o *direito de retenção não subtrai o bem ao património do devedor*, originando a sua impenhorabilidade (art. 747.º do Código de Processo Civil), *nem constitui um direito incompatível com a realização da penhora propriamente dita* – só caduca em consequência da venda executiva (art. 824.º, n.º 2) devendo ser reclamado na execução pendente o respectivo crédito garantido (art. 786.º, n.os 1, al. b), 3 e 9, e art. 788.º, ambos do Código de Processo Civil)[223].

2) Se o promitente-comprador não reclama o seu crédito no processo executivo, apesar de citado pessoalmente nos termos do n.º 9 do art. 786.º do Código de Processo Civil ou porque, não tendo sido citado (repare-se no desaparecimento da citação edital dos credores desconhecidos – art. 786.º, n.º 1), não apresentou a reclamação espontaneamente até à transmissão do bem penhorado, nos termos do n.º 3 do art. 788.º do mesmo Código, *o direito de retenção caduca (art. 824.º, n.º 2, do Código Civil) sem transferência do direito de crédito para o produto da venda do bem, uma vez que este direito não foi*

[222] Cfr. acórdão do S.T.J., de 10 de Fevereiro de 2000, *in* "Colectânea de Jurisprudência – Acórdãos do S.T.J."; 2000, I, p. 80; acórdão do S.T.J., de 12 de Fevereiro de 2004, *in* Colectânea de Jurisprudência do S.T.J., 2004, t. I, p. 57.

[223] Cfr. acórdãos do S.T.J., de 18 de Março de 2003, de 23 de Janeiro de 2003, de 19 de Setembro de 2002, www.dgsi.pt/jstj; acórdão do S.T.J. de 13de Setembro de 2007 (Processo n.º 07B2256); acórdão da Relação do Porto, de 26 de Outubro de 2006 (Processo n.º 0634127); acórdão da Relação do Porto, de 24 de Maio de 2007 (Processo n.º 0732323).

verificado e graduado. Naturalmente, o crédito subsiste, podendo o beneficiário da promessa, agora na qualidade de credor quirografário ou credor comum, fazê-lo valer contra o devedor.

3) Se o promitente-comprador conhecido não reclama o crédito por não ter sido citado (art. 786.º, n.º 9, do Código de Processo Civil), pode ele arguir a nulidade da falta de citação (art. 786.º, n.º 6, e art. 187.º, al. a), do Código de Processo Civil).

No caso de ainda não ter sido vendido nem adjudicado o bem onerado com o direito de retenção, o juiz anula tudo o processado posteriormente ao momento da citação omitida e ordena que se cumpra o n.º 9 do art. 786.º do Código de Processo Civil. Citado agora para a execução, o beneficiário da promessa pode reclamar o seu direito de crédito: se o reclamar, aplica-se o que vai dito em 1); se o não reclamar, vale o referido em 2).

Na hipótese de o bem onerado com o direito de retenção já ter sido vendido ou adjudicado, rege a 2.ª parte do n.º 6 do art. 786.º do Código Processo Civil: não haverá «anulação das vendas, adjudicações, remições ou pagamentos já efectuados, *dos quais o exequente não haja sido exclusivo beneficiário*, ficando salvo à pessoa que devia ter sido citada o direito de ser indemnizada, pelo exequente ou outro credor pago em vez dela, segundo as regras do enriquecimento sem causa, sem prejuízo da responsabilidade civil, nos termos gerais, da pessoa a quem seja imputável a falta de citação.»

Vale dizer, por outras palavras: se subsistirem as vendas, adjudicações, remições ou pagamentos já efectuados – e subsistem se o exequente não for o seu exclusivo beneficiário –, o promitente-comprador conhecido e não citado tem o direito de ser indemnizado pelo exequente (ou outro credor pago em vez dele) segundo as regras do enriquecimento sem causa, sem prejuízo da responsabilidade civil da pessoa a que se deva a falta de citação, do dano que haja sofrido com a falta de citação. Essas indemnizações hão-de ser pedidas em acção de condenação especialmente proposta para o efeito[224].

[224] *Amplius*, MIGUEL MESQUITA, *Apreensão de bens*, cit., p.157 e segs., 164 e segs; SALVADOR DA COSTA, *O Concurso de credores*, Coimbra, 2015, 5ª ed, p. 181, 182 e segs, 269 e segs; ARMINDO RIBEIRO MENDES, *Reclamação de créditos no processo executivo*, *in* Themis, 2003 (ano IV, n.º 7), p. 214 e segs., especialmente p. 232 e segs.

III

CONTRATO-PROMESSA

ANÁLISE PARA REFORMULAÇÃO DO DECRETO-LEI N.º 236/80

III

Contrato-Promessa

ANÁLISE PARA REFORMULAÇÃO DO DECRETO-LEI N.º 236/80

1. Objecto do estudo: análise para reformulação do Decreto-Lei n.º 236/80

«O regime do contrato-promessa,tal como resulta do Decreto-Lei n.º 236/80, de 18 de Julho, tem dado causa a dúvidas de entendimento, quer na doutrina, quer na jurisprudência.

Importa encarar a hipótese de, sem desvirtuar a intencionalidade de política legislativa que lhe está subjacente, tornar mais clara a formulação de tais preceitos».

Este e apenas este o âmbito e o objectivo do presente estudo sobre o contrato-promessa, solicitado por despacho de Sua Excelência o Ministro da Justiça, «com vista à possível reformulação dos correspondentes preceitos do Código Civil»[225].

2. Pontos controvertidos

Se bem que ditado pela louvável preocupação de acudir a situações injustas a que o regime legal anterior do contrato-promessa, adequado a épocas

[225] Despacho n.º 85/85, de 10 de Julho.

de estabilidade social e económica, dava lugar, dada a mutação da conjuntura económica e financeira dos últimos anos com contínua e acentuada desvalorização da moeda, o Decreto-Lei n.º 236/80 tem suscitado controvérsia acerca de vários pontos, quer na doutrina, quer na jurisprudência. Três pontos medulares, em que a regra de direito (do citado Decreto-Lei) é incerta ou controvertida, são de sublinhar e analisar:

§1 – Âmbito de aplicação do citado Decreto-Lei;
§2 – Alcance da alteração do art. 442.º;
§3 – Alcance da alteração do art. 830.º.

§1

ÂMBITO DE APLICAÇÃO DO DECRETO-LEI N.º 236/80

3. A tese da aplicação restrita e da coexistência do novo e do antigo regime na doutrina

O primeiro dos pontos controvertidos é o do próprio âmbito de aplicação do citado Decreto-Lei n.º 236/80.

Segundo alguns autores, o referido diploma não tem âmbito de aplicação geral. Circunscreve-se a uma espécie particular de contratos-promessa – os contratos-promessa em que se promete a celebração de contrato (definitivo) oneroso, com eficácia real (*quoad effectum*) e relativo a edifício existente ou projectado. Todos os demais contratos-promessa continuariam a ser disciplinados pelo originário regime do contrato-promessa, constante do Código Civil, que, assim, se manteria em vigor como regime geral. É a tese de MENEZES CORDEIRO, GALVÃO TELLES e VAZ SERRA.

Escreve MENEZES CORDEIRO:

> «– O Decreto-Lei n.º 236/80 visou solucionar a problemática atinente aos contratos-promessa de contratos definitivos relativos a edifícios para habitação;
>
> – O art. 410.º, n.º 3, por ele introduzido, aplica-se aos contratos-promessa cujos contratos definitivos sejam onerosos, tenham eficácia real e se reportem a edifícios existentes ou projectados;
>
> – Quer o art. 442.º, quer o art. 830.º, nas suas novas redacções, apenas se aplicam a contratos-promessa relativos a contratos definitivos

onerosos, com eficácia real e reportados a edifícios existentes ou projectados;

– A conclusão mais saliente é, pois, a seguinte: o Decreto-Lei n.º 236/80, de 18 de Julho, não veio na realidade, alterar o Código Civil: apenas veio criar um regime de excepção para contratos-promessa muito claramente indicados quer no preâmbulo, quer no próprio articulado: aqueles que se reportem a contratos onerosos, com eficácia real e relativos a edifícios existentes ou projectados» [226].

Galvão Telles veio expressamente perfilhar a mesma tese, quando escreve:

> «O Decreto-Lei n.º 236/80 (...) veio introduzir no regime do contrato-promessa um certo número de alterações. Mas – acentue-se desde já – deve entender-se que tais alterações valem só para o *caso particular* que esse diploma teve em vista acautelar e que constitui a sua *ratio*. As providências que nele representam inovações devem manter-se no âmbito restrito dessa situação especial, subsistindo em tudo o mais incólume as soluções que já decorriam do texto primitivo do Código Civil (...).
>
> A intervenção do legislador através do Decreto-Lei n.º 236/80 foi ditada pela preocupação de *proteger contra o risco derivado da inflação os que celebram na posição de promitentes-compradores promessas recíprocas de compra e venda de prédios urbanos (edifícios) ou de suas Jrac^õcs autónomas, para habitação própria*»[227].

[226] O *novo regime do contrato-promessa (Comentário às alterações aparentemente introduzidas pelo Decreto-Lei n.º 236/80, de 18 de Julho, ao Código Civil,* no *Boletim do Ministério da Justiça,* n.º 306, pp. 57 e 58.

[227] Cfr. *Direito das Obrigações,* 4.ª ed., Coimbra, 1982, pp. 93 e 94. Diferentemente de Menezes Cordeiro – que, como vimos, aplica o citado Decreto-Lei a contratos-promessa referentes a contratos definitivos onerosos relativos a edifícios existentes ou projectados (nele abrangendo, portanto, «o prédio que, por não estar construído, é rústico, desde que esteja projectada uma edificação que sirva de causa ao contrato-promessa», *ob. cit.,* p. 32) –, Galvão Telles, levando à última consequência lógica a interpretação restritiva, entende que o Decreto-Lei n.º 236/80 «não abrange a promessa de compra e venda de *terrenos,* ainda que destinados a edifícios para fins habitacionais» *(ob. cit.,* p. 94, nota 1).

Na mesma linha, veja-se ainda VAZ SERRA:

> «Esta nova redacção dos arts. 410.º, 442.º e 830.º do Código Civil, introduziria importantes modificações no regime do contrato-promessa, se tivesse alcance geral.
>
> Mas o intuito dessas modificações não é genérico, limitando-se a certos contratos-promessa: os contratos-promesa de compra e venda de habitações próprias, destinando-se, além do mais, a prover acerca da inflação e, portanto, das perturbações do equilíbrio contratual por ela causadas aos contraentes.
>
> Donde resulta que, não se tratando de contrato-promessa de compra c venda (ou equiparado) de habitação própria, as disposições legais aplicáveis são as da redacção originária dos arts. 410.º, 442.º e 830.º do Código Civil»[228].

4. A tese da aplicação restrita e da coexistência do novo e do antigo regime na jurisprudência

Na jurisprudência a referida tese de restringir o âmbito de aplicação do Decreto-Lei n.º 236/80 a contratos-promessa de celebração de contratos definitivos relativos a edifícios mereceu acolhimento em alguns arestos.

Assim, no acórdão do Supremo Tribunal de Justiça, de 6 de Janeiro de 1983, pode ler-se:

> «Começaremos por notar que, como observa o Dr. MENEZES CORDEIRO (...), a nova versão do art. 442.º apenas se aplica a contratos-promessa de celebração de contratos dotados de eficácia real relativos a edifícios»[229]. «Não se verificam, pois, os pressupostos legais para a aplicação da última parte do n.º 2 do art. 442.º do Código Civil (...) já porque, segundo a melhor doutrina, não se tratou de promessa de compra e venda de prédio urbano ou de fracção autónoma»[230].

[228] Anotação ao acórdão do Supremo Tribunal de Justiça, de 29 de Abril de 1981, na *Revista de Legislação e de Jurisprudência,* ano 115.º, p. 208.

[229] Cfr. *Boletim do Ministério da Justiça,* n.º 323, p. 358.

[230] Cfr. *Boletim do Ministério da Justiça,* n.º 323, p. 359. Cfr. a anotação discordante de ALMEIDA COSTA, na *Revista de Legislação e de Jurisprudência,* ano 116.º, pp. 347 e ss. e 381 e ss., e ano 117.º, pp. 20 e ss., 57 e ss. e 90 e ss.

No mesmo sentido veja-se o acórdão do Supremo Tribunal de Justiça, de 7 de Julho de 1983:

> «O problema põe-se perante a redacção primitiva dos arts. 410.º, 442.º e 830.º do Código Civil, já porque o incumprimento por parte dos réus, a ter tido lugar, ocorreu muito antes da entrada em vigor do Decreto-Lei n.º 236/80, de 8 de Julho, já porque as modificações introduzidas nesses preceitos se limitaram a abranger os contratos-promessa de compra e venda de habitações próprias, destinando-se, além do mais, a prover acerca da inflação, e, portanto, do equilíbrio contratual por ela causado aos contraentes.
>
> Assim o entenderam os litigantes c as instanciar, podendo, portanto, considerar-sc pacífico esse entendimento»[231].

5. Crítica: o argumento da técnica legislativa

Não nos parece aceitável e, por isso, não deve ser acolhida, a referida tese interpretativa. Desde logo, porque o art. 1.º do Decreto-Lei n.º 236/80 expressamente estatui: «os arts. 410.º, 442.º e 830.º do Código Civil *passam a ter a seguinte redacção*».

Empregou o legislador técnica legislativa normal e usual, já com tradição entre nós, neste género de alterações legislativas, revogatórias do regime contido no texto anterior dos artigos objecto de nova redacção. Vejam-se, apenas a título de exemplo:

> – A Lei n.º 46/85, de 20 de Setembro (regimes de renda livre, condicionada e apoiada nos contratos de arrendamento para habitação), cujo art. 40.º estabelece: «O n.º 2 do art. 1051.º, a alínea *c)* do n.º 2 do art. 1083.º, o art. 1106.º e o art. 1111.º, todos do Código Civil, passam a ter a seguinte redacção»;
>
> – O Decreto-Lei n.º 238/81, de 4 de Dezembro, cujo art. 1.º preceitua: «O art. 1111.º do Código Civil passa a ter a seguinte redacção»[232];

[231] Cfr. *Boletim do Ministério da Justiça*, n.º 329, p. 532. De salientar o voto de vencido de Flamino dos Santos Martins, segundo o qual a solução correcta era aplicar ao caso (contrato-promessa de compra e venda de um prédio rústico) o disposto no art. 830.” do Código Civil, com a redacção do Decreto-Lei n.º 236/80, de 18 de Julho.

[232] Cfr. ainda o art. 2.º do mesmo diploma, nos termos do qual «o n.º 2 do art. 1051.º do Código Civil passa a ter a seguinte redacção».

– O Decreto-Lei n.º 200-C/80, de 24 de Junho, cujo art. 1.º estatui: «Os arts. 559.º, 811.º, 812.º e 1146.º do Código Civil passam a ter a seguinte redacção»;

– O Decreto-Lei n.º 222/77, de 30 de Maio, cujo artigo único reza: «Os arts. 7.º, 22.º (...) do Decreto-Lei n.º 783/76, de 29 de Outubro, passam a ter a seguinte redacção»;

– O Decreto-Lei n.º 204/78, de 24 de Julho, cujo art. 1.º estatui: «Os arts. 2.º, 20.º (...) do Decreto-Lei n.º 783/76, de 29 de Outubro, passam a ter a seguinte redacção»:

– O Decreto-Lei n.º 49 056, de 12 de Junho de 1969, cujo art. 1.º estabelece: «Os artigos (...) do Código do Notariado (...) passam a ter a seguinte redacção»;

– O Decreto-Lei n.º 49 053, de 12 de Junho de 1969, cujo art. 1.º preceitua: «Os artigos (...) do Código do Registo Predial (...) passam a ter a seguinte redacção».

Sempre tem sido entendido que com esta técnica legislativa se alteram os respectivos artigos, os quais passam a valer de acordo com a nova redacção, considerando-se revogado o regime contido na versão anterior dos mesmos [233].

Significado imediato e espontâneo, natural e óbvio, não podendo ser extraído fundadamente da técnica legislativa – nem da letra nem da *ratio* do diploma, como veremos – o resultado da coexistência de dois regimes jurídicos – o regime jurídico contido na antiga redacção e o regime introduzido na nova redacção dos mesmos artigos.

No que à técnica legislativa concerne, o mínimo que pode dizer-se é que seria uma técnica *bizarra, esquisita* e *estranha,* a do legislador que, querendo manter em vigor determinados preceitos tal qual estão redigidos, lhes dá, todavia, nova redacção expressamente substitutiva!!!

E tudo isto sem que o legislador tenha feito qualquer ressalva da (vigência da) antiga redacção. «Ressalva» que, adiante-se, só teria sentido em termos

[233] Para o mesmo efeito e com o mesmo alcance é, por vezes, utilizada a técnica legislativa de alteração de artigos. Cfr. Decreto-Lei n.º 242/85, de 9 de Julho (art. 1.º: «São alterados, pela forma indicada, os seguintes artigos do Código de Processo Civil») e Decreto-Lei n.º 262/83, de 16 de Junho (art. 1.º: «São alterados pela forma abaixo indicada os seguintes artigos do Código Civil (...)»).

de direito transitório, o que nem sequer acontece no caso do diploma em apreço – cujo art. 2.º aplica o disposto nos arts. 442.º e 830.º do Código Civil, *na nova redacção* que lhes dá, *a todos os contratos-promessa* cujo incumprimento se tenha verificado após a sua entrada em vigor, sem ressalvar para qualquer caso especial, muito menos para a generalidade dos contratos-promessa, a vigência simultânea da antiga redacção dos mesmos artigos –, nem tão-pouco resulta das regras gerais de aplicação das leis no tempo (art. 12.º do Código Civil)[234].

Seria de todo em todo original – má originalidade, assinale-se, pela contradição, se não mesmo absurdo, que envolveria – um procedimento tão tortuoso e tão obscuro o do legislador que, querendo manter em vigor determinados preceitos tal qual estão redigidos, os altera por uma nova redacção expressamente substitutiva da antiga, «obrigando» depois a jurisprudência *(lato sensu)* a aguçar o engenho de corrigir o novo diploma pelo recurso à interpretação correctiva ou a repristinar o anterior regime contido na originária redação dos preceitos alterados para, deste modo, colmatar a lacuna (art. 10.º, n.º 3) entretanto surgida com a alteração legislativa[235].

Técnica legislativa tanto mais tortuosa, obscura e imprópria, quanto no presente caso o Decreto-Lei n.º 236/80 teria introduzido, segundo a tese que refutamos, um especial regime de excepção, mantendo incólume o regime contido na anterior redacção dos mesmos preceitos, suprimido pelo Decreto-Lei n.º 236/80, como regime-regra disciplinador da generalidade dos contratos-promessa. Se tal fosse o resultado querido pelo legislador ter-lhe-ia sido simples, linear e óbvio, o recurso à técnica legislativa de um diploma especial (confinado ao caso ou casos excepcionais), sem tocar no regime geral do Código Civil, cujos artigos manteria inalterados na sua redacção, para disciplinar a generalidade dos contratos-promessa. Para quê, com efeito, introduzir nova redacção em certos artigos do Código Civil, expressamente substitutiva da redacção antiga dos mesmos – redacção antiga que, assim, através deste procedimento legislativo, desapareceu do

[234] Neste sentido cfr. Vasco Xavier, *Contrato-promessa: algumas notas sobre as alterações do Código Civil constantes do Decreto-Lei n.º 236/80, de 18 de Julho,* Coimbra, 1983 (Separata da «Revista de Direito e de Estudos Sociais», ano XXVII), p. 23, nota 5, a cujas teses damos substancial adesão; Almeida Costa, *Direito das Obrigações,* 4.ª ed., Coimbra, 1984, p. 262.

[235] Cfr. Vasco Xavieh, *Contrato-promessa, cit.*, p. 23.

Código Civil –, se o objectivo final fosse o da vigência coexistente da nova e da antiga redacção dos mesmos preceitos?

Seria uma técnica bizarra, sem dúvida, a desembocar na «originalidade de um diploma legal que alterou a lei por modificação da redacção de determinados artigos do Código Civil deixar subsistir, ao lado da nova versão por ele introduzida, a redacção primitiva que expressamente substituiu!»[236]. O que seria, nas palavras de VASCO XAVIER, «um procedimento muito estranho – é o menos que se lhe pode chamar – o do legislador que, prescrevendo declaradamente uma nova redacção para determinados preceitos, consente na vigência simultânea da nova e da antiga redacção dos mesmos»[237].

O que, diga-se para terminar, seria ao arrepio da tradicional técnica legislativa que o legislador se limitou a utilizar e não seria conforme à consabida regra de que o intérprete deve presumir que o legislador consagrou as soluções mais acertadas e soube exprimir o seu pensamento em termos adequados (art. 9.º, n.º 3, do Código Civil), isto é, «um legislador *razoável,* quer na escolha da substância legal, quer na sua *formulação técnica,* nas palavras de MANUEL DE ANDRADE [238].

6. Crítica (cont.): o argumento da letra da lei

Em segundo lugar, a própria letra da lei não depõe a favor da tese da coexistência da antiga e da nova redacção dos artigos do Código Civil a que se refere o Decreto-Lei n.º 236/80. O teor do art. 1.º do diploma é o de que «os arts. 410.º, 442.º e 830.º do Código Civil passam a ter a seguinte redacção». O significado natural, espontâneo, imediato e óbvio das palavras do preceito é o da alteração dos artigos do Código Civil nele referidos, com revogação do regime contido na versão anterior que o legislador *expressis verbis* substituiu por nova versão (dos artigos alterados).

A ideia de que, ao lado do novo e excepcional regime do Decreto-Lei n.º 236/80, subsiste incólume o originário regime do contrato-promessa constante do Código Civil – como regime-regra disciplinador da generalidade dos contratos-promessa –, não tem o mínimo de apoio nos dizeres da

[236] Cfr. JOSÉ LEBRE DE FREITAS, *O contrato-promessa e a execução específica (Comentário a uma decisão judicial),* no *Boletim do Ministério da Justiça,* n.º 333, p. 14.

[237] *Ob. cit.,* p. 23.

[238] *Ensaio sobre a teoria da intepretação das leis,* 3.ª ed., Coimbra, 1978, pág. 103.

lei. É mesmo patente que se trata de um significado arrevesado e artificioso, sem uma vaga e tosca (ainda que infeliz e imperfeita) expressão literal, nem sequer mal tolerado no teor literal do preceito. Logo, não pode fugir-se à interpretação literal de que a nova redacção, dada pelo Decreto-Lei n.º 236/80, dos arts. 410.º, 442.º e 830.º do Código Civil tem a adequada significação imediata, natural e óbvia, de revogação do regime contido no texto anterior daqueles artigos[239] – com as anteriores versões desses mesmos artigos a desaparecer do mundo dos preceitos vigentes[240] –, porquanto não pode ser considerado pelo intérprete o pensamento legislativo que não tenha na letra da lei um mínimo de correspondência verbal, ainda que imperfeitamente expresso (art. 9.º, n.º 2, do do Código Civil), podendo ainda chamar-se à colação o conhecido aforisma *in claris non fit interpretatio*. As palavras da lei, aliás de grande tradição, são tão explícitas e categóricas que não podem exprimir outra significação que não a da revogação do regime contido na versão anterior dos artigos objecto de nova redacção.

A favor da natural e óbvia significação de revogação do regime contido na versão anterior dos referidos artigos depõe também o art. 2.º do Decreto-Lei n.º 236/80, ao preceituar que «o disposto nos arts. 442.º e 830.º do Código Civil, *na redacção que lhes dá este diploma, aplica-se a todos os contratos-promessa* cujo incumprimento se tenha verificado após a sua entrada em vigor». Os termos gerais da formulação deste artigo também nem sequer toleram mal a interpretação de restringir o alcance da nova redacção dos arts. 442.º e 830.º à espécie particular de contratos-promessa de compra e venda de prédios urbanos ou fracções autónomas para habitação do promitente-comprador. A nova redacção transcende o âmbito deste particular tipo de contrato-promessa, aplicando-se *expressis verbis* a todos os contratos-promessa.

No mesmo sentido – no sentido da aplicação geral do Decreto-Lei n.º 236/80 – depõe ainda a circunstância de o art. 410.º, n.º 3, e o art. 830.º, n.º 2, confinarem expressamente a sua aplicação ao contrato-promessa de compra e venda de prédio urbano ou de sua fracção autónoma, resolvendo aspectos muito especiais. Se o legislador tivesse querido circunscrever o âmbito de aplicação do Decreto-Lei n.º 236/80 à promessa relativa à

[239] Neste sentido, cfr. Vasco Xavier, *Contrato-promessa, cit.*, pp. 22, *in fine*, e 23; José Lebre de Freitas, O *contrato-promessa, cit.*, p. 16.

[240] Cfr. Almeida Costa, *Direito das Obrigações, cit.*, p. 262.

celebração da compra e venda de prédio urbano ou de sua fracção autónoma, tê-lo-ia feito do mesmo modo, expressamente, no próprio Código Civil, introduzindo autónomos números confinados a essa particular espécie de contrato-promessa, ou em diploma extravagante. Porque não quis limitar o âmbito de aplicação do Decreto-Lei n.º 236/80 a essa particular espécie de contrato-promessa e antes lhe quis dar um alcance geral, o legislador teve de prever aquelas duas disposições de âmbito de aplicação restrita (arts. 410.º, n.º 3, e 830.º n.º 2), isoladas dentro do novo regime do contrato-promessa constante no Código Civil, para resolver aspectos muito especiais do contrato-promessa de compra e venda de prédio urbano ou de sua fracção autónoma[241].

7. Crítica (cont.): o argumento do preâmbulo do diploma

Nem tão-pouco o preâmbulo do Decreto-Lei n.º 236/80 milita contra a tese da aplicação geral do diploma.

O facto de nele ser feita referência expressa ao caso do contrato-promessa de compra e venda de casa para habitação própria – o que não acontece já no novo articulado do Código Civil, ressalvados o n.º 3 do art. 410.º e o n.º 2 do art. 830.º – apenas atesta que o legislador o teve precipuamente presente no seu espírito, justamente por ser um domínio em que frequentes situações injustas e até escandalosas, devido ao fenómeno da desvalorização monetária, reclamam mais adequada e eficiente tutela do promitente-comprador.

Porém, outras passagens do mesmo preâmbulo inculcam bem a ideia de que o legislador não pensou exclusivamente no contrato-promessa de compra e venda de casa para habitação própria. E o que resulta claramente da constatação aí feita de que «por efeito do regime legal do contrato-promessa – adequado a épocas de estabilidade social e económica mas que não responde na justa medida a situações de rápida mutação da conjuntura económica è financeira em que avulta, como factor preponderante, a desvalorização da moeda –, inúmeros promitentes-compradores encontram-se em situação que justifica diversa tutela normativa», importando, por isso, *«reajustar o regime legal do contrato-promessa por forma a adequá-lo às realidades actuais,* estabelecendo verdadeiro equilíbrio entre os outorgantes (...) e

[241] Neste sentido cfr. VASCO XAVIER, *Contrato-promessa, cit.*, p. 24.

desmotivando a sua resolução[242] com intuitos meramente especulativos. *Prevê-se,* para tal, *a actualização da indemnização em certos casos e a criação de condições adequadas ao exacto cumprimento da promessa em qualquer caso,* mesmo pelo recurso à sua execução específica».

Como se vê, embora o contrato-promessa relativo a habitação tenha estado presente de modo precípuo no espírito do legislador e seja referido no preâmbulo expressamente, resulta do próprio preâmbulo do diploma[243] que o legislador curou de «reajustar o regime legal do contrato-promessa por forma a adequá-lo às realidades actuais», providenciando as medidas (que entendeu adequadas) de aplicação geral ao contrato-promessa na realidade presente, quer a nível de cumprimento e execução específica, quer a nível de indemnização.

8. Crítica (cont.): o argumento da *ratio legis*

Em terceiro lugar, a *ratio* do Decreto-Lei n.º 236/80 milita inequivocamente a favor do âmbito geral de aplicação do diploma, depondo contra a tese da covigência da antiga e da nova redacção dos artigos do Código Civil por aquele diploma alterados.

Na origem última do Decreto-Lei n.º 236/80 esteve, sem dúvida, o fenómeno da desvalorização monetária que, entre nós, sobretudo a partir de 1974, se tem feito sentir de modo continuado e acentuado, não raras vezes de forma galopante. Fenómeno que, fora das operações instantâneas, acarreta consequências várias, tanto mais importantes quanto maior for o tempo que medeia entre a celebração e o cumprimento do contrato.

Designadamente a nível de contratos acompanhados de sinal ou de cláusula penal, os respectivos montantes pecuniários depressa diminuem de valor (isto é, de poder aquisitivo), enquanto os bens, produtos e serviços – que os contraentes visam obter através desse instrumento-rei da colaboração económica que são os contratos – valorizam e se tornam mais caros, valendo mais dinheiro.

Em épocas de desvalorização monetária acentuada, o sinal, no seu regime clássico, perde o valor de garantia e meio de coerção ao cumprimento,

[242] *Rectius,* o seu incumprimento (neste sentido cfr. Menezes Cordeiro *ob. cit.*, pág. 28, nota 1; Vasco Xavier, *ob. cit.*, pág. 28, nota 1).

[243] Neste sentido cfr. Vasco Xavier, *ob. cit.*, págs. 27 e 28; Almeida Costa, *Direito das Obrigações, cit.*, pág. 263.

deixando de constituir sanção do incumprimento para se transformar, face ao regime geral, num incentivo ao inadimplemento do contrato, dado o aumento de valor do objecto do mesmo. Daí o reforço do direito ao cumprimento e execução específica, previsto pelo legislador de 80 (art. 830.º, n.º 1, e eliminação do n.º 2 do mesmo artigo, redacção primitiva), e da indemnização no caso de ter havido tradição da coisa objecto do contrato prometido (art. 442.º, n.º 2). Regras de alcance geral, cuja razão de ser extravasa o caso do contrato-promessa de compra e venda para habitação, já que a inadequação da restituição do sinal em dobro em períodos de elevada desvalorização da moeda, estimulando o incumprimento, vale tanto no caso de contrato-promessa de compra e venda de casa para habitação como para comércio ou profissão liberal, bem como no contrato-promessa de contrato translativo de prédio rústico [244].

9. Revogação do regime anterior e aplicação genérica do diploma: doutrina

Técnica legislativa, letra, preâmbulo *e ratio* do Decreto-Lei n.º 236/80 depõem, assim, contra a tese da vigência simultânea dos dois regimes do contrato-promessa constantes da antiga e da nova redacção dos arts. 442.º e 830.º do Código Civil e a favor do âmbito geral de aplicação daquele diploma revogatório do regime anterior.

No sentido do âmbito geral de aplicação do Decreto-Lei n.º 236/80, além dos autores já referidos [245], podem citar-se Rui de Alarcão, Pires de Lima/A. Varela e Antunes Varela.

Segundo Rui de Alarcão, a tese da coexistência de dois regimes legais

> «não pode aceitar-se, pois contradiz elementos de interpretação, designadamente a própria letra da lei, sabendo-se que o *legislador quis editar formulações genéricas, que substituíssem a regulamentação anterior,* embora pensasse precipuamente nos contratos-promessa para habitação própria»[246].

[244] Neste sentido Vasco Xavier, *ob. cit.*, págs. 25 e segs.; Almeida Costa, *Direito das Obrigações, cit.*, pág. 263; José Lebre de Freitas, *ob. cit.*, págs. 16 e 18.

[245] Almeida Costa, *ob. cit.;* Vasco Xavier, *ob. cit.,* José Lebre de Freitas, *ob. cit.*

[246] *Direito das Obrigações* (texto elaborado pelos Drs. Sousa Ribeiro, Sinde Monteiro, Almeno de Sá e J. Carlos Proença, com base nas lições do Prof. Doutor Rui de Alarcão ao 3.º ano jurídico), Coimbra, 1983, pág. 135.

Para Pires de Lima e Antunes Varela,

> «as modificações tiveram especialmente em vista o contrato-promessa de compra e venda de imóveis (prédios urbanos ou fracções autónomas) para habitação do promitente-comprador (...). *Mas algumas delas transcendem, pelos termos gerais da formulação dos respectivos textos, o âmbito do tipo de contrato especialmente visado pelo legislador»* [247].

Para Antunes Varela,

> «o Decreto-Lei n.º 236/80, de 18 de Julho, pretendeu introduzir no regime normal do contrato-promessa (...) algumas alterações destinadas a defender o promitente comprador nos casos de promessa de compra e venda de edifícios, construídos ou em construção, contra as consequências da inflação monetária própria da conjuntura económica.
>
> Em lugar, porém, de limitar o campo de aplicação das alterações introduzidas às espécies negociais a que elas se destinavam e ao período conjuntural que as determinou, o legislador inseriu-as desastradamente no texto do Código Civil (no art. 442.º, com uma péssima redacção dos n.ºs 2, 3 e 4, a propósito do sinal e no art. 830.º, relativamente à execução específica do contrato-promessa), como se fossem *providências de carácter geral doravante aplicáveis a todos os contratos-promessa»*[248].

10. (Cont.): Jurisprudência

Não é só na doutrina que o âmbito geral de aplicação do Decreto-Lei n.º 236/80 – salvo quando a aplicação restrita resulta do próprio texto dos novos artigos – encontra maioritários e crescentes defensores. Também na jurisprudência a aplicação genérica do diploma tende a impôr-se nos últimos tempos.

Nesta linha de orientação pode citar-se o acórdão do Supremo Tribunal de Justiça, de 10 de Novembro de 1983, no qual se lê:

> «(...) No que se refere ao pedido reconvencional de execução específica (...) entendeu a Relação que a execução específica prevista nos

[247] *Código Civil Anotado,* vol. II, 2.ª ed., Coimbra, 1981, pág. 94.

[248] *Das obrigações em geral,* vol. 1,4.º ed., Coimbra, 1982, pág. 270, nota 2.

preceitos dos arts. 442.º, n.º 2, e 830.º do Código Civil (na redacção do Decreto-Lei n.º 236/80) é possível mesmo quando o contrato-promessa tem por objecto *prédios não destinados a fim habitacional.*

(...) O que, necessariamente, coloca o incumprimento em momento posterior ao do início da vigência do mencionado Decreto-Lei n.º 236/80, sendo consequentemente *aplicável ao contrato-promessa* documentado a fls. 23 *o regime legal decorrente dos arts. 442.º e 830.º do Código Civil, na sua nova redacção.*

E nem sequer foi posta em causa, no presente recurso, *a aplicação (que aliás se afigura correcta) de tal regime legal ao caso concreto»*[249-250].

11. Conclusão

A conclusão a tirar é esta:

O regime jurídico introduzido pelo Decreto-Lei n.º 236j80, de 18 de Julho, é de aplicação genérica e não restrita, salvo se esta resulta do novo texto dos artigos, devendo considerar-se alterada a primitiva disciplina correspondente do Código Civil.

[249] Cfr. *Boletim,* n.º 331, págs. 532 e 533 (confirmando o acórdão da Relação do Porto).

[250] Implicitamente, no mesmo sentido, podem ver-se o acórdão do Supremo Tribunal de Justiça, de 20 de Novembro de 1984 *(Boletim do Ministério da Justiça,* n.º 341, págs. 437 e segs.) e o acórdão da Relação do Porto, de 15 de Dezembro de 1983 *(Boletim do Ministério da Justiça),* n.º 332, pág. 510).

§2

ALCANCE DA ALTERAÇÃO DO ARTIGO 442.º DO CÓDIGO CIVIL

12. Confutação da alteração ao contrato-promessa de compra e venda

O Decreto-Lei n.º 236/80 deu nova redacção ao art. 442.º. A principal alteração traduziu-se, além de um novo n.º 3, no seguinte aditamento ao n.º 2 do artigo em questão:

> «ou, tendo havido tradição da coisa, o valor que esta tiver ao tempo do incumprimento ou, em alternativa, o de requerer a execução específica do contrato, nos termos do art. 830.º».

Apesar de inserido num preceito (art. 442.º) que disciplina o sinal de um modo geral para *todos* os contratos, não há dúvida de que o inovador aditamento referido se confina ao contrato-promessa de compra e venda. Neste sentido dois argumentos podem ser aduzidos: primeiro, a parte final do aditamento, ao facultar, em alternativa, a execução específica do contrato, *nos termos do art. 830.º* – preceito que regula a execução específica do contrato-promessa; segundo, o novo n.º 3 do art. 442.º ao estatuir, *expressis verbis,* que «no caso de ter havido tradição da coisa objecto do contrato-promessa, o promitente-comprador goza, nos termos gerais, do direito de retenção sobre ela, pelo crédito resultante do incumprimento pelo promitente-vendedor».

Do primeiro argumento resulta só poder ser o contra to-promessa; do segundo, resulta a sua delimitação expressa ao contrato-promessa de compra e venda.

À semelhança do que foi feito com o n.º 1 do art. 442.º, melhor teria sido, como técnica legislativa, manter inalterado o n.º 2 do mesmo artigo – pelo facto de disciplinar o sinal de um modo geral para todos os contratos – e introduzir um n.º 3 respeitante tão-só ao contrato-promessa, com os desvios do regime-regra do sinal julgados convenientes.

13. Controvérsia sobre, o objecto do contrato-prometido

Se não há dúvida possível de que a alteração do art. 442.º respeita apenas ao contrato-promessa de compra e venda, já o demais alcance jurídico da inovadora segunda parte do n.º 2 do citado artigo (aditada pelo Decreto-Lei n.º 236/80) é controvertido.

O primeiro aspecto controvertido é o do objecto do contrato prometido.

Para Pires de Lima e A. Varela

> «dá-se à disposição legal uma forma que parece cobrir todos os contratos-promessa com tradição da coisa, quando, pelo espírito da lei e pelo contexto da disposição, *esta se circunscreve aos contratos-promessa de compra c venda previstos no n.º 3 do art. 410.º*» [251].

Segundo Antunes Varela,

> «tendo o legislador, na elaboração do Decreto-Lei n.º 236/80, concentrado exclusivamente o seu pensamento e acção nos arts. 410.º, 442.º e 830.º do Código Civil, tudo leva o intérprete a crer que, ao referir-se *expressamente* ao contrato-promessa, no novo n.º 3 do art. 442.º, e, *implicitamente,* na parte final do novo n.º 2, ele teve por certo em vista o *cantrato-promessa* dotado dos requisitos formais que o art. 410.º retocou»[252].

[251] *Código Civil Anotado,* vol. I, 3.ª ed. (com a colaboração de Henrique Mesquita), Coimbra, 1982, pág. 396.

[252] Anotação ao acórdão do Supremo Tribunal de Justiça, de 17 de Novembro de 1981, na *Revista de Legislação e de Jurisprudência,* ano 117.º, pág. 192. Cfr. ainda o mesmo autor em *Das obrigações em geral,* vol. I, *cit.*, págs. 294, *in fine,* e 295.

Para RUI DE ALARCÃO,

> «a parte final do art. 442.º, n.º 2 (...) parece dever ser circunscrita aos promitentes-compradores de contratos-promessa para aquisição de habitação própria (cfr. o preâmbulo do referido diploma), não devendo ser aplicado, por exemplo, nas promessas de compra e venda de terrenos rústicos, mesmo havendo tradição».
>
> «Há que referir ainda que o novo n.º 3 do art. 442.º» deve ser limitado, «em nome de uma interpretação restritiva (...), aos contratos-promessa de aquisição de habitação própria»[253].

Coerentemente com o alcance restrito que atribuem a todo o Decreto-Lei n.º 236/80, GALVÃO TELLES[254] e MENEZES CORDEIRO[255] confinam a alteração do art. 442.º à promessa recíproca de compra e venda de um edifício ou de uma sua fracção autónoma, para habitação própria do promitente-comprador. Face ao que expusemos e concluímos pela aplicação genérica do Decreto-Lei n.º 236/80 – salvo quando a aplicação restrita resulte do próprio texto das novas alterações, como acontece nos arts. 410.º, n.º 3, e 830.º, n.º 2 –, parece-nos mais curial a interpretação dos n.os 2 (2.ª parte) e 3 do art. 442.º no sentido da sua aplicação aos contratos-promesa de compra e venda, independentemente do objecto do contrato definitivo, o qual poderá ser, portanto, prédio rústico ou prédio urbano destinado a fim não habitacional[256].

14. A tese que condiciona a execução específica à tradição da coisa objecto do contrato prometido (art. 442.º, n.º 2): doutrina e jurisprudência

Um segundo aspecto controvertido na análise do art. 442.º, n.º 2, 2.ª parte, é o de saber se o direito à execução específica aí referido está

[253] *Direito das Obrigações, cit.*, págs. 156 e 157.

[254] *Direito das Obrigações, cit.*, págs. 99 e 100.

[255] *O novo regime do contrato-promessa, cit.*, págs. 36 e 37.

[256] Neste sentido, cfr. VASCO XAVIER. *Contrato-promessa, cit.*, pág. 42; ALMEIDA COSTA, *Direito das Obrigações, cit.*, págs. 263 e 282; idem, *Anotação ao acórdão do Supremo Tribunal de Justiça, de 6 de Janeiro de 1983*, na *Revista de Legislação e de Jurisprudência*, ano 117.º, pág. 91; JOSÉ LEBRE DE FREITAS, O *contrato-promessa, cit.*, pág. 16; acórdão do Supremo Tribunal de Justiça, de 10 de Novembro de 1983; *Boletim do Ministério da Justiça*, n.º 331, págs. 527 e seguintes.

ou não dependente da tradição (entrega) da coisa objecto do contrato prometido.

Há quem condicione o direito (da parte que constituiu o sinal) de pedir a execução específica à prévia entrega do objecto do contrato prometido, entendendo não existir aquele direito se não tiver havido esta entrega ou tradição antecipada.

Neste sentido se pronunciam PIRES DE LIMA/A. VARELA, ao escreverem:

> «No n.º 2, mantém-se a solução clássica para a hipótese de, havendo sinal, o contrato não ser cumprido por facto imputável a uma ou outra das partes.
>
> (...) A esta regra clássica veio a nova redacção do preceito (n.º 2) fazer um importante aditamento, mas fê-lo em termos duplamente desastrados. Estabelece a favor de quem constituiu o sinal, e contra aquele que o recebeu, uma dupla sanção, como alternativa à solução da restituição do sinal em dobro.
>
> Simplesmente, *quis-se subordinar qualquer destas novas sanções à hipótese de,* tratando-se da promessa de compra e venda de prédio urbano ou de fracção autónoma, nos termos previstos no n.º 3 do art. 410.º, *ter havido entrega antecipada do objecto do contrato prometido*»[257].

Nesta lição de PIRES DE LIMA/A. VARELA se louva o acórdão do Supremo Tribunal de Justiça, de 6 de Janeiro de 1983, citando expressamente o passo transcrito dos ilustres professores, ao decidir:

> «Não se verificam, pois, os pressupostos legais para aplicação da última parte do n.º 2 do art. 442.º do Código Civil, que permitiria ao promitente-comprador requerer a execução específica do contrato (...), já porque *não houve tradição da coisa, requisito indispensável para aplicação da segunda alternativa que se contém naquele preceito*» [258].

Segundo ANTUNES VARELA,

> «no caso da promessa dê alienação de imóveis para habitação, mesmo havendo sinal constituído, o promitente-comprador goza do *direito de*

[257] *Código Civil Anotado,* vol. I, *cit.,* pág. 395.

[258] *Boletim do Ministério da Justiça,* n.º 323, pág. 359.

execução específica nos termos do n.º 2 do art. 442.º, desde que tenha *havido entrega do imóvel objecto do contrato prometido*»[259].

Mais recentemente, o ilustre e consagrado autor continua a defender a mesma tese ao considerar que o texto do aditamento legal (art. 442.º, n.º 2, 2.ª parte)

> «*apertis verbis* condiciona a sanção em alternativa prevista na parte final do novo n.º 2 do art. 442.º à hipótese de ter havido tradição da coisa», isto é, «que a promessa de compra e venda acompanhada da constituição de sinal só possa ser especificamente executada ou dar lugar à indemnização plena do dano sofrido, por força do disposto no n.º 2 do art. 442.º (nova redacção), no caso de ter havido *traditio rei*»[260].

15. Crítica: a *traditio rei* condiciona o direito ao valor da coisa e não já a execução específica. A referência à execução específica no n.º 2 do art. 442.º é meramente remissiva para o art. 830.º, sede geral da matéria

Salvo o devido respeito, não nos parece ser esta a melhor solução interpretativa.

Temos para nós que a tradição da coisa condiciona apenas o direito (da parte que constituiu o sinal) ao «valor que esta tiver ao tempo do incumprimento», mas não já o «direito de requerer a execução específica do contrato, nos termos do art. 830.º».

O direito à execução específica – que mais não é do que o direito ao cumprimento (realização da prestação pelo devedor), através dela se obtendo o mesmo resultado prático deste, com a sentença a produzir os efeitos da declaração negocial do faltoso (art. 830.º, n.º 1, do Código Civil)[261] – é-lhe

[259] *Das Obrigações em Geral*, vol. I, *cit.*, págs. 284, *in fine*, e 285.

[260] *Revista de Legislação e de Jurisprudência*, ano 117.º, nota 2 da pág. 183.

[261] Frequentemente fala-se de execução específica das obrigações como sinónimo de cumprimento das obrigações. Parece-nos preferível, por uma questão de precisão e rigor terminológico, reservar a expressão cumprimento para a realização da prestação devida pelo próprio devedor (representante, agente ou auxiliar) e a expressão execução específica para a obtenção do mesmo resultado prático (do cumprimento) através da acção executiva, independentemente ou mesmo contra a vontade do devedor. No caso da execução específica do contrato-promessa, todavia, o resultado prático do cumprimento da obrigação de celebrar o contrato prometido

conferido por lei «em qualquer caso e desde que a isso se não oponha a natureza da obrigação assumida», conforme resulta do art. 830.º, n.º 1 (nova redacção), e da revogação do primitivo n.º 2 do mesmo artigo («entende-se haver convenção em contrário, se existir sinal ou tiver sido fixada uma pena para o caso de não. cumprimento da promessa») pelo Decreto-Lei n.º 236/80. Isto é, a questão de saber *se* e *em que condições* a parte que constituiu o sinal tem direito à execução específica encontra decididamente resposta no art. 830.º, sede geral da matéria, para a qual o art. 442.º, n.º 2, parte final, remete.

Rigorosamente, esta remissão é escusada. Não alarga nem restringe o art. 830,º, preceito regulador da execução específica do contrato-promessa, desde o início da vigência do actual Código Civil.

De facto, no direito anterior, sob a vigência do Código de Seabra, entendia-se que a prestação de facto objecto do contrato-promessa só pelo devedor podia ser realizada. Argumentava-se com a circunstância de o facto prometido ser uma declaração de vontade, que só pelo próprio podia ser prestada. Via-se, assim, na obrigação de concluir o contrato prometido, uma obrigação de *facere infungível,* com o juiz a não poder sub-rogar-se ao devedor faltoso. De modo que, não sendo cumprido o contrato-promessa, não podia o credor obter a execução específica, o qual teria de confinar-se à indemnização[262].

Em sentido diferente se viria a pronunciar o actual Código Civil, ao prever no art. 830.º a execução específica do contrato-promessa[263] – forma requintada e refinada de execução específica, sem dúvida –, com o credor a poder obter sentença (constitutiva) que produza os efeitos da declaração negocial do faltoso, o que equivale a ver na obrigação do devedor uma prestação de *facere fungível.*

alcança-se mediante sentença proferida em processo declarativo e não por meio de acção executiva. A sentença constitutiva prevista no art. 830.º acaba, assim, por ter um carácter misto declarativo-executivo.

262 Para esta opinião geralmente sustentada no direito anterior, cfr. Vaz Serra, *Realização coactiva de prestação (execução) (regime civil), no Boletim do Ministério da Justiça,* n.º 73, pp. 354 e 355. No mesmo sentido, para o direito italiano (no Código de 1865), cfr. Micheli, *Del esecuzione forzata,* em «Commentario del Códice Civile de Scialoja e Branca», vol. VI, comentário ao art. 2932.º, pp. 189 e 190.

263 No mesmo sentido, cfr. o Código de Processo Civil alemão (ZPO) – § 894; Reg. de Execução austríaco – § 367; Código Civil «italiano (de 1942) – art. 2932.º.

16. Nos termos do n.º 1 do art. 830.º, a execução específica é admitida «em qualquer caso», isto é, tenha ou não havido *traditio rei*, haja ou não sinal/cláusula penal

No art. 830.º é estabelecido quem, quando e em que condições pode recorrer à execução específica.

Na primitiva versão, a parte fiel, disposta a cumprir, podia, na falta de convenção em contrário, obter sentença que produzisse os efeitos da declaração negocial do faltoso, sempre quê a isso se não opusesse a natureza da obrigação assumida (n.º 1 do art. 830.º).

Nos termos do n.º 2 do mesmo artigo, versão originária, entendia-se haver convenção em contrário, se existisse sinal ou tivesse sido fixada uma pena para o caso de não cumprimento da promessa.

Na versão actual (dada pelo Decreto-Lei n.º 236/80), súbstituiu-se, no n.º 1 do citado artigo, a expressão «na falta de convenção em contrário» pela expressão «em qualquer caso», e eliminou-se o n.º 2 do mesmo artigo, versão primitiva.

Face à nova versão do art. 830.º (oriunda do Decreto-Lei n.º 236/80), cotejada com a sua primitiva redacção, é certo e seguro que a existência de sinal (ou de cláusula penal) deixou de constituir presunção de exclusão da execução específica. Pelo que, se alguém se tiver obrigado a celebrar certo contrato e não cumprir a promessa, pode a outra parte, *apesar da existência de sinal ou de cláusula penal* – e desde que a isso se não oponha a natureza da obrigação assumida –, obter sentença que produza os efeitos da declaração negocial do faltoso. Se, na versão originária do art. 830.º, a existência de sinal ou de cláusula penal constituía presunção relativa (art. 350.º, n.º 2) de convenção das partes contrária à execução específica, hoje, na nova versão, tal presunção foi revogada.

Consequentemente, o recurso à execução específica de um válido e eficaz contrato-promessa (*rectius*, da obrigação de celebrar o contrato prometido, nascente do contrato-promessa) por parte do credor cujo interesse na execução (ainda) possível, embora tardiamente, da obrigação de celebrar o contrato prometido perdure[264], é hoje possível não só no caso de não haver sinal (ou cláusula penal) – como acontecia já na primitiva redacção –, mas

[264] O que não acontece se o credor, em consequência da mora, perder o interesse que tinha na prestação, ou esta não for realizada dentro do prazo suplementar, que razoavelmente for fixado pelo credor, casos em que se considera não cumprida a obrigação (art. 808.º).

também no caso de haver sinal (ou cláusula penal) – o que não acontecia, em regra, na primitiva redacção, dada a presunção de convenção em contrário estabelecida no n.º 2 do art. 830.º, hoje revogado. *Em qualquer caso, haja ou não sinal, haja ou não cláusula penal,* se alguém se tiver obrigado a celebrar certo contrato e não cumprir a promessa, *pode a outra parte,* desde que a isso se não oponha a natureza da obrigação assumida, *obter sentença que produza os efeitos da declaração negocial do faltoso.* E isto sem mais requisitos ou condições, designadamente tenha ou não havido tradição da coisa objecto do contrato prometido. Na versão actual como na versão originária do art. 830.º, a execução específica é admitida independentemente de ter ou não havido tradição (entrega) da coisa, objecto do contrato prometido. Isto é, a *traditio rei,* objecto do contrato prometido, não constitui requisito ou condição do direito à execução específica, que pode ter lugar em qualquer dos casos, ou seja, quer no caso de ter havido entrega, quer no caso de não ter havido entrega da coisa.

No que a este aspecto concerne, nenhuma alteração ocorreu, pelo que o entendimento do art. 830.º (na versão do Decreto-Lei 11.º 236/80) não pode deixar de ser exactamente o mesmo: em qualquer caso, *tenha ou não havido tradição antecipada da coisa objecto do contrato prometido,* se alguém se tiver obrigado a celebrar certo contrato e não cumprir a promessa, *pode a outra parte obter sentença que produza os efeitos da declaração negocial do faltoso.* Donde resulta que, nos termos do n.º 1 do art. 830.º, nova versão, a existência de sinal (cláusula penal) acompanhada ou não de tradição da coisa objecto do contrato prometido não impede nem prejudica a possibilidade de recurso à execução específica do contrato-pro-messa. *Em qualquer dos casos* – existência de sinal (ou cláusula penal) *com* ou *sem* tradição da coisa objecto do contrato prometido; não existência de sinal (ou cláusula penal) com ou sem tradição da coisa objecto do contrato prometido –, o poder de obter a execução específica é admitido no actual n.º 1 do art. 830.º.

17. Desnecessidade da referência à execução específica contida no art. 442.º, n.º 2

O legislador não tinha, pois, necessidade de fazer outra qualquer referência à faculdade de execução específica no art. 442.º. Devia ter mantido a estrutura originária do Código Civil, regulando a execução específica do contrato-promessa no art. 830.º e o sinal no art. 442.º, enquanto sanção indemnizatória do incumprimento imputável.

Porém, provavelmente motivado pela alteração substancial do art. 830.º, especialmente pela eliminação do primitivo n.º 2 do mesmo artigo, o legislador terá querido afastar dúvidas de que a existência de sinal deixou de constituir presunção de exclusão da execução específica, nos termos do art. 830.º (nova versão).

Noutros termos: o legislador refere expressamente no art. 442.º, n.º 2, parte final, o direito de quem constituiu o sinal à execução específica, nos termos do art. 830.º, em alternativa à indemnização – *dobro do sinal,* se não tiver havido tradição da coisa objecto do contrato prometido; dobro do sinal ou o *valor da coisa ao tempo do incumprimento,* se tiver havido tradição –, como forma de *redizer* (e *reforçar*) *o que está claramente dito,* para a generalidade dos contratos-promessa, *no art. 830.º, n.º 1* (nova redacção), *conjugado com a revogação do primitivo n.º 2 do mesmo artigo: apesar da existência de sinal com ou sem tradição da coisa* objecto do contrato de compra e venda prometido, *o promitente-comprador pode, em alternativa à indemnização, requerer a execução específica do contrato, nos termos do art. 830.º.*

Este, no fundo, o verdadeiro alcance do aditamento do Decreto-Lei n.º 236/80 ao n.º 2 do art. 442.º, na parte relativa à execução específica, o qual não passa, portanto, de uma referência ou menção remissiva para o art. 830.º, sede geral da matéria, cujo âmbito não alarga nem restringe.

18. A referência (no art. 442.º, n.º 2) à execução específica como alternativa à indemnização (dobro do sinal ou valor da coisa) respeita aos casos em que, paralelamente à constituição do sinal, se verificou ou não a *traditio rei*

Não nos parece que a expressa referência, no n.º 2 do art. 442.º, ao direito de «requerer a execução específica do contrato, nos termos do art. 830.º», respeite apenas ao caso em que, paralelamente à constituição do sinal, se verifique a *traditio rei* objecto do contrato de compra e venda prometido. A nosso ver aquela expressa referência à faculdade de execução específica é feita como alternativa à indemnização a que tem direito o promitente-comprador.

E só esta, como termo de uma alternativa, é que varia, consoante tenha ou não havido tradição da coisa objecto do contrato de compra e venda prometido: se, paralelamente à constituição do sinal, não se verificou a *traditio rei,* o promitente-comprador tem o direito de exigir o dobro do sinal (regra clássica); se, paralelamente à constituição do sinal, se verificou a *traditio rei,* o promitente-comprador tem o direito de exigir o dobro do sinal *ou* o valor que a coisa entregue tiver ao tempo do incumprimento.

Em alternativa à indemnização (dobro do sinal ou o valor da coisa entregue), o promitente-comprador tem o direito de requerer a execução específica do contrato, nos termos do art. 830.º. O direito à execução específica, referido no art. 442.º, n.º 2, *injine,* como alternativa à indemnização, não está, assim, subordinado ou condicionado à existência de *traditio rei.* Mesmo nos termos do art. 442.º, n.º 2, o promitente-comprador pode, em qualquer dos casos (tenha ou não havido entrega da coisa objecto do contrato de compra e venda prometido), requerer a execução específica do contrato em alternativa à indemnização, tal como no art. 830.º, n.º 1, para o qual o n.º 2 do art. 442.º remete.

Ao mencionar o direito do promitente-comprador de, em alternativa à indemnização, requerer a execução específica do contrato, *nos termos do art. 830.º,* o art. 442.º, n.º 2, não está a conferir-lhe *ex novo* esse direito, não está a abrir nenhuma porta nova e excepcional – nem muito menos a fechá-la – à execução específica do contrato-promessa, que não esteja escancarada no art. 830.º, para ele remetendo, por isso mesmo.

Não falta, portanto, no n.º 2, do art. 442.º, a referência à faculdade de requerer a execução específica do contrato-promessa em que, paralelamente à constituição do sinal, não se tenha verificado a tradição da coisa objecto do contrato de compra e venda prometido[265]. Pelo contrário, a referência nele feita à execução específica – respeitante a qualquer dos casos em que, paralelamente à constituição do sinal, tenha ou não havido a *traditio rei* – é que é desnecessária, porquanto se limita a mencionar o poder que o promitente-comprador tem de requerer, em alternativa, a execução específica do contrato, poder esse reconhecido a qualquer dos promitentes, na generalidade dos contratos-promessa, pelo art. 830.º, n.º 1 (nova versão) – conjugado com a eliminação do primitivo n.º 2 do mesmo artigo –, nos termos já vistos (haja ou não sinal, haja ou não tradição da coisa), para o qual remete o n.º 2 do art. 442.º.

[265] É a tese de VASCO XAVIER, *Contrato-promessa, cit.,* pp. 40-41.

19. O *preâmbulo e a ratio* do diploma – reforço de tutela mais adequada do promitente-comprador (também) através da extensão da execução específica – confirmam e impõem não constituir a *traditio rei* requisito da execução específica

O resultado a que chegámos – existência do direito à execução específica, mencionado no art. 442.º, n.º 2 (redacção do Decreto-Lei n.º 236/80), como alternativa possível à indemnização (restituição do sinal em dobro ou o valor da coisa ao tempo do incumprimento, se tiver havido tradição da coisa; restituição do sinal em dobro, se não tiver havido tradição da coisa), haja ou não tradição da coisa objecto do contrato prometido –, conforme ao art. 830.º, sede geral da matéria (para cujos termos o n.º 2, parte final, do art. 442.º remete), resulta também do próprio preâmbulo do Decreto-Lei n.º 236/80. Nele se constata que, por efeito do (primitivo) regime legal do contrato-promessa – adequado a épocas de estabilidade social e económica, mas que não responde na justa medida a situações de rápida mutação da conjuntura económica e financeira em que avulta, como factor preponderante, a desvalorização da moeda –, inúmeros promitentes compradores necessitam de uma mais adequada tutela, já que o dobro do sinal a que têm direito, como indemnização pelo não cumprimento imputável do contrato, pode nem sequer equivaler já à importância inicialmente desembolsada, não cobrindo o dano emergente do incumprimento. Daí o reajustamento do regime legal do contrato-promessa (introduzido pelo citado diploma de 80), por forma a adequá-lo às presentes realidades inflacionistas, reforçando a tutela do promitente-comprador insatisfeito. Prevê-se, para tal, «*a actualização da indemnização em certos casos e a criação de condições adequadas ao exacto cumprimento da promessa em qualquer caso,* mesmo pelo recurso à sua execução específica (...)» (n.º 1 do preâmbulo, *in fine*). Como «a actualização da indemnização em certos casos» está prevista apenas nas hipóteses em que tenha havido *tradição da coisa* objecto do contrato prometido – tendo havido *tradição* da coisa, o promitente-comprador tem o direito de exigir o *valor* que esta tiver ao tempo do incumprimento (art. 442.º, n.º 2) –, «a criação de condições adequadas ao exacto cumprimento da promessa *em qualquer caso,* mesmo pelo recurso à execução específica», não pode deixar de querer significar que em (qualquer) caso de ter ou não havido tradição da coisa, o promitente-comprador pode, em alternativa (à indemnização), requerer a execução específica do contrato, nos termos do art. 830.º (art. 442.º, n.º 2, *in fine*).

A mesma regra resulta do n.º 2 do preâmbulo, quando nele se escreve:

> «Relativamente à resolução do contrato, mantém-se, em princípio, a regra actual – havendo sinal passado – da perda deste ou da sua restituição em dobro, conforme o outorgante causador da resolução. Estabelece-se, porém, que, no caso de ter havido tradição da coisa para o promitente-comprador (...), a indemnização devida (...) seja o valor que a coisa tiver ao tempo do incumprimento – medida do dano efectivamente sofrido –, conferindo-se ao promitente-comprador o direito de retenção da mesma coisa por tal crédito. E, por outro lado, atribui-se ao mesmo promitente, em alternativa *e em qualquer dos casos,* o direito de requerer a execução específica do contrato».

A frase – «em alternativa e em qualquer dos casos» –, não pode deixar de querer significar que em alternativa (à indemnização) e em qualquer dos casos da indemnização (dobro do sinal ou valor da coisa ao tempo do incumprimento) e, por conseguinte, em (qualquer) caso de ter ou não havido tradição da coisa [266] –já que no caso de não ter havido tradição da coisa, o promitente-comprador tem o direito de exigir o dobro do sinal, enquanto no caso de ter havido tradição da coisa tem a opção entre o dobro do sinal e o valor da coisa ao tempo do incumprimento –, o promitente-comprador tem o direito de requerer a execução específica do contrato, nos termos do art. 830.º (art. 442.º, n.º 2, *in fine).*

Por outro lado, se a *ratio* do Decreto-Lei n.º 236/80, patente no preâmbulo, é a de dotar o promitente-comprador de uma mais eficiente tutela e desmotivar o incumprimento com intuitos meramente especulativos – prevendo-se, para tal, a actualização da indemnização (no caso de ter havido tradição da coisa) e a criação de condições adequadas ao exacto cumprimento da promessa *em qualquer caso* (haja ou não sinal, haja ou não tradição da coisa objecto do contrato prometido), eliminando-se o primitivo n.º 2 do art. 830.º –, não faria sentido limitar a execução específica, referida no art. 442.º, n.º 2, ao caso de ter havido tradição da coisa, excluindo-a quando não haja *traditio rei.* Tal interpretação não reforçaria a tutela do promitente-comprador, *ratio* do Decreto-Lei n.º 236/80, ditada

[266] Neste sentido, Vasco Xavier, *ob. cit.*, pp. 40-41, nota 39; Galvão Telles, *Direito das Obrigações, cit.*, pág. 101, alínea *h*) e nota 1; Pires de Lima e Antunes Varela, *Código Civil Anotado,* vol. II, 1981, p. 95; José Lebre de Freitas, *ob. cit.*, pp. 16 e ss.

pela acentuada desvalorização monetária, não se compaginaria com a nova redacção do n.º 1 do art. 830.º e revogação do primitivo n.º 2 do mesmo artigo, e constituiria mesmo um retrocesso relativamente à versão originária do art. 830.º, que, tal como a versão actual, não distinguia consoante tivesse ou não havido tradição da coisa.

Subordinar ou condicionar a execução específica à prévia tradição da coisa objecto do contrato prometido seria, além disso, uma *desvantagem ou desfavor injustificado* para o promitente-comprador a quem a coisa não tenha sido entregue antecipadamente, o qual veria a sua tutela confinada ao direito de exigir o sinal dobrado – que muitas vezes nem sequer equivalerá já à importância inicialmente desembolsada e não cobrirá o dano emergente –, enquanto o promitente-comprador a quem a coisa tenha sido entregue seria triplamente privilegiado: direito ao valor da coisa ao tempo do incumprimento; direito de retenção sobre a coisa, pelo crédito resultante do incumprimento; direito à execução específica.

Tão enorme e deproporcionado desfavor não encontraria explicação, não se compreenderia e não se coadunaria com o facto de o direito ao cumprimento e à execução específica ser um princípio primário, lógico e natural, que goza de prioridade lógica e teleológica sobre a reparação do dano e a execução por equivalente, de aplicação subsidiária ou residual, a que se recorre como expediente para garantir uma tutela sucedânea e inespecífica, sempre que o direito ao cumprimento e execução específica, forma de satisfazer o interesse primário, razão de ser da obrigação, não seja possível.

20. A não subordinação da execução específica à *traditio rei* na jurisprudência

Concluir-se-á, assim, dizendo que o direito à execução específica mencionado no n.º 2 do art. 442.º não está dependente da tradição da coisa objecto do contrato-prometido. Afirmar o contrário e limitar a execução específica aos casos em que, paralelamente à constituição do sinal, tivesse havido tradição da coisa objecto do contrato prometido, está em contradição com todo o espírito e razão de ser do Decreto-Lei n.º 236/80, que é, confessadamente, dotar o promitente-comprador de uma mais eficiente tutela, actualizando a indemnização em certos casos e criando condições adequadas ao exacto cumprimento da promessa em qualquer caso, mesmo pelo recurso à execução específica. Daí a eliminação do primitivo n.º 2 do art. 830.º, de modo a estender o direito de execução específica do promitente-comprador como alternativa ao direito de exigir a restituição do sinal dobrado. *Não faria, por isso, sentido, o legislador estender a execução específica no art. 830.º, sede da matéria, e, simultaneamente, no mesmo diploma, vir restringi-la, no art. 442.º, condicionando-a à «traditio rei» antecipada. Seria retirar pela janela o que voluntariamente se deixou entrar pela porta...*

Neste sentido se pronunciou já o Supremo Tribunal de Justiça, em acórdão de 20 de Novembro de 1984 (confirmando o acórdão de 23 de Fevereiro de 1984, da Relação de Lisboa):

> «Os termos em que se encontra redigido o referido n.º 2 do art. 442.º do Código Civil, levam a concluir que tal direito de pedir a execução específica do contrato existe independentemente da tradição da coisa.
>
> Na verdade, estabelece-se a alternativa entre o direito de exigir o dobro do sinal, ou, no caso de haver tradição da coisa, o valor desta ao tempo do incumprimento, e o direito de requerer a execução específica do contrato.
>
> No relatório do Decreto-Lei n.º 236/80 diz-se até ter-se atribuído ao promitente-comprador 'em alternativa e em qualquer dos casos', ou seja, que tendo havido ou não tradição da coisa objecto da obrigação, o direito de requerer a execução específica do contrato»[267].

Veja-se ainda, no mesmo sentido, o acórdão de 15 de Dezembro de 1983 da Relação do Porto:

> «Do disposto nos arts. 442.º e 830.º do Código Civil, resulta que a tradição da coisa objecto do contrato-promessa não é requisito de execução específica do mesmo. Se não se verificar a tradição da coisa que é objecto do contrato-promessa, o promitente-comprador, que constituiu o sinal, pode, em caso de incumprimento do promitente-vendedor, optar pelo direito ao dobro do sinal ou pelo direito à execução específica do contrato-promessa de compra e venda»[268].

[267] *Boletim do Ministério da Justiça*, n.º 341, p. 440.

[268] *Boletim do Ministério da Justiça*, n.º 332, p. 510. O acórdão fala de «tradição da coisa objecto do contrato-promessa» – tal como, aliás, o n.º 3 do art. 442.º –, quando devia falar de «tradição da coisa objecto do contrato-prometido», já que o objecto do contrato-promessa é um *facere* jurídico. Pode, contudo, dizer-se que a coisa, objecto imediato do contrato-prometido, não deixa de ser o objecto mediato do contrato-promessa.

21. A *traditio rei* como requisito do direito ao *valor da coisa* ao tempo do incumprimento

Um terceiro aspecto do art. 442.º, n.º 2, 2.ª parte, a requerer análise, refere-se ao direito do promitente-comprador a exigir o valor da coisa ao tempo do incumprimento.

É inquestionável que o legislador de 80 veio conferir ao promitente-comprador o direito de exigir o valor da coisa objecto do contrato prometido apenas na hipótese de ter havido *traditio rei* – hipótese em que, no concernente à indemnização, passa a ter a opção entre o direito ao dobro do sinal e o direito ao valor da coisa. A *traditio rei* é, portanto, requisito indispensável do direito ao valor da coisa, não existindo este nos casos em que, paralelamente à constituição do sinal, não se verificou a tradição da coisa que é objecto do contrato de compra e venda prometido.

22. O *valor da coisa* não se identifica com a indemnização pelo valor integral do dano

Inquestionável não é, todavia, o que deve entender-se por *valor da coisa* a que o promitente-comprador tem direito, se o não-cumprimento do contrato-promessa for devido ao promitente-vendedor.

Tomada à letra, a referência ao *valor da coisa ao tempo do incumprimento,* a que o promitente-comprador tem direito, como indemnização, não encontra justificação racional e plausível, podendo acarretar consequências injustas e violentas, se não mesmo absurdas.

Tomemos um exemplo: *A* e *B* celebram um contrato-promessa de compra e venda de uma casa (com tradição imediata para *B,* promitente-comprador) pelo preço de 2 000 000$00, tendo *B* entregado 500 000$00, a título de sinal. Se, no momento do não-cumprimento devido a *A,* promitente-vendedor, a casa valer 5 000 000$00, interpretando à letra o valor da coisa ao tempo do incumprimento, *B* terá direito a haver 5 000 000$00!

Assim interpretada, a. formulação legislativa é absurda[269]. Conduziria a um resultado violento, desrazoável e injusto, de enriquecimento sem causa justificativa do promitente-comprador[270].

[269] Cfr. Antunes Varela, *Das Obrigações em Geral,* vol. I, *cit.,* p. 283, nota 1; Pires de Lima e Antunes Varela, *Código Civil Anotado,* vol. I, *cit.,* pp. 395, *in fine,* e 396.

[270] Cfr. Vasco Xavier, *ob. cit.,* p. 34; Almeida Costa. *Direito das Obrigações, cit.,* pp. 283 e ss.; Menezes Cordeiro, *ob. cit.,* pp. 38 e ss.

> «Além de que – escreve Vasco Xavier – se tornaria então quase sempre académica a opção facultada pelo legislador: por que haveria aquele contraente de querer a execução específica do contrato (que envolveria naturalmente, do seu lado, a necessidade de cumprir a obrigação de pagar o preço), se poderia obter o exacto valor da coisa sem pagar o dito preço?»[271].

Não foi, com certeza, este resultado tão anómalo que o legislador pretendeu.

Não nos parece, por outro lado, que o valor da coisa ao tempo do incumprimento deva ser visto como a «medida do dano efectivamente sofrido» pelo promitente-comprador, como incorrectamente se diz no n.º 2 do preâmbulo do Decreto-Lei n.º 236/80. Se assim devesse ser visto, estar-se-ia a significar que o legislador de 80 pretendeu facultar ao contraente fiel a indemnização pelo valor integral do dano sofrido[272]. Mas se o legislador tivesse querido conceder a indemnização plena do dano sofrido, teria, por certo, remetido sem mais para as regras gerais (arts. 562.º e ss.), e não teria fixado o valor da coisa ao tempo do incumprimento, como medida do dano integral – danos emergentes e lucros cessantes –, medida inexacta porque desprovida de rigor. É que esta medida, perdõe-se a expressão, não *mede* rigorosamente a amplitude do dano efectivo e real, variável de caso para caso. Ademais, porque a solução da indemnização plena do dano sofrido se traduziria num afastamento total da tradicional doutrina do sinal (cfr. o art. 1548.º do Código de Seabra) e a sua adopção foi rejeitada pelo legislador de 1966, quando Vaz Serra preconizou tal solução nos trabalhos preparatórios do actual Código Civil[273], com certeza que o legislador, por se tratar de mudança tão radical, a querer adoptá-la, tê-lo-ia feito numa formulação clara e inequívoca. Por outro lado, se, com a referência ao valor da coisa ao tempo do incumprimento, o legislador tivesse querido consagrar a indemnização pelo valor integral do dano causado ao contraente fiel, não teria tido a necessidade de alterar o n.º 4 do mesmo art. 442.º.

Seria mesmo um absurdo vir dizer, nessa hipótese, que, salvo estipulação em contrário, não há lugar, pelo não cumprimento do contrato, a qualquer

271 *Ob. cit.*, p. 34.

272 Cfr. Antunes Varela, na *Revista de Legislação e de Jurisprudência*, ano 117.º, p. 184, nota 2 (da p. 183).

273 *Resolução do contrato*, no *Boletim do Ministério da justiça*, n.º 68, pp. 266.

outra indemnização no caso de pagamento do valor da coisa ao tempo do incumprimento. Pelo que a alteração do n.º 4 do art. 442.º confirma que o valor da coisa ao tempo do incumprimento não é nem se identifica com o valor integral do dano sofrido pelo promitente-comprador.

O que deve, então, entender-se por valor da coisa ao tempo do incumprimento?

23. O *valor da coisa* deve ser interpretado como o *aumento de valor* da coisa verificado entre o momento da celebração e o momento do incumprimento do contrato

Quando o legislador de 80 veio facultar ao promitente-comprador, tendo havido tradição da coisa objecto do contrato de compra e venda prometido, o direito de exigir o valor que esta tiver ao tempo do incumprimento, está a querer referir-se ao *valor que a coisa tiver aumentado* ao tempo do incumprimento.

Noutros termos: é o aumento do valor da coisa – aquilo a que na linguagem corrente se refere por *«valorização» da coisa* – verificado entre a data da celebração e a data do incumprimento do contrato que o promitente--comprador pode exigir como indemnização em vez do sinal dobrado.

Assim, no exemplo atrás referido, o promitente-comprador (*B*) não terá direito a haver 5 000 000$00 (valor da casa ao tempo do incumprimento), mas 3 000 000$00 (aumento de valor da casa, objectivamente apreciado, a qual no momento da celebração do contrato-promessa valia 2 000 000$00 e no momento do incumprimento vale 5 000 000$00).

Obviamente, o promitente-vendedor inadimplente terá também que restituir o *quantum* (no nosso exemplo 500 000$00) que recebeu como sinal, porquanto não se vê a que título possa legitimamente retê-lo[274].

Por virtude do incumprimento imputável ao promitente-vendedor, *o sinal deixou*, com efeito, *de ter causa e razão de ser*, não podendo, por isso, ser retido por si legitimamente como aconteceria, nos termos do n.º 2, 1.ª parte, do art. 442.º, se o não-cumprimento fosse devido ao promitente-comprador.

Como o incumprimento se deve ao promitente-vendedor, a restituição do sinal será um mero efeito da resolução – equiparada, quanto aos seus efeitos, à nulidade ou anulabilidade. (arts. 433.º e 434.º) –, que tem efeito

[274] Neste sentido VASCO XAVIER, *ob. cit.*, p. 34, nota 30, e p. 37.

retroactivo, devendo ser restituído tudo o que tiver sido prestado (art. 289.º, *ex.*-art. 433.º). A indemnização que o promitente-vendedor deve pagar é que deixa de ser a quantia de montante igual ao sinal para passar a ser o (aumento de) valor da coisa ao tempo do incumprimento, funcionando este aumento de valor como medida de actualização daquela.

No nosso exemplo, portanto, o promitente-comprador terá direito a haver 3 000 000$00 (aumento de valor da casa) *plus* 500 000$00 (restituição do sinal).

O resultado alcançado – direito ao valor que a coisa tiver aumentado ao tempo do incumprimento – é, no fim de contas, «a actualização da indemnização» (cfr. n.º 1, *in fine*, do preâmbulo do Decreto-Lei n.º 236/80) pré-determinada, no caso de ter havido tradição da coisa objecto do contrato prometido. E a referência ao valor que a coisa tiver (*aumentado*, leia-se) ao tempo do incumprimento, objectivamente apreciado[275], é a «medida» dessa actualização.

Quer isto dizer que o *legislador se afastou (apenas) relativamente do clássico regime do sinal, sem, todavia, ter caído na solução do cálculo da indemnização segundo as regras gerais,* sujeitando o incumprimento do contrato-promessa acompanhado da constituição de sinal aos princípios gerais das obrigações. No fundo, o legislador ainda quis manter-se na linha tradicional do regime do sina – garante de certeza pelo cálculo pré-determinado do dano a indemnizar –, mas permitindo a actualização desse *quantum respondeatur* pré-determinado (dobro do sinal), justificada pelo fenómeno da desvalorização monetária. Procurou, deste modo, corrigir a injustiça de a indemnização pré-determinada (o dobro do sinal) não equivaler sequer, muitas vezes, à importância inicialmente desembolsada (cfr. n.º 1 do preâmbulo do Decreto-Lei n.º 236/80), sem, contudo, cair no cálculo da indemnização (pelo valor integral do dano) segundo as regras gerais, com todas as incertezas e litígios inerentes, como se a estipulação do sinal não tivesse nenhum relevo. E a via que o legislador encontrou para, no caso de ter havido tradição da coisa objecto do contrato prometido, *aliar (ainda) uma relativa certeza de cálculo e a justiça do dano,* foi, justamente, a de conceder ao promitente-comprador o poder de exigir o valor que a coisa tiver aumentado ao tempo do incumprimento.

[275] Cfr. Almeida Costa, *Direito das Obrigações, cit.*, p. 284, nota 1.

«O legislador ficou aqui – nas palavras de VASCO XAVIER – a meio caminho entre a solução tradicional, que garantia o máximo de certeza, e a solução que, nenhum relevo atribuindo à dita estipulação, abriria a porta a todas as dificuldades e incertezas do cálculo da indemnização segundo as regras gerais»[276].

Por esta via, o legislador procurou desmotivar o incumprimento do contrato, com intuitos meramente especulativos, por banda do promitente-vendedor, que deixa de ter na inadequada (em tempo de acentuada desvalorização monetária) sanção da restituição do sinal dobrado um incentivo ao incumprimento. A obrigação de pagar o aumento de valor da coisa constitui, por isso mesmo, uma medida de coerção indirecta ao cumprimento da obrigação de celebrar o contrato prometido, desincentivando-o, por exemplo, de vender a mesma coisa a terceiro[277], por já não compensar (como compensaria se tivesse de pagar de indemnização apenas o dobro do sinal).

Melhor dizendo: a obrigação de pagar o (aumento de) valor da coisa é a *«actualização» da sanção «dobro do sinal»*, de forma a manter a sua característica inicial de medida coercitiva indirecta sobre o promitente-vendedor, em ordem a determiná-lo a cumprir a sua obrigação de celebrar o contrato prometido.

Do mesmo modo, o sinal é meio de compulsão ao cumprimento sobre o promitente-comprador, com a correlativa entrega da soma de dinheiro ao promitente-vendedor a reforçar a obrigação daquele e a garantir o seu cumprimento.

Pela obrigação de pagar o aumento de valor da coisa, o legislador procurou também dar resposta à «situação de facto socialmente atendível» de «forte expectativa da estabilidade do negócio» criada pela tradição da coisa para o promitente-comprador.

Ao mesmo resultado que nós – valor da coisa igual a *aumento de valor* que a coisa tiver sofrido entre a data da celebração e a data do incumprimento da promessa de compra e venda – chega VASCO XAVIER por caminho talvez menos simples e menos linear. Na sua opinião[278], a referência ao

[276] *Ob. cit.*, p. 36.

[277] No caso, obviamente, de coutrato-promessa sem eficácia real.

[278] Adoptada por ALMEIDA COSTA, *Direito das Obrigações*, cit., pp. 283 e ss.

valor que a coisa tiver ao tempo do incumprimento não deve ser tomada estritamente à letra e «haverá que deduzir a este valor o montante do preço convencionado», «só à eventual diferença tendo direito o promitente-comprador», «sem prejuízo de ter direito a reaver a quantia que entregara como sinal». «Praticamente tudo se passará como se o promitente-comprador que optou por exercer o seu direito ao valor da coisa ficasse, por seu lado, constituído na obrigação de pagar à contraparte o preço que se convencionara».

E procedendo em conformidade com a imputação do sinal no preço (art. 441.º, n.º 1), o quantitativo a considerar como preço em dívida no nosso exemplo será de 1 500 000$00 (2 000 000$00 – 500 000$00), cifrando-se a diferença a que terá direito o promitente-comprador em 3 500 000$00 (5 000 000$00 – 1500 000$00). Como se vê, exactamente o mesmo quantitativo a que nós chegámos, vendo o direito do promitente-comprador ao valor que a coisa tiver ao tempo do incumprimento como o direito ao *aumento ao valor da coisa verificado entre a celebração e o incumprimento do contrato, sem prejuízo de ter direito a reaver o sinal que,* por virtude do incumprimento imputável do promitente-vendedor, *deixou de ter causa e razão de ser.*

24. Extensão (*de iure constituendo*) do direito ao (aumento do) valor da coisa ao contrato-promessa sem *traditio rei*

Para concluir este ponto, relativo à apreciação da referência ao *valor da coisa* ao tempo do incumprimento, convém apreciar as causas que a ditaram e ajuizar do seu âmbito de aplicação.

Tivemos já ocasião de referir terem sido duas as razões decisivas desta medida legislativa: a desvalorização monetária e a *traditio rei.* A primeira torna inadequada a sanção indemnizatória da restituição do sinal em dobro, não equivalendo muitas vezes sequer à importância *(rectius,* ao poder aquisitivo) inicialmente desembolsada. A segunda cria uma «forte expectativa da estabilização do negócio e uma situação de facto socialmente atendível» (cfr. n.º 2 do preâmbulo do Decreto-Lei n.º 236/80).

No que à primeira razão concerne – desvalorização monetária –, dir-se-á tratar-se de um fenómeno geral susceptível de afectar o sinal existente em todo o contrato.

No tocante à segunda razão – a *traditio rei* –, o legislador foi sensível a situações de facto de o promitente-comprador estar na «posse»[279] da coisa que é o objecto do contrato de compra e venda prometido. Teve em mente sobretudo (para alguns autores exclusivamente) o caso de o promitente-comprador estar a habitar a casa, que por vezes já pagou integralmente, o que cria uma situação de facto socialmente atendível e de forte expec-

[279] Não nos parece possível *a priori* qualificar de posse ou de mera detenção o poder de facto exercido pelo promitente-comprador sobre a coisa objecto do contrato prometido entregue antecipadamente. Tudo dependerá do *animus* que acompanhe esse *corpus*. Se o promitente-comprador tiver *animus possidendi* – o que não é de excluir *a priori* – será possuidor, o que pode acontecer derivadamente, nos termos da alínea *b)* do art. 1263.º (*v. g.* o promitente-vendedor diz ao promitente-comprador que pode entrar para a casa e proceder como proprietário desde logo, como se ela fosse desde já sua, passando o promitente-comprador a actuar com *animus rem sibi habendi*), ou originariamente, nos termos da alínea *a)* do art. 1263.º, conjugado com o art. 1267.º, n.º 1, alínea *b)*, e art. 1282.º – posse de ano e dia –, ou nos termos da alínea *d)* do art. 1263.º e do art. 1265.º. Se o promitente-comprador tiver *animus detinendi*, exercendo, por exemplo, o *corpus* em nome de outrem (art. 1253.º, alínea *c)*), por acto de tolerância do promitente-vendedor (cfr. art. 1253.º, alínea *b)*), será detentor ou possuidor precário. Em todos os casos de tradição da coisa operada pelo promitente-vendedor, a ocupação, uso e fruição da coisa pelo promitente-comprador é lícita e legítima, na falta de termo especial, até à resolução do contrato-promessa ou celebração do contrato definitivo – deixando, neste caso, de haver lugar à restituição da coisa–, constituindo-se também neste aspecto uma relação jurídica obrigacional que confere ao promitente-comprador o direito (relativo) de ocupar, usar e fruir a coisa até a uma daquelas duas situações referidas, quer classifiquemos a relação de comodato, quer a classifiquemos de contrato atípico, quer pura e simplesmente de *contrato-promessa com a cláusula acessória de tradição antecipada da coisa objecto do contrato prometido* («cumprimento antecipado da obrigação futura de entrega», que emerge do contrato prometido).
Por outro lado, o facto de o legislador de 80 ter vindo conceder ao promitente-comprador o direito de retenção, não qualifica necessariamente o poder deste sobre a coisa como *posse* (neste sentido, cfr. o acórdão do Supremo Tribunal de Justiça, de 18 de Novembro de 1982, no *Boletim do Ministério da Justiça*, n.º 321, pp. 387 e ss.). É visível que pode haver direito de retenção sem *animus possidendi* – como, aliás, acontecerá via de regra.
De facto, a lei veio conceder-lhe o direito de retenção como meio de pressão ao cumprimento e garantia do crédito resultante do não-cumprimento. Saber se o promitente-comprador tem posse ou mera detenção é um *prius* para cuja qualificação a existência de direito de retenção é irrelevante.
Cfr. ainda, o acórdão do Supremo Tribunal de Justiça, de 4 de Dezembro de 1984, no *Boletim do Ministério da Justiça*, n.º 342, pp. 347 e ss., e o acórdão do Supremo Tribunal de Justiça, de 24 de Janeiro de 1984, no *Boletim do Ministério da Justiça*, n.º 333, pp. 440 e ss.
Na doutrina, cfr. PIRES DE LIMA e A. VARELA, *Código Civil Anotado*, vol. III, com a colaboração de HENRIQUE MESQUITA, 1984, pp. 6 e 7.

tativa de estabilização e conclusão do contrato definitivo. Sendo, embora, compreensível a argumentação de justiça social do legisdor (cfr. preâmbulo do diploma), não deixa de poder dizer-se que ela se justifica ainda no caso de contrato-promessa em que não haja entrega antecipada do objecto do contrato prometido[280] – não já no caso de contrato-promessa em que não haja constituição de sinal, acompanhado ou não de *traditio rei*, porque nesse são aplicáveis as regras gerais da indemnização.

Se é certo que o facto de o promitente-comprador habitar a casa é socialmente atendível numa época em que o mercado de arrendamento é quase inexistente, por carência de oferta, não é menos certo ser também digno de protecção o promitente-comprador que não chegou a habitar a casa.

> «Pelo contrário, de certo ponto de vista, é pior, pois entregou o sinal e nem sequer usufruiu da coisa até ao momento do incumprimento»[281],

do mesmo modo que é legítima e forte a sua expectativa de conclusão do negócio definitivo. Parece, pois, de estender, de *iure constituendo*, a obrigação de pagar o (aumento de) valor da coisa ao contrato-promessa em que não haja entrega antecipada do objecto do contrato prometido, inclusivamente para evitar que, pela consequente rarefacção da *traditio rei*, a protecção pretendida acabe por virar-se contra o protegido.

Dado o desvio do clássico regime do sinal, quanto ao montante da indemnização devida pelo faltoso, pode talvez ser aconselhável limitar a solução ao contrato-promessa previsto no art. 410.º, n.º 3, pela sua frequência prática e pelo facto de o promitente-comprador ser normalmente um leigo que, em regra, não recorre a advogado, deparando-se-lhe, via de regra, como contraparte, uma empresa de superior poder e de mais elevados conhecimentos jurídicos. Já em outros contratos-promessa (pense-se, por exemplo, na promessa de cessão de quota, de sociedade, de doação, etc.), muito embora o fenómeno da desvalorização monetária seja geral e afecte o sinal sempre que haja um diferimento razoável entre o momento da conclusão do contrato-promessa e a conclusão do contrato definitivo,

[280] Neste sentido ANTUNES VARELA, *Das Obrigações em Geral*, vol. I, *cit.*, p. 283, nota 1; PIRES DE LIMA e A. VARELA, *Código Civil Anotado*, vol. I, *cit.*, p. 396; JOSÉ LEBRE DE FREITAS, *ob. cit.*, p. 20.

[281] A. LEBRE DE FREITAS, *ob. cit.*, p. 20.

por um lado, não se verificará com a mesma intensidade o fenómeno da massi-ficação negocial, e, por outro lado, as partes terão normalmente mais preparação e será em regra mais usual o recurso a advogado para preparar e acompanhar a sua celebração, nada impedindo, portanto, a estipulação de cláusula indemnizatória que afaste as tradicionais regras do sinal (art. 442.º, n.º 4).

25. O direito de retenção (art. 442.º, n.º 3)

O Decreto-Lei n.º 236/80 introduziu *ex novo* o n.º 3 do art. 442.º, conferindo ao promitente-comprador, nos termos gerais, o direito de retenção sobre a coisa, pelo crédito resultante do incumprimento pelo promitente-vendedor.

Três observações são de fazer.

A primeira observação refere-se à impropriedade da expressão «tradição da coisa objecto do contrato-promessa», já que o objecto deste é um *facere* e não uma coisa. A coisa é o objecto do contrato prometido, embora se possa dizer que não deixa de constituir o objecto *mediato* do contrato-promessa.

A segunda observação é de fundo. Respeita ela à grande generosidade com que o legislador atribui o direito de retenção ao promitente-comprador, *pelo menos nos termos gerais sem qualquer excepção*. Designadamente, o facto de o direito de retenção prevalecer sobre a hipoteca, ainda que esta tenha sido registada anteriormente (art. 759.º, n.º 2), poderá também acabar por virar a norma protectora (art. 442.º, n.º 3) contra o promitente-comprador (abstractamente) protegido, engendrando rarefacção da *traditio rei* hipotecada, por imposição das instituições de crédito aos construtores. A justificar-se (?) a (continuação da) existência do direito de retenção – o que a acontecer funcionará como garantia do crédito resultante do incumprimento e, indirecta e preventivamente, como meio de coerção ao cumprimento –, deverá excepcionar-se a sua prevalência sobre a hipoteca, a fim de evitar a sua transformação em causa de rarefacção da *traditio rei*, impeditiva, em última análise, de atingir a finalidade para que foi concebido.

A terceira observação é de ordem sistemática. Seria mais curial ter previsto o referido direito de retenção no capítulo das garantias especiais das obrigações (Cap. VI, título I, livro H), secção do direito de retenção (Secção VII), art. 755.º (casos especiais), acrescentando uma nova alínea ao n.º 1 do mesmo preceito.

§3

ALCANCE DA ALTERAÇÃO DO ARTIGO 830.º DO CÓDIGO CIVIL

26. Confronto da primitiva versão com o novo texto. Alcance da alteração: remissão

Vimos já[282] como o art. 830.º do Código Civil veio expressamente admitir a execução específica do contrato-promessa, sepultando a tese da sua inexequibilidade *in natura* por, adiantava-se, estar em causa uma prestação de *facere* (a obrigação de emitir uma declaração de vontade) *infungível* e *incoercível (nemo praecise potest cogi ad factutn).* Forma requintada e refinada de execução específica, sem dúvida, é através dela que o tribunal se sub-roga ao promitente infiel e supre a falta da sua declaração negocial – *acto devido,* a cujo cumprimento se encontra livre e espontaneamente vinculado por força do contrato-promessa, na celebração do qual exerceu com autonomia a sua vontade, não podendo, por isso, afirmar-se que a execução sub-rogatória da obrigação de contratar constitui atentado ao princípio da autonomia da vontade –, proferindo sentença constitutiva (com um misto funcional declarativo-executivo) que *produz os efeitos* da declaração negocial do faltoso.

Para analisarmos o possível alcance inovador das alterações introduzidas em 80, convém confrontar os dois textos do artigo em questão.

[282] Cfr. *supra,* n.º 15, p. 139 e ss.

Na sua primitiva redacção, o art. 830.º dispunha:

1. Se alguém se tiver obrigado a celebrar certo contrato e não cumprir a promessa, pode a outra parte, na falta de convenção em contrário, obter sentença que produza os efeitos da declração negocial do faltoso, sempre que a isso se não oponha a natureza da obrigação assumida.
2. Entende-se haver convenção em contrário, se existir sinal ou tiver sido fixada uma pena para o caso de não cumprimento da promessa.
3. ....

Na actual redacção (dada pelo Decreto-Lei n.º 236/80), o art. 830.º dispõe:

1. Se alguém se tiver obrigado a celebrar certo contrato e não cumprir a promessa, pode a outra parte, em qualquer caso e desde que a isso se não oponha a natureza da obrigação assumida, obter sentença que produza os efeitos da declaração negocial do faltoso; a requerimento deste, a mesma sentença poderá ordenar a modificação do contrato nos termos do art. 437.º.
2. ....
3. ....

O n.º 2 da primitiva redacção foi eliminado, introduzindo-se no seu lugar a disciplina de contrato-promessa de compra e venda respeitante a prédio urbano ou a uma sua fracção autónoma sobre que recaia hipoteca.

O n.º 3 da primitiva redacção manteve-se, se bem que com escusada ligeira alteração literal.

Do confronto das duas versões resulta:

1) O n.º 2 do primitivo texto foi suprimido;
2) Onde na originária versão do n.º 1 do artigo se dizia «na falta de convenção em contrário», diz-se agora, no texto actual, «em *qualquer caso*»;
3) Onde na originária versão do n.º 1 do artigo se dizia «sempre que a isso (...), diz-se agora, no texto actual, «desde que a isso (...)».

A terceira alteração constatada não tem significado útil algum. Mantém-se, ppr isso, a exclusão da execução específica da obrigação de contratar, nascente do contrato-promessa, sempre (desde) que à sua execução sub-rogatória *in natura* se oponha a natureza da obrigação assumida.

A primeira e a segunda alterações foram já analisadas e fixado o sentido a dar-lhes[283]: a *existência de sinal (ou de cláusula penal) deixou de constituir presunção relativa de exclusão da execução específica, em qualquer caso – haja ou não sinal (ou cláusula penal), haja ou não «traditio rei» – podendo ter lugar a execução específica.*

Por último, as alterações são de alcance geral, tal como o era o primitivo texto.

A nova regulamentação aplica-se, portanto, aos contratos-promessa em geral.

27. A tese da imperatividade (geral ou restrita) do art. 830.º, n.º 1

Uma questão importa agora discutir: a de saber se a norma (art. 830.º, n.º 1) é imperativa ou supletiva. Visto isoladamente, o n.º 1 do art. 830.º suscita legitimamente a dúvida. Temos de reconhecer que a (nova) expressão «em qualquer caso» tem em si mesma um lato alcance e que inserta, como foi, no n.º 1 do art. 830.º, a substituir a primitiva expressão «na falta de convenção em contrário», legitima a interpretação segundo a qual «em qualquer caso» quer dizer «haja ou não convenção em contrário».

Neste sentido depõe, no plano formal da técnica legislativa, a circunstância de o legislador não se ter limitado à supressão do primitivo n.º 2 do mesmo preceito – presunção de afastamento da execução específica derivada de sinal ou de cláusula penal – e ter substituído a expressão «falta de convenção em contrário» pela novel expressão «em qualquer caso». *Prima fade,* no plano lógico-formal, este procedimento permite extrair a ideia de que se o legislador tivesse querido apenas suprimir a presunção de exclusão da execução específica constante do primitivo n.º 2 do art. 830.º, ter-lhe-ia bastado eliminar, como eliminou, este n.º 2 (primitiva redacção), e teria mantido intacto o n.º 1 do citado artigo em que se admitia «convenção em contrário» à execução específica. Apenas a existência de sinal ou de cláusula penal deixariam de constituir presunção de afastamento pelas partes da execução específica. A não ter sido adoptado pelo legislador esse procedimento, reforçar-se-ia a significação mais natural e mais espontânea da expressão «em qualquer caso» – substitutiva daquela outra primitiva «na falta de convenção em contrário» –, qual seja a de em (qualquer) caso de haver ou não haver convenção em contrário.

283 Cfr. *supra,* n.os 16 a 20, p. 141 e ss..

Logo, o preceito (n.º 1 do art. 830.º) seria imperativo, não podendo as partes arredar por convenção a execução específica do contrato-promessa.

No sentido da imperatividade geral ou restrita do n.º 1 do art. 830.º (nova redacção) se pronunciam alguns autores.

A imperatividade geral é defendida por ALMEIDA COSTA, admitindo, contudo, uma interpretação restritiva da lei para os casos de contrato-promessa em que não exista uma vontade definitiva sobre a celebração do contrato prometido.

Escreve o referido autor:

> «A aludida expressão («em qualquer caso») deve entender-se, antes de tudo, de harmonia com o seu sentido mais natural e que preenche, no n.º 1 do art. 830.º, o espaço deixado pelo trecho originário nele suprimido («na falta de convenção em contrário»), como querendo determinar que *não obsta à execução específica a existência de estipulação oposta das partes*. Apenas se ressalvam os casos excepcionais em que se justifique uma interpretação restritiva do preceito» (...). «Daí que a *regra* seja a invalidade de cláusula que exclua a execução específica e *a excepção* a sua validade»[284].

A imperatividade restrita é defendida por RUI DE ALARCÃO, GALVÃO TELLES e MENEZES CORDEIRO.

RUI DE ALARCÃO escreve:

> «Embora sob reserva de melhor estudo, propendemos para uma *interpretação correctiva* do preceito do art. 830.º, n.º 1, fazendo-o valer apenas, como autêntica garantia, para aqueles casos em que se faça sentir uma necessidade proteccionista do promitente-comprador, ou seja, nos tais contra-tos-promessa de aquisição de habitação própria, mas não o aplicando ao comum dos contratos-promessa (por ex., uma promessa de cessão de quotas), certamente menos numerosos»[285].

GALVÃO TELLES escreve:

> «As normas do Decreto-Lei n.º 236/80 que consagram as soluções expostas devem considerar-se *imperativas*, não podendo ser afastadas

[284] *Direito das Obrigações, cit.*, p. 276.

[285] *Direito das Obrigações, cit.*, pp. 152 e 153.

por convenção contrária, visto serem ditadas pela preocupação de defesa dos promitentes-compradores num caso em que o interesse destes assume o significado de verdadeiro interesse social»[286] – o caso é o de contrato-promessa de compra e venda de edifício ou fracção autónoma para habitação, a que limita a aplicação de todas as soluções adoptadas pelo Decreto-Lei n.º 236/80.

Menezes Cordeiro escreve:

«No tocante à promessa que envolva a aquisição de habitação própria foi precisamente intenção do legislador o impedir a possibilidade de afastamento da execução específica»[287].

28. Crítica: o art. 830.º, n.º 1, não é norma imperativa; doutrina

Embora reconhecendo a pertinência da argumentação, não nos parece que a imperatividade seja a solução. Vimos já[288] qual o significado a dar à expressão «em qualquer caso» no contexto do Decreto-Lei n.º 236/80: em qualquer caso significa *quer haja quer não haja sinal ou cláusula penal, quer haja quer não haja «traditio rei»*.

Consequentemente, conjugada com a eliminação do primitivo n.º 2 do citado artigo, a possibilidade de recurso à execução específica do contrato-promessa passou a existir agora *mesmo que haja sinal ou cláusula penal* e continuou a existir quer tenha havido quer não tenha havido tradição da coisa que é o objecto do contrato prometido.

À semelhança do que já assinalámos [289] quanto à referência contida no art. 442.º, n.º 2, à possibilidade de execução específica, também aqui o legislador, ao empregar a expressão «em qualquer caso», terá querido *redizer e reforçar*[290], para afastar eventuais ainda que ténues (?) dúvidas, o que disse

[286] *Direito das Obrigações, cit.*, p. 102.

[287] *Ob. cit.*, p. 50. Na página anterior o autor é menos restritivo, defendendo que a alteração do art. 830.º, n.º 1 (como, de resto, todo o Decreto-Lei n.º 236/80), se aplica aos contratos-promessa relativos a contratos definitivos dotados de eficácia real face a edifícios.

[288] Cfr. *supra*, n.os 16 a 20 (p. 141 e ss.), *maxime*, n.º 19 (p. 147 e ss.).

[289] Cfr. *supra*, n.º 17, p. 144.

[290] Neste sentido, Pires de Lima e Antunes Varela, *Código Civil anotado*, vol. II, *cit.*, p. 95; Vasco Xavier, *ob. cit.*, p. 30.

com a eliminação do primitivo n.º 2 do mesmo preceito, isto é, que o sinal ou a cláusula penal deixavam de constituir presunção de afastamento da execução específica, passando a parte adimplente ou disposta a cumprir a poder recorrer em qualquer caso (quer haja, quer não haja sinal ou cláusula penal) à execução específica.

Nada mais resolveu o legislador no n.º 1 do art. 830.º, senão afastar a convenção contrária à execução específica derivada do sinal ou da cláusula penal. Não deu resposta, designadamente, à questão de saber se as partes podem por *convenção expressa* afastar a execução específica. A resposta cabe à doutrina e à jurisprudência.

Pires de Lima e Antunes Varela entendem que

> «a nova lei não quis, por certo, impor às partes a possibilidade de recurso à execução específica, nos casos em que os contraentes, por *convenção expressa,* a tenham afastado. Nada permite crer que, mesmo nos casos de contrato-promessa de compra e venda de imóvel para habitação própria, se tenha pretendido levar tão longe o sacrifício do princípio básico da liberdade contratual. A intenção do legislador, ao usar a expressão *em qualquer caso,* foi apenas a de afastar os casos em que, com base no texto primitivo do n.º 2 do art. 830.º que foi integralmente substituído, se presumia haver convenção em contrário.
>
> (...) A constituição do sinal (bem como a inclusão da cláusula penal para o caso de não cumprimento da promessa) deixou, assim, de ser considerada, em termos gerais, como uma presunção de exclusão da execução específica. Passou deste modo a vigorar a presunção oposta: a de que, não obstante a existência de sinal ou de cláusula penal, as partes quiseram manter aberto o recurso à execução específica, caso se torne necessária»[291].

Antunes Varela entende mesmo que

> «'em qualquer caso' não significa (...) quer haja, quer não haja convenção em contrário, o que constituiria *uma derrogação absurda do princípio da autonomia privada*»[292].

[291] *Código Civil anotado,* vol. II, *cit.,* p. 95.

[292] *Das Obrigações em Geral,* vol. I, *cit.*; p. 284.

Vasco Xavier escreve:

«Sem uma categórica indicação em tal sentido, não é de crer que o legislador tenha querido impor a possibilidade de execução específica, mesmo quando esta haja sido proscrita pelos contraentes»[293].

Vaz Serra escreve:

«Não pode (...) entender-se que o art. 830.º, na sua nova redacção, torne imperativa a possibilidade da execução específica (...). Mesmo tratando-se de contrato destinado à aquisição de habitação própria, é admissível [294], em princípio, que as partes tenham excluído a execução específica, salvo se, em consequência das regras gerais, a convenção de exclusão não for juridicamente válida (...). Mas, em regra, não parece que deva ter-se como proibida, já que, em princípio, não parece haver motivo para recusar às partes o direito de exclusão convencional da possibilidade do recurso à execução prevista no art. 830.º»[295].

J. Lebre de Freitas escreve:

«A protecção do promitente-adquirente não deve ser levada tão longe que o impeça de *livremente* estipular com a parte contrária a renúncia expressa à execução específica do contrato»[296-297].

29. O desvio do art. 830.º ao regime-regra da irrenunciabilidade prévia do direito de pedir o cumprimento e execução da obrigação, consagrado no art. 809.º

Para justificar a tese da não imperatividade do art. 830.º, n.º 1, que nós defendemos, não basta invocar o princípio básico da autonomia da vontade e o carácter dispositivo próprio da generalidade das normas do direito das

[293] *Ob. cit.*, p. 30.

[294] E não «inadmissível», como, por gralha, consta do texto.

[295] *Revista de Legislação e de Jurisprudência*, ano 115.º, p. 210.

[296] *Ob. cit.*, p. 21.

[297] Rui de Alarcão, vimo-lo já, defende também a não imperatividade do art. 830.º, n.º 1, excepto no contrato-promessa de aquisição de habitação própria (cfr. *Direito das Obrigações*, *cit.*, pp. 152 e 153).

obrigações, onde vigora o princípio da liberdade contratual, manifestação da autonomia da vontade. Estes princípios sofrem, com efeito, várias excepções, pelo que a eventual imperatividade do art. 830.º, n.º 1, não seria caso único. A resposta tem, por isso, que ser encontrada no plano dos interesses que serve e da função económico-jurídica que desempenha o contrato-promessa, plano em que deverá ser encontrada razão justificativa do afastamento do regime-regra da irrenunciabilidade prévia do direito de pedir o cumprimento e execução específica da obrigação, contido no art. 809.º para o comum dos contratos.

No art. 809.º, com efeito, proíbe-se a renúncia prévia ao direito de pedir o cumprimento – e, obviamente, à execução específica, prolongamento do cumprimento na acção executiva ou na acção constitutiva prevista no art. 830.º –, considerando nula a cláusula pela qual o credor lhe renuncie antecipadamente. E entendido que a sua renúncia prévia desfiguraria o sentido jurídico da obrigação, transformando-a numa simples obrigação natural[298], devendo aduzir-se ainda e sobretudo que o legislador pretendeu defender o credor contra uma sua decisão têmpora, que pode vir a revelar-se precipitada porque prejudicial aos seus interesses.

Por que razão o legislador do Código Civil não aplicou o regime do art. 809.º ao contrato-promessa, admitindo antes expressamente o regime contrário no art. 830.º?

30. Sua razão de ser: a função económica do contrato-promessa. Teses que confinam o contrato definitivo à função material de documentação ou à função negocial reprodutiva do contrato-promessa

A razão justificativa do afastamento do regime-regra da irrenunciabilidade prévia do direito de pedir o cumprimento e execução da obrigação no contrato-promessa radica na função económica por este contrato desempenhada. Este é, portanto, o ponto focal que importa analisar com algum detalhe.

Convenção mediante a qual as partes (ou apenas uma delas) se obrigam a celebrar no futuro um dado contrato[299] – chamado contrato prometido

[298] Pires de Lima e Antunes Varela, *Código Civil anotado,* vol. II, *cit.*, p. 62.

[299] Pode ser um negócio jurídico unilateral, por exemplo, a confirmação. Para a validade da promessa de confirmação, cfr. Rui de Alarcão, *A. confirmação dos negócios anuláveis,* Coimbra, 1971, pp. 101 e ss.

ou contrato definitivo –, já determinado (ou determinável por normas supletivas)[300] nos seus elementos essenciais, várias podem ser as razões que determinam as partes a recorrer ao contrato-promessa, instrumental e preparatório do contrato definitivo.

Pense-se nos inúmeros casos em que as partes querem celebrar o contrato definitivo, mas falta qualquer documento ou formalidade burocrática necessários, cuja obtenção ou realização demora algum tempo; pense-se nos casos em que as partes querem celebrar o contrato definitivo, mas o potencial comprador não dispõe, de momento, do capital para a compra e o potencial vendedor não quer vender a crédito; pense-se nos casos em que as partes querem celebrar o contrato definitivo, mas o prédio ou o andar urbano para habitação não está concluído ou construído em regime de propriedade horizontal; pense-se nos casos em que as partes querem celebrar o contrato definitivo, mas o alienante não tem o registo de propriedade em seu nome e o potencial adquirente quer que aquele registe previamente para só depois definitivamente contratar; pense-se nos casos em que o objecto a alienar se encontra onerado e o potencial adquirente só quer contratar definitivamente depois de o objecto estar desonerado, etc., etc..

[300] O contrato-promessa gera a obrigação de contratar, mas indica, desde logo, os elementos essenciais do futuro contrato definitivo. Nada impede, porém, o recurso às normas supletivas, a fim de interpretar ou mesmo integrar os elementos essenciais do contrato definitivo (cfr., neste sentido, ANTUNES VARELA, *Das Obrigações em Geral,* I, *cit.*, pp. 281 e 282). A falta de determinação ou de determinabilidade dos elementos essenciais (*v.g.*, identificação do objecto, o *tipo concreto* de contrato a celebrar como definitivo, etc.) tem como sanção a nulidade do contrato-promessa (art. 280.º, n.º 1). É que, não obstante o objecto do contrato-promessa ser um *facere,* não pode deixar de ter-se presente que este contrato é o lógico pressuposto instrumental e preparatório do contrato prometido, conexionados em ordem a um mesmo resultado económico-jurídico final (aquisição de um direito real ou pessoal), justamente o resultado do contrato definitivo. Por isso se pode dizer que o objecto (imediato) do contrato definitivo não deixa de ser o objecto mediato do contrato-promessa, acarretando a sua falta de determinação ou de determinabilidade a nulidade deste, justamente porque a obrigação de *facere* do contrato-promessa se refere a um contrato prometido de objecto não determinado ou não determinável. Em casos destes, tal como de impossibilidade superveniente (entre a celebração do contrato-promessa e a celebração do contrato definitivo) do objecto do contrato definitivo (*v.g.*, perecimento da coisa, impossibilidade legal, venda válida e eficaz da coisa a terceiro, fora do caso previsto no art. 413.º), não poderá ter lugar a execução especifica prevista no art. 830.º, que pressupõe um contrato-promessa válido e eficaz, de cumprimento-execução ainda possível.

Em situações deste tipo, nas quais as partes querem celebrar o contrato definitivo e estão de acordo quanto aos elementos e condições do contrato, apenas o não celebrando nesse momento por impossibilidade material ou jurídica, as partes *garantem* e *asseguram* a celebração, no futuro, do contrato definitivo, através da conclusão de um contrato-promessa. A vontade das partes quanto ao contrato definitivo está em situações desta natureza definitivamente formada, conforme aos seus interesses, sem reserva de ulterior avaliação das suas conveniências, havendo lugar ao *diferimento ou dilação* da sua celebração por esta não lhes ser material ou juridicamente possível – ou até conveniente – no momento[301].

Olhando a esta frequente finalidade prática que as partes se propõem com a adopção do contrato-promessa e da sequência promessa-contrato definitivo, pode ser-se tentado a negar ao contrato definitivo carácter e função negocial, atribuindo-lhe o valor de *mera documentação e formalização* do acordo formado no contrato-promessa, com a augusta função de diferir no tempo a entrada em vigor de uma regulamentação de interesses já substancialmente estabelecida pelo contrato-promessa[302]. É bem conhecida a tese de MONTESANO, segundo a qual do contrato-promessa nasceria a *obrigação (de confessar e) de criar a documentação* condicionante dos efeitos contratuais do próprio contrato.

Isto é, as partes, embora tendo já celebrado o negócio, condicionam os efeitos a uma nova e obrigatória documentação do mesmo, como forma de confessar numa dada forma um comando negocial já produzido, assim realizando, com a sua documentação sucessiva, uma condição do efeito negocial[303].

O contrato-promessa predispõe o efeito negocial, mas reenvia-o ao momento em que as partes ou o juiz o deverão determinar com o «contrato

[301] Cfr. RUI DE ALARCÃO, *Direito das Obrigações, cit.*, pp. 133 e ss.; ALMEIDA COSTA, *Direito das Obrigações, cit.*, p. 275 (para quem o contrato-promessa em que existe uma vontade definitiva sobre a celebração do contrato prometido constitui hoje em dia a regra, como que se assistindo a uma alteração das motivações do contrato-promessa: o seu significado social apresenta certa mudança).

[302] Para a função do contrato definitivo de dar uma nova forma ao acordo já fixado no contrato--promessa e exame de várias formulações de tal tese, cfr. GABRIBLLI, *Il contralto preliminare,* Milano, 1970, pp. 104 e ss.

[303] MONTESANO, *Contratto preliminare e sentenza costitutiva,* Napoli, 1953, espec. pp. 84 e ss.

definitivo» ou com a sentença prevista no art. 2932.º do Código Civil (equivalente ao nosso art. 830.º)[304].

Do mesmo modo, olhando à referida frequente finalidade prática do contrato-promessa, pode ser-se ainda tentado a ver *o contrato definitivo como negócio destinado a desenvolver uma mera função reprodutiva ou repetitiva.* Isto é, o contrato definitivo não se confinaria à angusta função de dar nova forma ao acordo já estabelecido no contrato-promessa, portanto, a uma actividade *meramente material de documentação,* seria antes um verdadeiro *negócio jurídico (embora) reprodutivo do contrato-promessa.* É a ideia de que quando as partes se obrigam a dar uma nova veste formal ao acordo preliminar (contrato-promessa), as partes não podiam deixar de obrigasse ainda a prestar novo consenso repetitivo do acordo já manifestado no contrato-promessa[305].

31. Crítica: o contrato prometido como acto devido (função solutória) e verdadeiro negócio jurídico (função negocial)

Não pode confinar-se o contrato definitivo à função material de documentação e formalização do acordo negocial estabelecido no contrato-promessa, nem tão-pouco à função, ainda que negocial, de reprodução e repetição do contrato-promessa. Nem uma nem outra desnudam bem a essência do contrato definitivo.

O contrato-promessa é a fonte da obrigação de contratar, da obrigação de emitir a declaração de vontade correspondente ao contrato prometido. Veja-se, por exemplo, o contrato-promessa de compra e venda. Este contrato não produz o efeito transiativo ou atributivo do direito de propriedade ao promitente-comprador. Tal efeito só o futuro contrato prometido de compra e venda o produzirá, desempenhando, assim, uma função negocial própria, que não é, visivelmente, de mera reprodução ou repetição do contrato-promessa, nem muito menos de mera documentação ou formalização do acordo negocial preliminar. O contrato-promessa é um contrato autónomo, distinto do contrato definitivo, cuja função consiste em impor a celebração

[304] MONTESANO, *Obbligazione e azione de contratto preliminare,* na Riv. trim. dir. proc. civ., 1970, pp. 1193 e ss., 1201 e 1204 (em que o autor aprofunda e reelabora a sua tese da obra referida na nota anterior).

[305] Cfr. GENOVESE, *Ripetizione notariale di contratto già concluso,* na Riv. trim. dir. proc. civ., 1949, pp. 725 e ss.; GABRIELLI, *ob. cit.,* pp. 126 e ss.

de um ulterior contrato definitivo. Este, celebrado em cumprimento da obrigação emergente do contrato-promessa, é igual ao mesmo contrato concluído logo definitivamente, sem ser precedido de contrato-promessa. Não há qualquer impossibilidade ontológica de que o contrato prometido seja *acto devido* e *negócio jurídico:* enquanto cumprimento da obrigação de contratar nascente do contrato-promessa, o contrato prometido é acto devido, desempenhando função solutória, nada impedindo que o resultado desse cumprimento seja um negócio jurídico (função negocial).

Se é certo que no negócio jurídico os efeitos se produzem *ex voluntate,* não é menos certo que o contrato prometido é ainda acto da autonomia da vontade manifestada livre e consciente-mente na celebração do contrato-promessa, com os efeitos negocials definitivos do contrato prometido a produzir-se *ex voluntate* e a partir da sua celebração *(ex nunc).* Do contrato-promessa nasce, sim, a obrigação[306] de estipular no futuro um determinado

[306] O contrato-promessa cria a obrigação de contratar, a que corresponde o direito de crédito da contraparte de exigir o seu cumprimento. Produz, assim, mero efeito obrigacional de concluir um futuro contrato, sem produzir efeitos reais. Dele não nascem, com efeito, direitos reais; mesmo que as partes atribuam ao contrato-promessa eficácia real (art. 413.º), não significa que seja translativo ou constitutivo de tais direitos (papel que cabe ao contrato definitivo). Apenas acrescenta ao comum contrato-promessa (art. 410.º) que o direito de crédito à celebração do contrato prometido, além da eficácia pessoal *inter-partes,* tem eficácia relativamente a terceiros (eficácia externa), sendo, por isso, oponível a estes. Exemplo: *A* e *B* fazem um contrato-promessa nos termos do art. 413.º. Posteriormente, *A* (promitente-vendedor) vende o mesmo objecto a *C*. Como o direito (relativo) de *B* à celebração do contrato prometido tem eficácia relativamente a terceiros, *B* pode exigir a *A* o cumprimento da sua obrigação de *facere,* com o tribunal a proferir sentença que produza os efeitos da sua declaração negocial (art. 830.º). Este é o elemento novo que no contrato-promessa com eficácia pessoal não existe. No nosso exemplo, se o contrato-promessa tivesse apenas eficácia pessoal, *B* já não poderia pedir a execução específica por impossibilidade. A venda de *A* a *C* seria válida e eficaz, restando a *B* o direito à indemnização. No caso do art. 413.º, justamente porque está em causa um *direito de crédito oponível a terceiros, B* pode pedir a execução específica, registando a respectiva acção que, por retroacção à data do registo referido no art. 413.º, vai originar a *ineficácia* da venda de *A* a *C*. *A* tinha o poder de dispor do seu direito e, portanto, se, por exemplo, o contrato-promessa que celebrou com *B* nos termos do art. 413.º por qualquer razão fosse inválido, a venda de *A* a *C* seria válida e plenamente eficaz. Se, ao invés, o contrato-promessa de *A* a *B* é válido e eficaz, então o direito de *B* é *oponível* a *C*, com a venda de *A* a *C*, validamente concluída, a não poder produzir efeitos, por uma circunstância externa ao negócio – a oponibilidade do direito de *B*. Repare-se que *B* tem de propor a acção contra o promitente-vendedor *A*, justamente porque é um direito de crédito, necessitado de uma actividade de colaboração; não é, pois, o exercício

contrato definitivo, exercendo, relativamente a este, função instrumental e preparatória. Se bem que deva fixar os elementos essenciais do futuro contrato definitivo, tal é feito porque as partes desde logo determinam o conteúdo da obrigação a que ficam adstritas. As partes querem vincular-se não à celebração de um qualquer contrato definitivo, em branco, mas sim à celebração de um futuro contrato definitivo com um *determinado conteúdo,* indicado no contrato-promessa. Por isso é que, posteriormente, as partes não podem unilateralmente dar conteúdo novo e/ou diferente daquele contido no contrato-promessa ao contrato prometido. O efeito do contrato-promessa consiste, portanto, na obrigação de celebrar o contrato prometido, sendo, por isso, fonte de prestação de *facere.*

O escopo final do comportamento global das partes, a prestação final (*v. g.*, a aquisição do direito de propriedade), é realizado por um novo e ulterior acordo – distinto do contrato-promessa –, que é, justamente, o prometido contrato definitivo, este, sim, translativo ou constitutivo de direitos. Sem este ulterior contrato definitivo ou sentença constitutiva que produza os efeitos da declaração negocial do faltoso, a prestação final (transferência ou constituição de um direito real ou de crédito) mediatamente visada no contrato-promessa não se realizará. Daí que, neste sentido, se possa dizer ter o contrato definitivo uma função novativa: se é verdade que o contrato-promessa fixa os elementos essenciais do contrato definitivo, determinando o seu conteúdo, é o contrato definitivo que *ex nunc* e *ex novo* produz os efeitos reais ou creditórios finais[307].

Diferentemente aconteceria, por exemplo, no caso de venda a termo inicial. Este será já um contrato definitivo, vinculativo e translativo, apenas

de um direito potestativo carecido de intervenção judicial. Quando o promitente-vendedor não colabore, o tribunal substitui-se-lhe na realização (coactiva) da sua obrigação. No caso do art. 413.º, o promitente-comprador (*B*) não pode exercer directamente o seu direito contra o terceiro adquirente, *C*, como sucede no direito de preferência com eficácia real através da acção de preferência (art. 1310.º) ou no direito de propriedade através da acção de reivindicação, manifestação da *sequela* que caracteriza o direito real. É que, no fundo, o direito de *B* resultante do contrato-promessa com eficácia real é um direito de crédito com eficácia real, oponível a terceiros, mas não um direito real de aquisição, dotado de sequela, que permita reagir directa e imediatamente contra *C*. Necessita, por isso, de uma actividade de colaboração do promitente-vendedor, devendo a respectiva acção ser proposta contra *A* ou contra *A* e *C* (coligação de réus).

[307] Cfr. RASCIO, *Il contratto preliminare,* Napoli, 1967, pp. 176 e ss.

ficando suspensa a sua eficácia. Findo o termo, porém, o seu efeito translativo produz-se sem necessidade de novo acordo de vontades. Como se vê, realidade bastante diversa do contrato-promessa, que não tem eficácia translativa, impondo-se um novo contrato – o contrato prometido – para se transferir o direito. Se a sequência contrato preliminar-contrato definitivo tivesse como escopo apenas o diferimento da eficácia do programa negocial para um momento posterior ou o eventual condicionamento de tal eficácia ao cumprimento de uma obrigação de reprodução do acordo negocial estabelecido no contrato-promessa, não se divisa porque é que as partes não haveriam de recorrer imediatamente à celebração de um contrato definitivo dotado de cláusulas particulares (*v. g.*, venda a termo).

A cidadania de que goza na *praxis* negocial a sequência contrato-promessa – contrato prometido explica-se, pois, pela sua peculiar finalidade de cindir em duas fases a introdução de uma regulamentação de interesses, de grande utilidade prática na medida em que assegura e garante, originando a obrigação de contratar, a realização de um contrato definitivo que por qualquer razão não é possível ou conveniente no momento celebrar.

32. O contrato-promessa como instrumento jurídico de vinculação acompanhada do direito de repensar e de desistir do contrato prometido

Fixada a função do contrato-promessa na geração da obrigação de concluir um determinado contrato definitivo no futuro, que só não é nesse momento já celebrado por tal ser possível ou conveniente às partes – cuja vontade, porém, está definitivamente *(hoc sensu)* formada, conforme aos seus interesses, sem qualquer desejo de reserva de ulterior avaliação das suas conveniências –, a razão justificativa para o afastamento no contrato-promessa do regime da irrenunciabilidade prévia do direito de pedir o cumprimento da obrigação (art. 809.º) não se descortina. O cumprimento da obrigação de estipular o contrato definitivo é um acto devido, como o é o cumprimento do comum das obrigações, e a vontade das partes, relativamente à conclusão do contrato definitivo, manifestada no contrato-promessa, está formada na base de uma avaliação, que consideram já definitiva, dos seus interesses e conveniências. E, se é certo que não ficam já vinculados aos efeitos finais (transferência ou constituição de direitos reais ou de crédito), por estes não derivarem do contrato-promessa, mas apenas do futuro contrato definitivo – esse, sim, translativo ou constitutivo de direitos –, não é menos certo que tal só sucede por impossibilidade ou conveniência de não celebração imediata do contrato definitivo, sem precedência de contrato-promessa, e não porque as partes queiram reservar para momento ulterior a avaliação definitiva da conveniência ou não conveniência de vincular-se às obrigações emergentes do contrato prometido, celebrando-o ou não. Em casos desta índole, portanto, a renunciabilidade prévia do direito de pedir o cumprimento do contrato-promessa não encontraria razão forte.

Não foi esta, com certeza, a situação que ditou o desvio contido no art. 830.º ao regime-regra contido no art. 809.º.

Tem de reconhecer-se, contudo, que não raras vezes as partes (ou uma delas) recorrem ao contrato-promessa sem ainda terem um juízo definitivamente formado acerca da conveniência ou inconveniência de estipularem o contrato definitivo. Têm no momento formado um juízo de probabilidade favorável, mas não querem celebrar já o contrato definitivo, porventura possível, para não ficarem vinculadas definitivamente aos seus efeitos. Diferem, por isso, a celebração do contrato definitivo e concluem um contrato-promessa, reservando, porém, a faculdade de repensar a situação.

Nestas situações, o contrato-promessa, para além de contrato preliminar, é também contrato provisório *(hoc sensu)*, em que existe apenas uma vontade inicial, provisória, prévio caminho para o contrato prometido. O contrato-promessa é aqui o instrumento adequado à satisfação do interesse das partes (ou de uma delas) em se não vincularem definitivamente aos efeitos do contrato prometido, às obrigações dele emergentes, e em reservarem uma espécie de «droit de repentir», de direito de arrependimento, sujeitando-se, embora, a consequências compensatórias. Daí o sinal (ou a cláusula penal) e o seu regime, qual penitência para o aludido arrependimento[308].

Em situações desta índole justifica-se o afastamento do direito ao cumprimento e à execução específica do contrato-promessa. É o modo de respeitar a vontade das partes que, justamente, recorrem ao contrato-promessa por nele verem o instrumento jurídico que lhes faculta a possibilidade de desistir do contrato, reservando-lhes um natural *spatium deliberandi* no futuro. Se naquela primeira situação –contrato-promessa em que a vontade sobre a celebração do contrato prometido é definitiva, sem reserva

[308] Cfr. Rui de Alarcão, *Direito das Obrigações, cit.*, pp. 134 e 135; Vasco Xavier, *ob. cit.*, p. 31.

do natural *spatium deliberandi* no futuro – o recurso à execução específica reforça a autonomia da vontadade das partes, nesta segunda situação o respeito da vontade das partes está na possibilidade de não haver lugar à execução específica.

33. A não imperatividade da execução específica: admissibilidade da sua exclusão por convenção expressa em contrário

Consequentemente, não deve ter-se por consagrada a imperatividade da execução específica. Seria retirar às partes um instrumento jurídico de satisfazer os seus interesses, sem razões válidas que, pelo menos via de regra, o justifiquem.

Por que não hão-de as partes poder expressamente convencionar o afastamento da execução específica, naquelas situações em que não têm ainda como certa c segura a vantagem ou conveniência da vinculação definitiva às obrigações emergentes da celebração do futuro contrato prometido? Por que não hão-de as partes poder recorrer ao contrato-promessa sem execução específica nas situações em que têm uma incerteza sobre a subsistência no futuro dos fundamentos intrínsecos do actual acordo? Por que não hão-de as partes, nesses casos, poder reservar a possibilidade de uma ulterior valoração da existência, subsistência ou até eventual futura verificação de circunstâncias que consideram determinantes do negócio definitivo?

Como se vê, o contrato-promessa sem execução específica permite dar resposta a estes legítimos interesses das partes. No fundo, ao diferir a celebração do contrato definitivo, as partes estão a reservar-se, em circunstâncias como as descritas, para uma ulterior e mais reflectida ponderação de todo o circunstancialismo evolutivo, como que querendo exercer um controlo sobre os pressupostos e sobre as superveniências susceptíveis de influir na eficácia *(lato sensu)* da regulamentação de interesses a que chegaram a acordo no contrato-promessa[309].

É certo que esse controlo seria igualmente possível através de figuras gerais como o erro sobre os pressupostos e base negocial (art. 252.º, n.º 2)

[309] É a tese de GABRIELLI, para quem a função negocial do contrato definitivo é a de controlo das superveniências e dos pressupostos (*Il contratto preliminare, cit.*, pp. 137 e ss., principal., pp. 152 e ss.).

e alteração anormal das circunstâncias (arts. 437.º e ss.)[310]. Mas é inquestionável que a sequência contrato-promessa – contrato definitivo, reservando um natural *spatium deliberandi* no futuro, consente a vantagem de *prevenir* em vez de remediar, na medida em que permite evitar a produção dos efeitos definitivos.

Ao facultar o direito de repensar e de poder desistir da celebração do contrato definitivo, as partes não têm que actuar repressivamente para remover efeitos definitivos verificados, com todos os custos e incómodos, delongas e álea do processo judicial, precisamente porque preveniram a sua não produção. Deste modo, o contrato-promessa permite o diferimento do estabelecimento da regulamentação definitiva de interesses, proporcionando a oportunidade de a regulamentação preparatória não passar a regulamentação definitiva (ao contrário do que aconteceria se fosse, por exemplo, venda a termo, em que a auto-ordenação de interesses é, desde logo, definitiva, apenas se diferindo a sua operatividade).

Não dispomos de pesquisas sociológicas que nos permitam dizer qual das duas situações referidas – contrato-promessa em que existe uma vontade «definitiva» ou uma vontade «provisória» sobre a celebração do contrato prometido, sem ou com faculdade de repensar e de desistir da celebração do contrato definitivo – é a prevalente. ALMEIDA COSTA entende que a primeira constitui hoje em dia a regra[311]. VASCO XAVIER entende que a segunda é típica e frequente[312]. GABRIELLI fala do «papel inegavelmente marginal do (contrato) preliminar não susceptível de execução em forma específica»[313].

Seja como for, todos temos que reconhecer a existência das duas situações. Mas assentar neste dado implica, se bem ajuizámos, a *não imperatividade da execução específica, para salvaguarda desse instrumento jurídico – o contrato-promessa sem execução específica* – a que as partes lançam mão em várias situações da *praxis.*

Num segundo momento, o momento de saber se as partes num determinado contrato quiseram ou não arredar a possibilidade da execução específica, deve o intérprete ser exigente.

[310] Neste sentido e utilizando análoga argumentação para criticar a tese de GABRIELLI, cfr. PEREGO, *I vincoli preliminari e il contratto,* Milano, 1974, pp. 84 e ss.

[311] *Direito das Obrigações, cit,* p. 275.

[312] *Contrato-promessa, cit.,* p. 31.

[313] *Ob. cit.,* p. 50.

Na primitiva redacção, o art. 830.º excluía a execução específica da obrigação de contratar quando houvesse *convenção em contrário,* de que constituía presunção a existência de sinal ou de cláusula penal. Essa presunção era relativa (art. 350.º, n.º 2), admitindo, portanto, prova em contrário. Isto é, apesar da existência de sinal (ou de cláusula penal), as partes podiam convencionar a possibilidade de execução específica. Discutia-se, todavia, se a presunção de exclusão da execução específica, estatuída no n.º 2 do art. 830.º, podia ser ilidida por convenção tácita ou se exigiria convenção expressa.

VAZ SERRA sustentava que a presunção contida no n.º 2 do art. 830.º podia ser ilidida por convenção tácita, podendo inferir-se da própria estipulação do sinal a vontade dos contraentes de não afastar a execução[314].

ANTUNES VARELA era mais exigente ao defender que

> «só a *prova do contrário* permitiria afastar essa presunção, para, não obstante a existência do sinal, se poder instaurar a acção executiva»[315],

sendo essencial, noutros termos,

> «a prova de que, não obstante a entrega do sinal, as partes *quiseram realmente* assegurar a realização coactiva do contrato»[316].

O Supremo Tribunal de Justiça inclinava-se para â posição de ANTUNES VARELA.

Veja-se o acórdão de 29 de Abril de 1981:

> «A presunção decorrente da existência do sinal, estabelecida no n.º 2 do art. 830.º do Código Civil, pode ser ilidida por prova em contrário, embora não possa inferir-se da própria estipulação do sinal a vontade dos contraentes de não excluírem a execução específica, sendo antes indispensável a vontade real dos contraentes e não uma simples vontade presumida ou conjectural de sinal oposto tirada do condicionalismo concreto do contrato»[317].

[314] *Revista de Legislação e de Jurisprudência,* ano 105.º, p. 123, ano 115.º, p. 207.

[315] *Das Obrigações em Geral,* I, *cit.,* p. 285.

[316] *Das Obrigações em Geral,* I, *cit.,* p. 285, nota 1.

[317] *Boletim do Ministério da Justiça,* n.º 306, p. 254 (anotado por VAZ SERRA na *Revista de Legislação e de Jurisprudência,* ano 115.º, pp. 208 e ss.). Já o acórdão do Supremo Tribunal de Justiça, de 7 de Julho de 1983 *(Boletim do Ministério de Justiça,* n.º 329, pp. 531 e ss.), se mostra

Na actual versão, o novo texto eliminou a presunção de convenção contrária à execução específica derivada do sinal ou da cláusula penal. O legislador quis favorecer e estender a possibilidade de execução específica para reforço do promitente-comprador. Potenciou-se, assim, o princípio da possibilidade de execução específica. Deve presumir-se, portanto, que apesar da existência de sinal ou de cláusula penal, as partes quiseram manter o princípio da execução específica. Mais: *a presunção da possibilidade de execução específica só deve poder ser ilidida por convenção expressa em contrário.* É exactamente a solução contrária, consentânea com a nova versão do art. 830.º, cotejada com a sua primitiva versão e interpretação então dominante: na versão primitiva, o sinal e cláusula penal constituíam presunção de exclusão da execução específica, ilidível por convenção expressa; na versão actual «passou a vigorar a presunção oposta: a de que, não obstante a existência de sinal ou de cláusula penal, as partes quiseram manter aberto o recurso à execução específica»[318], ilidível por convenção expressa em contrário. Portanto, a parte que recorra à execução específica beneficia da presunção da possibilidade de execução específica, cabendo à contraparte ilidir essa presunção, demonstrando a existência de convenção expressa em contrário.

Esta é, a nosso ver, a interpretação mais consentânea com a alteração do art. 830.º, especialmente com a supressão do primitivo n.º 2, com a *ratio* do diploma – reforço da tutela do promitente-comprador –, com o princípio da execução específica consagrado no próprio art. 830.º para o contrato-promessa c, porque não aduzi-lo, com o princípio-regra estatuído para o comum dos contratos no art. 809.º. Vaz Serra, todavia, mantém a sua posição de ser possível depreender do sinal a vontade de excluir o direito à execução específica [319]. Seria de toda a conveniência, por isso, que o legislador resolvesse o problema consagrando a possibilidade de exclusão da execução específica por *convenção expressa* em contrário.

menos exigente na prova contrária à presunção do n.º 2 do art. 830.º. Nele se pode ler: «não tendo havido convenção escrita acessória, essa vontade das partes de estipularem, apesar do sinal, a possibilidade da execução especifica, só poderia admitir-se quando resultasse da convenção do próprio sinal».

[318] Pires de Lima e Antunes Varela, *Código Civil anotado,* vol. II, *cit.,* p. 95.

[319] *Revista de Legislação e de Jurisprudência,* ano 115.º, p. 210.

34. A não imperatividade da execução específica no caso do contrato--promessa previsto no art. 410.º, n.º 3

Não nos parece que esteja prevista ou seja de prever a imperatividade da execução específica no domínio do contrato-promessa referido no art. 410.º, n.º 3. A especial protecção que a lei lhe confere no plano indemnizatório – direito ao aumento de valor da coisa verificado entre a data da celebração do contrato-promessa e a data do incumprimento – não pode deixar de ser ponderada na questão de saber se é de impedir a exclusão da execução por convenção expressa das partes.

Efectivamente, pensamos que se fosse de considerar a imperatividade da execução específica no contrato-promessa previsto no artigo 410.º, n.º 3, não seria necessário consagrar o desvio ao regime-regra do sinal quanto ao montante da indeminização devida pelo faltoso. A tutela mais perfeita do promitente-comprador seria sempre assegurada pela execução específica, sem necessidade de recorrer ao sucedâneo da indemnização. Inversamente, não sendo imperativa a possibilidade de execução específica, o circunstancialismo inflacionista já justifica a actualização da indemnização (aumento de valor da coisa).

Acresce que na construção civil e no mercado de habitação não se vive em Portugal uma rarefacção de casas. É conhecido e sabido que a oferta de casas para venda é superior à procura. O promitente-vendedor está, em regra, interessado no cumprimento do contrato-promessa, porquanto o legislador já eliminou o incentivo ao inadimplemento que a desactualização do dobro do sinal como sanção constituía. Ao invés, a imperatividade da execução específica poderia acabar por beneficiar mais o promitente--vendedor do que o promitente-comprador.

A haver, no actual circunstancialismo português, algum caso em que a imperatividade da execução específica se poderia justificar, esse caso seria o contrato-promessa de arrendamento para habitação, mercado em que a procura é superior à oferta. Porém, a escassa frequência de contratos--promessa neste domínio não confere uma acuidade tal ao problema que justifique intervenção legislativa excepcional.

35. A regra do sinal confirmatório e a excepção do sinal penitencial

Para concluir este estudo, importa assinalar a influência da alteração introduzida pelo Decreto-Lei n.º 236/80 sobre a natureza do sinal.

Na primitiva versão, a presunção de exclusão da execução específica, que do sinal se extraía, fazia deste, em regra, *sinal penitencial.* A existência de sinal fazia presumir que as partes reservavam o direito de repensar e de se arrepender, pagando como sanção penitencial a soma resultante do regime do sinal (art. 442.º), correspectivo da faculdade de arrependimento que as partes reservaram. Por isso, *em bom rigor, parece dizer-se que (não havia) não há incumprimento, pois tratar-se-á de uma obrigação com faculdade alternativa:* o devedor tem a obrigação de emitir a declaração de vontade correspondente ao contrato prometido, mas tem a faculdade de se desonerar mediante o *quantum* resultante do regime do sinal (que, rigorosamente, não será ressarcitório), sem necessidade de anuência do credor. Se o devedor optar por esta segunda prestação – que não está *in obligatione,* não podendo o credor, por isso, exigir o seu pagamento –, o credor terá de aceitá-la, pois está *in facultate solutionis.*

Na redacção actual (proveniente do Decreto-Lei n.º 236/80), a situação é a inversa. *Deixou de haver a presunção de sinal penitencial:* mesmo que haja sinal, presume-se que as partes quiseram reservar a possibilidade de execução específica. Logo, *o sinal funciona agora como sinal (penal) confirmatório.* Mantém-se intocável a regra do art. 441.º, só que a *presunção é de sinal confirmatório* da conclusão do contrato. Neste caso, funciona como meio de coerção ao cumprimento e tem o valor de verdadeira indemnização pré-fixada convencionalmente pelo não cumprimento da obrigação de celebrar o contrato prometido. *Não há, pois, neste caso, hoje em dia a regra, qualquer obrigação com faculdade alternativa.*

Se as partes convencionarem expressamente a faculdade de arrependimento e existir também sinal, este já terá carácter penitencial. Onde essa convenção expressa não exista, o sinal será coníirmatório[320].

[320] Sobre o sinal confirmatório e sinal penitencial, cfr. THIMARCHI, *Caparra (dir. cit.)*, na Enciclopédia dei diritto, vol. VI, pp. 191 e ss.

PROPOSTA DE ARTICULADO

– Do que acabámos de ver resulta que preceitos introduzidos pelo Decreto-Lei n.º 236/80 – Diploma de aplicação genérica e não restrita, salvo quando esta resulta dos novos textos, revogatório da disciplina constante do Código Civil de 1966, na parte correspondente – comportam diversos sentidos e a sua interpretação é incerta ou controvertida na doutrina e na jurisprudência. É desejável, por isso, consagrar um dos vários sentidos atribuídos, se não pela corrente dominante, pelo menos por forte corrente de interpretação, para berii da certeza e da justiça e sem violação de «quaisquer expectativas seguras e legítimas dos interessados», na medida em que podiam contar com a solução a fixar por lei interpretativa e não podiam ou não deviam ter como certo e seguro qualquer outro sentido dos vários comportados pelo Decreto-Lei interpretado. Não é, pois, necessário prever qualquer norma transitória, sendo aplicável o art. 13.º do Código Civil[321].

Propõe-se o seguinte articulado:

ARTIGO 442.º
(Sinal)

1. Quando haja sinal, a coisa entregue deve ser imputada na prestação devida, ou restituída quando a imputação não for possível.

[321] Para a lei interpretativa e sua aplicação no tempo, cfr. BAPTISTA MACHADO, *Sobre a aplicação no tempo do novo Código Civil*, Coimbra, 1968, pp. 285 e ss.; PIRES DE LIMA e ANTUNES VARELA, *Noções Fundamentais de Direito Civil*, vol. I, 6.ª ed., Coimbra, 1973, pp. 211 e ss.

2. Se quem constitui o sinal deixar de cumprir a obrigação por causa que lhe seja imputável, tem o outro contraente o direito de fazer sua a coisa entregue; se o não cumprimento do contrato for devido a este último, tem aquele o direito de exigir o dobro do que houver prestado.

3. Se o não cumprimento do contrato previsto no n.º 3 do art. 410.º for devido ao promitente-vendedor, pode o promitente-comprador exigir o aumento de valor da coisa, objecto do contrato prometido, verificado entre o momento da celebração e o do não cumprimento do contrato.

4. Salvo estipulação em contrário, a existência de sinal impede os contraentes de exigirem qualquer outra indemnização pelo não cumprimento, além da fixada nos dois números anteriores.

Motivação da redacção proposta:

– N.os 1 e 2 consagram a solução clássica do regime do sinal para a generalidade dos contratos.

– N.º 3 consagra, em termos de opção, um desvio ao regime-regra do sinal, quanto ao montante da indemnização devida pelo promitente-vendedor faltoso. É norma interpretativa relativamente aos casos em que tenha havido *traditio rei;* já é norma inovadora para os casos em que não haja *traditio rei,* hipótese em que dispõe só para o futuro.

O direito à execução específica que o promitente-comprador pode usar, nos termos do art. 830.º, como alternativa à indemnização (dobro do sinal ou aumento de valor da coisa), deixa de ter referência ou menção remissiva para o art. 830.º, por ser desnecessária.

A previsão do direito de retenção passa para o capítulo das garantias especiais das obrigações, secção do direito de retenção.

– O n.º 4 tem apenas nova redacção sem alcance interpretativo ou inovador.

Para maiores desenvolvimentos da motivação, cfr. *supra,* especialmente n.os 12, 23, 24 e 25.

ARTIGO 755.º
(Casos Especiais)

1. ....

a) ....
b) ....
c) ....
d) ....
c) ....
f) O promitente-comprador, sobre a coisa objecto do contrato prometido que lhe tiver sido entregue, pelo crédito resultante do não cumprimento do contrato pelo promitente-vendedor, nos termos do art. 442.º.

2. ....

ARTIGO 759.º
(Retenção de Coisas Imóveis)

1. ....
2. O direito de retenção prevalece neste caso sobre a hipoteca, ainda que esta tenha sido registada anteriormente, excepto no caso previsto no art. 755.º, n.º 1, alínea *f*).

Para a sua motivação, cfr *supra*, n.º 25.

ARTIGO 830.º
(Contrato-Promessa)

1. Se alguém se tiver obrigado a celebrar certo contrato e não cumprir a promessa, pode a outra parte, na falta de convenção expressa em contrário, obter sentença que produza os efeitos da declaração negocial do faltoso, sempre que a isso se não oponha a natureza da obrigação

assumida; a requerimento do faltoso, a mesma sentença poderá ordenar a modificação do contrato, nos termos do ar. 437.º.

2. ....

3. ....

Para a sua motivação, cfr. *supra*, especialmente nº 32.

DO AUTOR

- *Sanção Pecuniária Compulsória* (art. 829º-A do Código Civil), *in* "Bol. Min. Justiça", nº 359.
- *Direitos de Autor, Cláusula Penal e Sanção Pecuniária Compulsória, in* "Rev. Ordem dos Advogados", ano 47 (1987).
- *Protecção do Consumidor, in* "Direito das Empresas" (Coordenação de Diogo Leite de Campos), INA, 1990, p. 113 e segs.
- *L'endettement des particuliers. Rapport portugais, in* «Travaux de l'Association Henri Capitant», Journies Argentines, T.XLVI, 1995, p. 253 e segs.
- *Cumprimento e Sanção Pecuniária Compulsória*, 4ª ed, Coimbra, 2002.
- *Dos Efeitos da Falência sobre Garantias de Dívidas de Terceiro, in* "Ab Uno ad Omnes" – 75 anos da Coimbra Editora, 1998.
- *Responsabilidade Civil do Produtor,* Coimbra, 1999.
- *Euro e Direito,* Coimbra, 1999.
- *Estudos de Direito Civil e Processo Civil,* Coimbra, 1999.
- *Estudos de Direito Comercial,* Coimbra, 1999.
- *Aplicação da Lei nº 23/96 ao Serviço Móvel de Telefone e Natureza Extintiva da Prescrição Referida no seu art. 10º, in* "Revista de Legislação e de Jurisprudência", ano 132, p. 133 e segs.
- *Vício de Forma e Abuso do Direito, in* "Revista de Legislação e de Jurisprudência", ano 132, p. 256 e segs.
- *Seguro-Caução: Protocolo como Contrato-Quadro e Circunstância Atendível para a Interpretação da Apólice, in* "Revista de Legislação e de Jurisprudência", ano 132, 345 e segs.
- *Contratos Coligados, Venda em Garantia e Promessa de Revenda, in* "Revista de Legislação e de Jurisprudência", ano 133, p. 66 e segs.

- *Ilegitimidade da Comissão de Trabalhadores para Acções Exercidas no Interesse Colectivo ou Difuso dos Trabalhadores, in* "Revista de Legislação e de Jurisprudência", ano 133, 141 e segs.
- *Venda CIF: Carta-partida, Conhecimento de Embarque e Seguro de Carga, in* "Revista de Legislação e de Jurisprudência", ano 133, p. 189 e segs.
- *Comunicação de Trespasse ao Senhorio e Modificabilidade da Decisão de Facto pela Relação, in* "Revista de Legislação e de Jurisprudência", ano 133, p. 276 e segs.
- *Empréstimo Cristal: Crédito ao Investimento Sindicado por Tranches Afecta das em Leilão, in* "Revista de Legislação e de Jurisprudência", ano 133, p. 319 e segs.
- *Tradição da Coisa e Indemnização Alternativa por Incumprimento de Promessa Sinalizada, in* "Revista de Legislação e de Jurisprudência", ano 133, p. 363.
- *Aplicabilidade de Sanção Pecuniária Compulsória em Processo Executivo, in* "Revista de Legislação e de Jurisprudência", ano 134, p. 40 e segs.
- *Acidentes de Viação: Concorrência do Risco com a Culpa do Lesado (art. 505º); Limites Máximos da Responsabilidade Objectiva (art. 508º) e Montantes Mínimos Obrigatórios do Seguro; Indemnização e Juros de Mora (arts. 566º, nº 2, e 805º, nº 3), in* "Revista de Legislação e de jurisprudência", ano 134, p. 102 e segs.
- *Revogação Parcial e Actualização do art. 508º do Código Civil pelo art. 6º do Decreto--Lei nº 522/85; a Natureza Material de Direito da Responsabilidade Civil do art. 8º, nº 2, do Decreto-Lei nº 522/85 e o art. 503º do Código Civil, em Caso de Furto ou Roubo de Automóvel, in* "Revista de Legislação e de Jurisprudência", ano 134, p. 192 e segs.
- *Colisão de Navios de Alto Mar: Fundo de Limitação de Responsabilidade, Crédito de Regresso e Juros, in* "Revista de Legislação e de Jurisprudência", ano 134, p. 235 e segs.
- *Bicentenário do Code Civil (O Código Civil e a Europa: Influências e Modernidade), in* "Revista de Legislação e de Jurisprudência", ano 134, p. 267 e segs.
- *As Presunções Judiciais e os arts. 712º, 722º e 729º do Código de Processo Civil, in* "Revista de Legislação e de Jurisprudência", ano 135, p. 113 e segs.
- *Corporate Governance. Responsabilidade Civil de Administradores Não Executivos, da Comissão de Auditoria e do Conselho Geral e de Supervisão, in* "Revista de Legislação e de Jurisprudência", ano 136, p. 31 e segs.
- *Apólice Vida Risco – Crédito Habitação: as Pessoas com Deficiência ou Risco Agravado de Saúde e o Princípio de Igualdade na Lei nº 46/2006, in* "Revista de Legislação e de Jurisprudência", ano 136, p. 158 e segs.
- *Direito de Cumprimento Antecipado do Contrato pelo Mutuário de Crédito à Habitação: da Auto-Regulação no Decreto-Lei nº 349/98 à Hetero-Regulação Impositiva pelo*

Decreto-Lei nº 51/2007; in "Revista de Legislação e de Jurisprudência", ano 136, p. 265 e segs.

- *Centro Comerciais: Atipicidade e Validade das Cláusulas Gerais Comuns, in* "Revista de Legislação e de Jurisprudência", ano 136, (nº 3945 – Julho/Agosto).
- *Concorrência entre Risco do Veículo e Facto do Lesado: o Virar de Página? in* "Revista de Legislação e de Jurisprudência", ano 137 (Setembro-Outubro de 2007), p. 35 e segs.
- *Serviços públicos essenciais: alterações à Lei nº 23/96 pelas Leis nºs 12/2008 e 24/2008, in* Estudos em Homenagem ao Prof. Doutor António Castanheira Neves, vol. II (Boletim da Faculdade de Direito de Coimbra, 2008); *idem, in* "Revista de Legislação e de Jurisprudência", ano 137 (Janeiro-Fevereiro de 2008), p. 165 e segs.; *idem, in* "Revista Brasileira de Direito Comparado", nº 35 (Rio de Janeiro, 2010), p. 43 e segs.
- *Coligação Negocial em Fraude à Lei, ofensiva dos Bons Costumes ou simulada: a interpretação restritiva do Acórdão Uniformizador de Jurisprudência nº 4/98 do S.T.J. ou o Abuso do Direito de Terceiro contratar com o Promitente-Vendedor, in* "Revista de Legislação e de Jurisprudência", ano 137 (Maio-Junho de 2008), p. 293 e segs.
- *A prescrição presuntiva e a armadilha do ónus da prova, in* "Revista de Legislação e de Jurisprudência", ano 138 (Maio-Junho de 2009), p. 267 e segs.
- *Consignação em Depósito e Aquisição tendente ao domínio total de sociedade, in* "Revista de Legislação e de Jurisprudência", ano 138 (Julho-Agosto de 2009), p. 350 e segs.
- *Prescrição extintiva semestral de créditos periódicos por prestação de serviços públicos essenciais, in* "Revista de Legislação e de Jurispridência", Ano 139 (Março-Abril, 2010), págs. 255 e segs.
- *Acção directa contra a seguradora e direito de regresso nos acidentes de viação, in* "Revista de Legislação e de Jurispridência", Ano 140 (Julho-Agosto, 2011), p. 363 e segs.
- *Mandato de Crédito e Carta de Conforto, in* "Estudos em Homenagem ao Professor Doutor Inocêncio Galvão Telles". vol. II, Coimbra, 2002.
- *Responsabilidade Bancária por Transferências de Créditos, in* "Estudos em Homenagem à Professora Doutora Isabel Magalhães Collaço", Coimbra 2002.
- *Estudos Jurídicos,* Coimbra, 2001.
- *Direito Bancário,* Coimbra, 2002.
- *Sinal e Contrato-Promessa,* 13ª ed., Coimbra, 2010.
- *Venda de Bens de Consumo,* 4ª ed., Coimbra, 2010.
- *Compra e Venda de Coisas Defeituosas,* 5ª ed., Coimbra, 2008.
- *Titul[ariz]ação de Créditos* e *Securitization,* 2ª ed., Coimbra, 2005.

– *A Publicidade na Formação do Contrato, in* "Comemorações dos 35 anos do Código Civil e dos 25 anos do Regime de 1977 (Parte Geral)", p. 687 e segs.
– *Inadimplemento das Obrigações, in* "Comemorações dos 35 anos do Código Civil e dos 25 anos do Regime de 1977 (Direito das Obrigações)".
– *Convenção de Arbitragem. Algumas notas, in* "Homenagem ao Professor Doutor Inocêncio Galvão Telles – 90 Anos", 2007, p. 533 e segs.
– *Sociedade Gestora de Participações Sociais (Holding'), in* "A Evolução do Direito no Século XXI – Estudos em Homenagem Professor Doutor Arnoldo Wald", Almedina 2007, p. 187 e segs.
– *Banca, Bolsa e Seguros. Direito Europeu e Português, Tomo I. 2ª ed. Parte geral,* Coimbra, 2007.
– *Tribunal Arbitral e Providências Cautelares, in* "I Congresso do Centro de Arbi tragem da Câmara de Comércio e Indústria Portuguesa", Coimbra, 2008, p. 99 e segs.
– *Ofertas Públicas de Aquisição. Regime Europeu e Português, in* "Internacionalização do Direito no Novo Século", Boletim da Faculdade de Direito (*Stvdia Ivridica 94 – Colloquia 17),* Universidade de Coimbra, 2009, p. 163 e segs.
– *Contratação Electrónica de Seguros, in* Congresso Luso-Hispano de Direito dos Seguros 17 e 18 de Novembro de 2005, Almedina, Coimbra, 2009, p. 61 e segs.
– *O regime geral do contrato de seguro e a protecção do consumidor em Portugal, in* "Revista Brasileira de Direito do Seguro e da Responsabilidade Civil (Edição Especial do V Fórum de Direito do Seguro José Sollero Filho), Vol. I, nº 2, Dezembro de 2009, p. 277 e segs.
– *Banca, Bolsa e Seguros. Direito Europeu e Português, Tomo I – Portugal,* 3ª ed., 2012.
– *Contratação por cláusulas gerais (contratos de adesão), in* "Revista Brasileira de Direito Comparado", nº 39 (Rio de Janeiro, 2011), p. 71 e segs.
– *Anotação ao art. 272 do Tratado de Funcionamento da União Europeia, in* "Tratado de Lisboa Anotado e Comentado" (org. Manuel Lopes Porto e Gonçalo Anastácio), Almedina, Coimbra, 2012.
– *Fair Value ou valor de mercado: multiplicador da primeira crise financeira global, in* "Estudos em Homenagem ao Prof. Doutor Aníbal de Almeida" (Boletim da Faculdade de Direito da Universidade de Coimbra, 2012) e na "Revista de Legislação e Jurisprudência", ano 141 (Maio-Junho de 2012), p. 266 e segs.
– *Instituições de crédito hipotecário, obrigações hipotecárias e obrigações sobre o sector público, in* "Estudos em Homenagem ao Prof. Doutor José Joaquim Gomes Canotilho",

vol. I (Boletim da Faculdade de Direito da Universidade de Coimbra, 2012) e na Revista de Legislação e de Jurisprudência, ano 141º (Julho-Agosto de 2012), p. 337 e segs.

- *Regulação e Supervisão Financeiras: lições da primeira crise global, in* "Estudos em Homenagem a Miguel Galvão Telles", vol. II (2012), p. 939 e segs., e *in* "Revista Brasileira de Direito Comparado" nº 40 e 41 (Rio de Janeiro, 2012), p. 105 e segs.
- *Oposição dos credores à fusão de sociedades, in* "Revista de Legislação e de Jurisprudência", ano 142 (Set./Outubro de 2012), p. 31 e segs.
- *Swap de taxa de juro: sua legalidade e autonomia e inaplicabilidade da excepção do jogo e aposta, in* "Revista de Legislação e de Jurisprudência", ano 142 (Março-Abril de 2013), p. 238 e segs.
- *Global Master Repurchase Agreement e Reporte Financeiro, in* "Estudos em Homenagem a António Barbosa de Melo", 2013, p. 335 e segs.
- *Banca, Bolsa e Seguros. Direito Europeu e Português,* Tomo I. Parte Geral, 4ª ed., Coimbra, 2013.
- *"Titularização de créditos – Securitization". No coração da crise global,* 3ª edição (Novembro 2013)
- *Âmbito de aplicação e eficácia real de cláusula estatutária de preferência, in* "Revista de Legislação e de Jurisprudência", ano 143 (Novembro/Dezembro de 2013), pp. 106 e segs.
- *Responsabilidade civil do produtor e protecção do consumidor em Portugal e na União Europeia, in* "Formação Jurídica e Judiciária – Colectânea", Tomo VIII (versão chinesa) e Tomo IX (versão portuguesa), edição do Centro de Formação Jurídica e Judiciária de Macau, 2013.
- *Swap de taxa de juro: inaplicabilidade do regime da alteração das circunstâncias, in* "Revista de Legislação e de Jurisprudência", ano 143 (Maio/Junho de 2014), pp. 348 e segs.
- *Compensação de danos não patrimoniais dos familiares do condutor do automóvel, in* "Revista de Legislação e de Jurisprudência", ano 144 (Novembro/Dezembro 2014), pp. 158 e segs.
- *Conta corrente bancária: operação não autorizada e responsabilidade civil, in* "Revista de Legislação e de Jurisprudência", ano 144 (Março/Abril 2015), pp. 290 e segs.
- *Seguro de crédito como seguro de grandes riscos: garantia indemnizatória acessória ou autónoma, in* "Revista de Direito do Consumidor" (Thomson Reuters – Revista do Tribunal) – Ano 23, Vol. 94 (Julho/Agosto 2014), pp. 65 e segs.

- *Confronto entre obrigações hipotecárias e titularização de créditos, in* "I Congresso de Direito Bancário" (coord. de L. Miguel Pestana de Vasconcelos), Coimbra, 2015, pp. 279 e segs.
- *Franchising: englobamento de estabelecimentos comerciais e resolução pelo franquiador, in* "Abreu Advogados – Instituto do Conhecimento – Colecção Estudos n.º 4", Almedina, 2015, pp. 327 e segs.
- *Serviços de pagamento e responsabilidade civil, in* "Estudos em Homenagem ao Dr. Rui Machete", 2015, pp. 339 e segs.
- *Semelhanças e diferenças do regime jurídico do contrato de seguro no Brasil e em Portugal, in* I Congresso Internacional de Direito do Seguro – Conselho da Justiça Federal – Superior Tribunal de Justiça, VI Fórum de Direito do Seguro "José Sollero Filho" – IBDS e Roncarati, Brasília, 2015, pp. 23 e segs.
- *Serviços de pagamento e responsabilidade civil: estudo de caso, in* "Revista de Direito do Consumidor" (Thomson Reuters – Revista do Tribunal) – Ano 23, Vol. 104, Ano 25 (Julho/Agosto 2016), São Paulo, pp. 443 e segs.
- *União Bancária Europeia, in* "Revista Jurídica (AAFDL)", 2016 (n.º 30), pp. 37 e segs.
- *Interpretação do art. 289 do Código Civil, in* "Revista de Legislação e de Jurisprudência", ano 145 (Julho/Agosto de 2016), pp. 330 e segs.

ÍNDICE

II
SINAL E EXECUÇÃO ESPECÍFICA DO CONTRATO-PROMESSA

III
CONTRATO-PROMESSA
ANÁLISE PARA REFORMULAÇÃO DO DECRETO-LEI N.º 236/80